胎教 早教启智

权威专家倾力打造的一部智能开发使用手册

郑国权⊙编著

·系统开发宝宝潜能的大百科·

中国纺织出版社

序言

谁不希望自己的宝宝聪明健康、活泼可爱呢？胎教可让宝宝比其他胎儿更优秀，早教可让宝宝更加出类拔萃，启智可让宝宝智商更高一筹。为使父母掌握开启宝宝智力宝库的钥匙，科学地进行胎教、早教，最大限度地开发宝宝智力与潜能，我们编写了《胎教早教启智》一书，掌握书中的胎教、早教、启智方法，父母轻轻松松就能开发宝宝潜能，为宝宝准备好最佳的人生开端。

事实证明，受过科学系统的胎教的宝宝，其智商和情商有着明显的优势，具体表现在音乐天赋、语言天赋、记忆能力、运动能力、学习兴趣、心理健康等各个方面。胎教很重要，可是怎么开展呢？本书以十月怀胎为时间线索，以星期为单元，给准爸准妈提供关于胎教的科学内容，根据宝宝发育情况和由母惠及子的特点，通过音乐、情绪、语言、环境、运动、营养等方法，为宝宝先天素质打下基础，使宝宝一出生就与众不同。

早教是胎教的延续，是人生的启蒙教育，具有奠基性的意义。本书为准爸准妈提供最实用的早教训练方法，并配有早教专家的观点聚焦，让准爸准妈有章可循，有法可依。

启智即开启智慧之门。人们常说“三岁看大，七岁看老”，可见3岁之前的启蒙教育对宝宝之重要。本书以3个月为一季，为准爸准妈提供宝宝动作、认知、言语、情感、感官、数学、生活等方面的智能训练方法，并提供每季宝宝发育标准以供对照参考，还特别附有宝宝智力发育水平测试，让准爸准妈对自家宝宝的成长能够做到客观分析，心中有数。

一看就懂，懂了就能操作。这样的智慧锦囊现在就在你的手中，不妨打开它吧！

目录
CONTENTS

胎教篇

孕1月胎教　“幸孕”的1月，胎宝宝开始萌芽啦 / 024

第1周 / 024

环境胎教：缔造“好孕”居家环境 / 025
情绪胎教：5种爱的语言 / 026
营养胎教：饮食定时定点定量 / 027
音乐胎教：欣赏《雪之梦》 / 027
行为胎教：开始书写胎教日记 / 028
胎教影院：《小马王》 / 029
准爸课堂：和准妈妈一起了解精子的奥秘 / 029

第2周 / 030

运动胎教：几种简单的孕妇操 / 031
综合胎教：胎宝宝智力可以设计 / 031
情绪胎教：童言童语逗人乐 / 032
综合胎教：了解古人的胎教秘诀 / 033
营养胎教：饮食宜多样化 / 034
行为胎教：学习斯瑟蒂克胎教法 / 035
音乐胎教：欣赏《杜鹃圆舞曲》 / 036
胎教影院：《好事成双》 / 037
准爸课堂：与准妈洞晓卵子的秘密 / 037

第3周 / 038

环境胎教：远离有毒芳香花草 / 039
情绪胎教：体会生宝宝的6个好处 / 040
综合胎教：了解西方的胎教研究 / 041

运动胎教：步行是最好的运动胎教方式 / 042
美学胎教：多看些可爱小宝宝的图片 / 042
营养胎教：最佳菜谱推荐 / 043
音乐胎教：欣赏《梦幻曲》 / 044
准爸课堂：你也要做些“牺牲” / 044

第4周 / 045

情绪胎教：童言童语逗人乐 / 046
综合胎教：国外准妈妈的系统化胎教课程 / 046
意念胎教：从做母亲的感觉开始 / 047
音乐胎教：欣赏《牧童短笛》 / 048
胎教影院：《何处是我朋友的家》 / 048
运动胎教：拜日式瑜伽练习 / 049
准爸课堂：做个高级按摩师 / 049

孕 2 月胎教　做快乐的准妈妈，好心情才是最好的胎教 / 050

第5周 / 050

情绪胎教：最好的胎教就是保持微笑 / 051
运动胎教：练习盘腿坐和腹式呼吸 / 052
美学胎教：欣赏《维特雨尔花园》 / 052
营养胎教：最佳食谱推荐 / 053
音乐胎教：欣赏《雪绒花》 / 054
行为胎教：工作也是胎教 / 054
准爸课堂：摆脱男性“早孕反应” / 055

第6周 / 056

情绪胎教：童言童语逗人乐 / 057
美学胎教：叠一只可爱小老鼠 / 057
综合胎教：读《生活是美好的》 / 058
行为胎教：听一听风雨鸟鸣声 / 059
音乐胎教：欣赏《蓝色多瑙河》 / 060
胎教影院：《想飞的钢琴少年》 / 060
意念胎教：勤于思考，善于动脑 / 061

第7周 / 062

情绪胎教：学会排解压力的方法 / 063

营养胎教：好孕营养餐 / 064

音乐胎教：《月光下的凤尾竹》 / 065

意念胎教：冷静应对早孕反应 / 065

胎教影院：《追火车日记》 / 066

准爸课堂：让她不用在“生”与“升”间苦恼 / 066

第8周 / 067

情绪胎教：童言童语逗人乐 / 068

营养胎教：吃酸的讲究 / 068

环境胎教：布置浪漫的生活空间 / 069

美学胎教：欣赏《蒙娜丽莎》 / 069

音乐胎教：欣赏《平湖秋月》 / 070

胎教影院：观看《小鹿斑比》 / 070

准爸课堂：算好迎接宝宝的经济账 / 071

孕 3 月胎教　静静的，在妈妈的肚子里茁壮成长吧 / 072

第9周 / 072

情绪胎教：一起回忆小时候 / 073

综合胎教：有意胎教与无意胎教 / 073

营养胎教：最佳食谱推荐 / 074

音乐胎教：欣赏《数星星》 / 075

胎教影院：观看《狮子王》 / 076

准爸课堂：了解妻子可能产生的身体不适 / 076

第10周 / 077

情绪胎教：童言童语逗人乐 / 078

美学胎教：远离皮肤干燥困扰 / 078

综合胎教：注意自己的言行举止 / 079

音乐胎教：欣赏《致爱丽丝》 / 079

行为胎教：良好的睡眠，让准妈妈的气色更好 / 080

环境胎教：和胎宝宝一起走进大自然 / 081

第11周 / 082

环境胎教：试一试芳香环绕 / 083
行为胎教：给宝宝做一件新衣服 / 084
情绪胎教：怀孕是一种奇妙的感觉 / 085
音乐胎教：欣赏《时钟》 / 085
胎教影院：观看《雪孩子》 / 086
准爸课堂：与妻子一起学习孕育知识 / 086

第12周 / 087

语言胎教：为胎宝宝哼唱 / 088
美学胎教：享受编织艺术 / 088
音乐胎教：欣赏《彼得与狼》 / 089
情绪胎教：童言童语逗人乐 / 089
行为胎教：小心公共场所的各种危害 / 090
意念胎教：静心，与自己在一起 / 090
准爸课堂：语言胎教应该如何进行 / 091

孕 4 月胎教　宝宝初具雏形，妈妈的“安定期”到了 / 092

第13周 / 092

运动胎教：做做孕期体操 / 093
语言胎教：童谣《这个小孩》 / 093
情绪胎教：享受准爸爸的精心呵护 / 094
音乐胎教：欣赏《寂静山林》 / 094
行为胎教：带着胎宝宝去旅行 / 095
胎教影院：《E.T.》 / 096
准爸课堂：给准妈妈做按摩 / 096

第14周 / 097

美学胎教：做纸艺——芭蕾女孩 / 098
音乐胎教：欣赏《爱之梦》 / 098
意念胎教：妈妈宝宝猜谜语 / 099
行为胎教：拓展准妈妈的社交圈 / 100
准爸课堂：给准妈妈做按摩 / 100

第15周 / 101

情绪胎教：童言童语逗人乐 / 102
环境胎教：远离噪声的侵害 / 103
语言胎教：朗读诗歌《天上的街市》 / 103

行为胎教：做自己想做的事 / 104
音乐胎教：欣赏《动物狂欢节组曲》 / 104
胎教影院：观看《看上去很美》 / 105
准爸课堂：与胎宝宝进行交流 / 105

第16周 / 106

运动胎教：简单体操防难产 / 107
营养胎教：粗粮精面互搭配 / 108
音乐胎教：欣赏《寂静的森林》 / 108
美学胎教：自己动手做画吧 / 109
行为胎教：培养广泛的兴趣爱好 / 109
情绪胎教：幸福的孕期生活 / 110
准爸课堂：陪准妈妈一起去“上学” / 110

孕 5 月胎教　宝宝太“调皮”啦，快来感受美妙的胎动吧 / 111

第17周 / 111

情绪胎教：童言童语逗人乐 / 112
运动胎教：锻炼腿部的力量 / 112
语言胎教：用英语和宝宝说话 / 113
情绪胎教：应对孕期精神倦怠 / 113
美学胎教：做一个袜子娃娃 / 114
准爸课堂：写一封特别的情书 / 114

第18周 / 115

运动胎教：可以进行水下运动了 / 116
美学胎教：随手种一盆绿植 / 116
语言胎教：《匆匆》 / 117
情绪胎教：找一个理由“偷懒”吧 / 118
音乐胎教：哼唱《圣诞快乐》 / 118
准爸课堂：为宝宝哼唱《茉莉花》 / 119

第19周 / 120

行为胎教：果蔬残留农药的处理 / 121
情绪胎教：童言童语逗人乐 / 121
语言胎教：童谣《大树妈妈》《胖小鸭》 / 122
营养胎教：最佳食谱推荐 / 123
音乐胎教：欣赏《渔舟唱晚》 / 124
准爸课堂：了解呼唤胎教 / 124

第20周 / 125

语言胎教：给胎宝宝上常识课 / 126
美学胎教：教胎宝宝识别图片 / 126
营养胎教：早晚进食要均衡 / 127
音乐胎教：《梅花三弄》 / 127
行为胎教：全面提高自己的修养 / 128
准爸课堂：掌握音乐胎教的方法 / 129

孕6月胎教　腆着大肚皮，和宝宝进行“互动”功课 / 130

第21周 / 130

情绪胎教：如果感到幸福 / 131
抚摸胎教：轻轻拍打你的宝宝 / 131
运动胎教：做做瑜伽吧（1） / 132
语言胎教：读《我要笑遍世界》 / 133
音乐胎教：欣赏《红楼梦组曲》 / 134
行为胎教：利用彩色卡片教宝宝 / 134
准爸课堂：了解准妈妈练习瑜伽的注意事项 / 135

第22周 / 136

情绪胎教：童言童语逗人乐 / 137

语言胎教：读《无论你的生活如何卑微》 / 137

运动胎教：做做瑜伽吧（2） / 138

美学胎教：鉴赏名画吧 / 139

音乐胎教：《梁祝小提琴协奏曲》 / 139

行为胎教：与胎宝宝做游戏 / 140

准爸胎教：为了准妈妈的快乐而奋斗 / 140

第23周 / 141

情绪胎教：多想想宝宝可爱的小模样 / 142

美学胎教：画青蛙简笔画 / 142

运动胎教：做做瑜伽吧（3） / 143

语言胎教：读《我的人生追求》 / 144

营养胎教：荤肉素菜互搭配 / 144

音乐胎教：《天使爱美丽》主题配乐 / 145

准爸课堂：放慢生活的节奏 / 145

第24周 / 146

情绪胎教：切莫胡乱猜想 / 147

抚摸胎教：帮胎宝宝做体操 / 147

美学胎教：捏泥塑 / 148

语言胎教：告诉胎宝宝一天的生活 / 148

音乐胎教：欣赏《水上音乐》 / 149

胎教影院：观看《阿甘正传》 / 149

准爸课堂：如何应对准妈妈的“坏脾气” / 150

孕 7 月胎教　“挺”进7月，多做一些爱意浓浓的亲子游戏 / 151

第25周 / 151

运动胎教：工作间小运动 / 152

语言胎教：讲讲绕口令 / 152

营养胎教：最佳食谱推荐 / 153

抚摸胎教：继续给予宝宝爱的抚摸 / 154

音乐胎教：欣赏《春江花月夜》 / 154

光照胎教：照向宝宝的第一束光 / 155

准爸课堂：和胎宝宝无话不谈 / 155

第26周 / 156

情绪胎教：童言童语逗人乐 / 157
语言胎教：英语胎教进行时 / 157
营养胎教：爱美准妈的防晒食物 / 158
音乐胎教：欣赏马头琴曲《大草原》 / 159
意念胎教：静坐调息想宝宝 / 159
胎教影院：《罗马假日》 / 160
准爸课堂：适应妻子爱的转移 / 160

第27周 / 161

运动胎教：减压操缓解不适 / 162
营养胎教：保证营养的具体方法 / 162
美学胎教：体验魔术的变幻 / 163
音乐胎教：欣赏《渔樵问答》 / 164
意念胎教：感受美丽的四季 / 164
行为胎教：拍套美丽的大肚照吧 / 165
准爸课堂：给胎宝宝唱拍手歌 / 165

第28周 / 166

情绪胎教：学会积极的自我暗示 / 167
行为胎教：如何缓解腰部疼痛 / 167
语言胎教：读一读《三字经》 / 168
美学胎教：学做小风铃 / 169
营养胎教：科学补钙有窍门 / 169
音乐胎教：欣赏《诸神之诗》 / 170
准爸课堂：协助妻子数胎动 / 170

孕8月胎教　宝宝快速长大，反应能力进一步增强 / 171

第29周 / 171

情绪胎教：两招让心情转忧为乐 / 172

运动胎教：要坚持散步 / 172

美学胎教：欣赏风景画 / 173

营养胎教：孕晚期多吃点什么 / 173

音乐胎教：欣赏《蓝色的多瑙河》 / 174

准爸胎教：和胎宝宝对话的原则 / 174

第30周 / 175

运动胎教：学做矫正胎位的运动法 / 176

语言胎教：《小蝌蚪找妈妈》 / 176

营养胎教：最佳食谱推荐 / 177

美学胎教：巧妙处理，还你完美肤色 / 178

音乐胎教：*You raise me up* / 178

准爸课堂：为母子选择合适的书看 / 179

第31周 / 180

情绪胎教：童言童语逗人乐 / 181

营养胎教：治疗水肿的小食谱 / 181

语言胎教：唱动物数字歌 / 182

美学胎教：十字绣 / 182

音乐胎教：欣赏《糖果仙子》 / 183

意念胎教：在音乐中畅想 / 183

准爸课堂：给妻子最细微的呵护 / 184

第32周 / 185

情绪胎教：听《幸福在哪里》 / 186

运动胎教：练习“扎马步” / 186

语言胎教：早操歌 / 187

营养胎教：最佳食谱推荐 / 188

音乐胎教：欣赏《四季》 / 189

准爸课堂：掌握对胎宝宝有用的招呼用语 / 189

孕9月胎教　预见幸福的曙光，宝宝就要出生啦 / 190

第33周 / 190

情绪胎教：期待也是一种美好 / 191
运动胎教：锻炼胸部肌肉 / 191
语言胎教：朗诵《再别康桥》 / 192
美学胎教：欣赏名画《洗澡》 / 192
营养胎教：最佳食谱推荐 / 193
音乐胎教：欣赏《小狗圆舞曲》 / 194
准爸课堂：胎教以适度为原则 / 194

第34周 / 195

情绪胎教：童言童语逗人乐 / 196
运动胎教：拉玛泽呼吸法（1） / 196
音乐胎教：欣赏《快乐的农夫》 / 197
行为胎教：为胎宝宝树立好榜样 / 197
营养胎教：最佳食谱推荐 / 198
意念胎教：孕晚期的冥想 / 199
准爸课堂：正确对待妻子外表的变化 / 199

第35周 / 200

情绪胎教：笑看产房里的准爸爸 / 201
运动胎教：拉玛泽呼吸法（2） / 202
语言胎教：读诗歌《孩童之道》 / 203
营养胎教：最佳食谱推荐 / 204
音乐胎教：欣赏《雨滴》 / 205
准爸课堂：热爱宝宝，呵护妻子 / 205

第36周 / 206

情绪胎教：童言童语逗人乐 / 207
行为胎教：清新的森林浴 / 207
语言胎教：读《春》 / 208
音乐胎教：欣赏《牧歌》 / 208
营养胎教：最佳食谱推荐 / 209
准爸课堂：为准妈妈准备好待产包 / 210

孕10月胎教　调整好情绪，迎接小天使的降临吧 / 211

第37周 / 211

情绪胎教：减轻产前焦虑的锦囊妙计 / 212

运动胎教：做好乳房护理 / 212

语言胎教：读美文《青虫变蝴蝶》 / 213

营养胎教：最佳食谱推荐 / 214

音乐胎教：欣赏《天鹅湖》 / 215

准爸课堂：和全家统一育儿理念 / 215

第38周 / 216

情绪胎教：童言童语逗人乐 / 217

运动胎教：有助于顺产的辅助运动 / 217

语言胎教：读《如果我是富豪》 / 218

美学胎教：买束花回家 / 218

营养胎教：最佳食谱推荐 / 219

音乐胎教：欣赏《摇篮曲》 / 220

准爸课堂：宝宝，爸爸准备迎你 / 220

第39周 / 221

情绪胎教：给宝宝当勇敢者的榜样 / 222

美学胎教：制作小相框 / 222

语言胎教：读《信念是一粒种子》 / 223

运动胎教：减轻分娩痛苦的辅助运动 / 223

营养胎教：最佳食谱推荐 / 224

音乐胎教：欣赏《爱之梦》 / 225

准爸课堂：提早安排好工作 / 225

第40周 / 226

语言胎教：读《你是人间的四月天》 / 227

美学胎教：好玩的手影游戏 / 228

行为胎教：了解小家伙出生后要做的事 / 228

营养胎教：分娩当天饮食推荐 / 229

音乐胎教：欣赏《云雀》 / 230

准爸课堂：和妻子一起“分娩” / 230

早教启智篇

0～3个月宝宝早教启智 打开懵懂的世界 / 232

1个月宝宝智能发育标准参考 / 232
2个月宝宝智能发育标准参考 / 233
3个月宝宝智能发育标准参考 / 234
动作能力训练 / 235
抚触天天做 / 235
蹬蹬自行车 / 235
我爱被动操 / 236
下彩色雨了 / 237
拍拍打打小玩具 / 237
盯着火车跑 / 238
举高高，举高高 / 238
俯卧抬头45° / 239
宝宝搭飞机 / 239
认知能力训练 / 240
铃铛在哪响 / 240
追看妈妈脸 / 240
多彩的世界 / 241
暖暖日光浴 / 241
好玩的镜子 / 242
两只小帽子 / 242
一起摸摸蓝天 / 243
音乐“按摩师” / 243
语言能力训练 / 244
张嘴伸舌啦 / 244
亲爱的小宝宝 / 244
听，玩具的声音 / 245
开心的谈话 / 245
宝宝“啊啊啊” / 246
宝宝也会打“哇哇” / 246
情感发展训练 / 247
藏在音乐里的爱 / 247
爱的抚摸 / 247
条件反射笑笑笑 / 248
小宝宝找妈妈 / 248
咚咚咚，是什么 / 249
与妈妈共舞 / 249
听爸爸把歌唱 / 250
小手牵大手 / 250
每月一测：1个月宝宝智力测试 / 251
每月一测：2个月宝宝智力测试 / 253
每月一测：3个月宝宝智力测试 / 255

4～6个月宝宝早教启智 能和爸妈“说话”啦 / 257

4个月宝宝智能发育标准参考 / 257
5个月宝宝智能发育标准参考 / 258
6个月宝宝智能发育标准参考 / 259
动作能力训练 / 260
一二三，学翻身 / 260
飞鸟空中飞 / 260
保龄新人王 / 261
碰一碰小球儿 / 261
自己捧杯来喝水 / 262
连续翻滚啦 / 262
主动把手伸 / 263
小宝宝学投篮 / 263
认知能力训练 / 264
分辨出小豆豆 / 264
红色玩具是哪个 / 264
瓶中小球碰碰碰 / 265
花儿和宝宝一样美 / 265
不要抓错了哦 / 266
太阳什么样 / 266
语言能力训练 / 267
开始学发辅音 / 267
这是“我” / 267
宝宝认识“灯” / 268
“妈妈”和“娃娃” / 268
手指、脚趾真好玩 / 269
小马哒哒 / 269
随时和宝宝说话 / 270
情感发展训练 / 271
宝宝，不哭 / 271
和哥哥姐姐玩 / 271
给宝宝安稳感 / 272
抓着手指转一转 / 272
主动藏猫猫 / 273
飞机飞到哪儿去了 / 273
每月一测：4个月宝宝智力测试 / 274
每月一测：5个月宝宝智力测试 / 276
每月一测：6个月宝宝智力测试 / 278

7～9个月宝宝早教启智 宝宝的智慧是“爬”出来的 / 281

7个月宝宝智能发育标准参考 / 281
8个月宝宝智能发育标准参考 / 282
9个月宝宝智能发育标准参考 / 283
动作能力训练 / 284
“前倾后倒” / 284
宝宝撕纸 / 284
对敲传手 / 285

抓豆豆 / 285
小袋鼠跳跳跳 / 286
节约每块食物 / 286
认知能力训练 / 287
旋转玩具 / 287
天黑了，宝宝睡了 / 287
跟小鸭子玩躲猫猫 / 288
大力士找饼干 / 288
冷和热的感觉 / 289
气球跳跳跳 / 289
认识日用品 / 290
是不是一个颜色的呢 / 290
语言能力训练 / 291
乖宝宝坐“墙头” / 291
一起来唱数字谣 / 291
小小消防员 / 292
宝宝说，妈妈说 / 292
小马驹的小马掌 / 293
妈妈，再见 / 293
咦？这是做什么的 / 294
Binggo寻宝 / 294
情感发展训练 / 295
宝宝开车 / 295
身体会说话 / 295
小宝宝照镜子 / 296
快乐转转转 / 296
专心最可贵 / 297
甜甜小嘴巴 / 297
每月一测：7个月宝宝智力测试 / 298
每月一测：8个月宝宝智力测试 / 300
每月一测：9个月宝宝智力测试 / 302

10～12个月宝宝早教启智　风风光光，迈出人生的第一步 / 304

10个月宝宝智能发育标准参考 / 304
11个月宝宝智能发育标准参考 / 305
12个月宝宝智能发育标准参考 / 306
动作能力训练 / 307
宝宝和玩具的“家” / 307
木勺敲“鼓” / 307
彩线拉物 / 307
学穿衣 / 308
请你跟我一起做 / 308
认知能力训练 / 309
车子过桥洞了 / 309
寻找小猫猫 / 309
看一看天女散花吧 / 310
盒中取宝 / 310
宝宝来翻书 / 311
语言能力训练 / 312
小纸偶，数一数 / 312
听听小故事 / 312
说单字 / 313
理解简单句 / 313
情感发展训练 / 314
请奶奶吃水果 / 314
来当服务生吧 / 314
信任大人吧 / 315
和妈妈一起躲猫猫 / 315
每月一测：10个月宝宝智力测试 / 316
每月一测：11个月宝宝智力测试 / 318
每月一测：12个月宝宝智力测试 / 320

1岁～1岁3个月宝宝早教启智　从“开心果”到“淘气包”的转变 / 322

1岁~1岁3个月宝宝智能发育标准参考 / 322
动作能力训练 / 323
自制拼图 / 323
学钓鱼 / 323
模仿动物 / 324
小球上山 / 324
快乐手指 / 325
会动的玩具 / 325
认知能力训练 / 326
看云朵 / 326
认识小动物 / 326
品尝酸甜苦辣 / 327
海绵喝水 / 327
宝宝猜颜色 / 328
天上的故事 / 328

大小瓶配盖子 / 329
手掌叠罗汉 / 329
语言能力训练 / 330
打电话，打招呼 / 330
你好！ / 330
讲礼貌的好宝宝 / 331
谁的嘴巴 / 331
情感发展训练 / 332
念儿歌，学表情 / 332
做鬼脸，懂幽默 / 332
做个小主人 / 333
母鸡和小鸡 / 333
到宝宝多的地方玩 / 334
和宝宝一起玩水 / 334
每季一测：本季宝宝智力测试 / 335

1岁4~6个月宝宝早教启智　行动起来吧，宝宝的学习就是玩 / 337

1岁4~6个月宝宝智能发育标准参考 / 337
动作能力训练 / 338
袋鼠与狗熊 / 338
准备菜单 / 338
白兔竞走 / 339
橡皮泥魔术师 / 339
黏土手印 / 339
认知能力训练 / 340
分轻重 / 340
给扑克牌找朋友 / 340
青蛙跳一跳 / 341
哪个碗里的花生多 / 341
找图片 / 341
语言能力训练 / 342
鸡蛋宝宝 / 342
小鸟高高飞 / 342
念儿歌，认蜡笔 / 343
做字卡，认汉字 / 343
情感发展训练 / 344
全家玩钓鱼 / 344
找个好朋友 / 344
拔萝卜 / 345
给妈妈做助理 / 345
宝宝动手来做书 / 346
阿凡提骑毛驴 / 346
每季一测：本季宝宝智力测试 / 347

1岁7~9个月宝宝早教启智　伸出小手指，和爸爸妈妈学数数 / 349

1岁7~9个月宝宝智能发育标准参考 / 349
动作能力训练 / 350
金鸡独立 / 350
学攀爬 / 350
彩旗飞飞 / 351
“巧妙”瓶装水 / 351
认知能力训练 / 352
皮球彩画 / 352
哪些东西是绿色 / 352
皂膜魔法 / 353
盲人摸鼻 / 353
识动物 / 354
手表滴答响 / 354
语言能力训练 / 355
大鸭梨，好味道 / 355
大树上，鸟娃娃 / 355
认识餐具 / 356
谁在唱歌 / 356
情感发展训练 / 357
家人名字记心间 / 357
坐花轿 / 357
照顾布娃娃 / 358
宝宝寄信 / 358
每季一测：本季宝宝智力测试 / 359

1岁10~12个月宝宝早教启智　宝宝的“语言爆炸”时期到了 / 361

1岁10~12个月宝宝智能发育标准参考 / 361
动作能力训练 / 362
画横竖线和圆形 / 362
包糖块 / 362
小沙堆，真好玩 / 363
跳房子 / 363
认知能力训练 / 364
猜几何图形 / 364
我来当音乐家 / 364
认识五颜六色 / 365
看图片，学动作 / 365
什么被换走了 / 365
到时间该睡觉了 / 366
照片上的人是谁 / 366
语言能力训练 / 367
宝宝看书学动作 / 367
幸福的“你、我、他” / 367

情感发展训练 / 368
一起玩一玩 / 368
小取物员 / 368
小动物要回家 / 369
树叶飘飘 / 369
每季一测：本季宝宝智力测试 / 370

2岁1～3个月宝宝启智 保持耐性吧，宝宝的性情总是多变 / 372

2岁1～3个月宝宝智能发育标准参考 / 372
感官能力训练 / 373
认识时间 / 373
光和影 / 373
下雨打雷 / 374
画香蕉 / 374
数学能力训练 / 375
分水果 / 375
寻宝贝 / 375
玻璃弹球跳跳跳 / 376
小碗、小勺排排队 / 376
语言能力训练 / 377
儿歌接龙 / 377
宝宝刷牙吃饭香 / 377
小皮球，真好玩 / 377
模仿小孔雀 / 378
念儿歌，识鸡鸭 / 378
生活能力训练 / 379
做个理发师 / 379
两人搬桌子 / 379
宝宝挑豆子 / 379
开瓶盖 / 380
倒黄豆 / 380
每季一测：本季宝宝智力测试 / 381

2岁4～6个月宝宝早教启智　从友善到叛逆，允许宝宝“以自我为中心” / 383

2岁4～6个月宝宝智能发育标准参考 / 383
感官能力训练 / 384
贴画上的鼻子 / 384
钓小鱼 / 384
跟着节奏拍手 / 385
用树叶来做画 / 385
折纸 / 386
宝宝是个大画家 / 386
数学能力训练 / 387
吸管比长短 / 387
高与矮 / 387
宝宝做麻花 / 388
宝宝做蛋糕 / 388
语言能力训练 / 389
有礼貌的好宝宝 / 389
长颈鹿，脖子长 / 389
谁的鼻子长 / 390
小鸡爱吃虫和米 / 390
生活能力训练 / 391
用勺子舀小米 / 391
宝宝来剪纸 / 391
我是小裁缝 / 392
锻炼灵巧的手 / 392
做面饼 / 392
每季一测：本季宝宝智力测试 / 393

2岁7～9个月宝宝早教启智　真是一个古怪精灵的“问题王”啊 / 395

2岁7～9个月宝宝智能发育标准参考 / 395
感官能力训练 / 396
小兔过纸桥 / 396
认识性别 / 396
对唱儿歌 / 397
制作“荷包蛋” / 397
数学能力训练 / 398
扣扣有几粒 / 398
组合扑克牌 / 398
数字数字我爱你 / 399
动脑数，动手贴 / 399
语言能力训练 / 400
彩色的梦 / 400

神奇的三原色 / 400
边舞边唱
《如果感到……》 / 401
生活能力训练 / 402
自己擦鼻涕 / 402
递交物品 / 402
请喝茶 / 403
刷灰尘 / 403
每季一测：本季宝宝智力测试 / 404

2岁10个月～3岁宝宝早教启智 因材施教，留住宝宝的天性 / 406

2岁10个月～3岁宝宝智能发育标准
参考 / 406
感官能力训练 / 407
用纸盒做水枪 / 407
紧急电话 / 407
自画像 / 408
小兔子的一天 / 408
数学能力训练 / 409
这是多少钱 / 409
量量沙发有多长 / 409
小牙签，拼拼图 / 410
拼图游戏 / 410
语言能力训练 / 411
走路静悄悄 / 411
可爱的布娃娃 / 411
生活能力训练 / 412
学扫地 / 412
洗袜子 / 412
喂金鱼 / 413
制作简易陀螺 / 413
包饺子 / 413
每季一测：本季宝宝智力测试 / 414

胎教篇

准爸准妈都希望能够孕育一个聪明伶俐的宝宝，而胎教就是开启宝宝智慧之门的“金钥匙”。许多成功的例子都告诉我们，适当的胎教不仅能使准妈妈保持良好的情绪状态，还会对宝宝未来的智力、性格、体格等发育，有着十分积极的影响呢！

孕1月胎教

“幸孕”的1月，胎宝宝开始萌芽啦

第1周

准妈妈与胎宝宝的变化

准妈妈：实际上这一周准妈妈还不算真正怀孕呢，这一周正是准妈妈末次月经进行的时候，放松心情吧，每一个宝宝都是带着与父母妙不可言的缘分而来到人间的天使。

胎宝宝：胎儿以精子和卵子的状态分别存在于准爸爸和准妈妈的体内。精子每批数量巨大，而卵子一般每月只有1个。精子成熟期64天，卵子则非常“老”，在准妈妈还是胎儿时就存在于她的体内，和准妈妈的年龄一样大。

本周胎教重点

既然准妈妈已决定在腹中安置一个“幸福的秘密”，那么就要仔细考虑一下怀孕计划了。夫妻二人要保持健康的心态，不要在剧烈运动后或十分劳累的状态下受孕，不要接近有毒物品，如农药、麻醉剂、铅、汞、镉等，要避免接触X射线，要远离烟酒，否则可能会造成精子或卵子畸形。准妈妈可以和丈夫寻找一些轻松浪漫的话题，使自己的心情放松，在一个良好的状态里孕育新生命。一个健康活泼的新生命需要你们的精心培育，从现在开始做起吧！

环境胎教：缔造“好孕”居家环境

要想“好孕”来，首先要想办法给自己和胎宝宝营造一个安全、温馨的居住环境。那么，我们可以在哪些方面做些优化呢？

空气新鲜，光线充足

准妈妈的居室要空气流通，经常开窗换气；最好朝阳，能晒到太阳。日照不充足，会影响准妈妈对钙的吸收，也会或多或少影响准妈妈的心情。

温度适宜

居室温度要适宜，不要过暖也不要过冷。夏季室温应以27～28℃为宜，室内外温差不要太大，空气湿度应保持在30%～40%。冬季室温最好保持在16℃以上。

和谐的居室色彩

居室装饰色彩应搭配和谐，以清新淡雅为宜。比如乳白色、淡蓝色、淡绿色等，都是适合孕期居住的家装颜色。如果准妈妈经常处在紧张状态，家中不妨用一些粉红、橘黄等颜色，因为这些颜色能够给人一种健康、活泼、鲜艳的感觉。

日常用品摆放得当

居室之中，要尽量把可能绊脚的物品放置在一个安全的地方，避免准妈妈不小心被绊倒；那些经常使用的物品，可以放在方便取放的地方，以便随时使用。把家里的晾衣架或者晒衣绳适当调低一点。

适宜的绿化

居室绿化应以轻松、温柔为主格调，无论盆花还是插花，都应以小为佳，不宜采用大红大紫的风格，不宜种植香味浓郁的植物。

适当的墙面装饰物

墙面装饰物可以选择一些景象壮观的油画，或者隽永的书法作品。试想，森林茂密、泉水淙淙，多么令人神往，书法作品更是让人品味无穷。即使是忙碌了一天，在这优美的环境里准妈妈也能得到很好的休息。

情绪胎教：5种爱的语言

夫妻双方学习爱的5种语言，不仅可以更好地沟通，增进感情，还能孕育出质量更好的精子和卵子。

温暖的拥抱

在对方需要自己的时候，送上一个温暖的拥抱，一起感受共同的呼吸，会增加夫妻之间的亲密感与信任感。

珍贵的礼物

礼物是爱的视觉象征，表明你的关心，代表你对对方的重视。昂贵与否并不重要，重要的是通过送礼物传递给对方“爱”的信息。

专属的时间

每对夫妻都需要有一些私密时间，单独待在一起，看图画书或者听音乐，不要有电话或拜访的打扰，这一点很重要。不要总是为一些不重要的事情而占用了私密时间。

服务的行动

你可以选出对方希望你做的事，按日程去做，让你的服务行动成为爱的一种表达方式。

适时的表扬

妻子更在乎丈夫的肯定，因为只有这样她才能知道自己的付出得到了回报。而妻子的肯定对于丈夫来说也是最好的鼓励与支持。

“幸孕草”启智小TIPS

孩子是夫妻双方爱情的结晶。从决定要孩子那天起一定要努力做到夫妻和睦友爱，双方都保持愉快的情绪，拥有快乐的感觉才有助于孕育出一个健康、聪明的宝宝。

营养胎教：饮食定时定点定量

现在的准妈妈不管多么忙碌，都应把吃饭的时间留出来。最理想的吃饭时间为：早餐7~8点、午餐12~13点、晚餐18~19点；用餐的时间最好控制在30~60分钟，进食时要从容，心情要愉快。

如果准妈妈希望未来宝宝吃饭时能坐在餐桌旁专心进餐，那么现在就要养成定点吃饭的习惯。用餐最好能选择在一个气氛和谐、环境温馨的地点，而且尽量不被外界的干扰打断。

吃饭要定量，不要觉得今天多吃一些，明天少吃一些都无所谓。要遵循早餐丰富、午餐适中、晚餐量少的原则。

音乐胎教：欣赏《雪之梦》

班得瑞的《雪之梦》是美妙的，意境优美，引人深思。让我们静下心来，随着乐曲舒缓的旋律，进入一片雪白的音乐世界：

清晨，在广阔的雪原中，树林、房舍、田野，都在白雪的笼罩之下。积雪应该不浅，走在上面稍感吃力。一位中年人呼吸着雪原中冰冷湿润的清新空气，边走边眺望着远方，远方的山峦、树林似乎也在召唤着他。此情此景使这位久别家乡的人想起童年快乐的时光，想起和小伙伴们在大雪纷飞时尽情地奔跑、嬉戏。

渐渐的，红色的太阳拨开云雾，把原本阴沉的雪原照耀得一片明亮，此时的一切都如风景画那么美丽，那么生机盎然。

行为胎教：开始书写胎教日记

受到体内激素变化的影响，准妈妈情绪易起伏不定，这时候，写一写怀孕日记是不错的选择。在写日记时最好能将当天发生的事情以及自己的苦恼、担心、喜悦和感激等情感记录下来。准妈妈应该将自己的真实想法坦率地写进日记当中，毕竟整个孕期准妈妈的感受并不仅仅是舒适和幸福，还有对于即将成为母亲的事实的不安……一边写日记一边思考，然后让自己的想法逐渐向积极和肯定的方向转变。

一本好的胎教日记往往涵盖怀孕期间准妈妈和宝宝的所有身体变化。在刚刚得知怀孕消息的日子，第一次感觉胎动的日子，在B超检查时看到腹中宝宝模样的日子，听到孩子心脏跳动的日子等特殊的日子里，准妈妈可以把自己的喜悦和神秘感一一记录下来。

除了文字内容以外，如果拍下自己每个月发生的外貌变化，洗出后贴在日记本里，今后也一定会成为美好的回忆。

日记的形式并不固定。准妈妈可以把它写得很长，也可以写得很短，甚至写成一封信也没有关系。

在宝宝长大以后，妈妈可以把这本日记当作礼物送给宝宝，一定会比千言万语更能传达自己心中的深厚爱意。

胎教影院：《小马王》

《小马王》是一部成功结合了2D与3D技术的动画片，它以一匹小马的角度来描写了美国西部的拓荒史。

在原始的美国西部，一个原始、野蛮但同时充满了自由空气的理想国度，一匹小马出生了，它的名字叫史比瑞特。当史比瑞特长大后，被抓到骑兵队，在那儿他遇到一名上校，他命令手下驯服小马王，但是小马王却以行动来表示他对强权的反抗。

这个影片以传神的视觉表现，歌颂追求自由和爱的伟大精神。片中的小马王像一个自由奔放的精灵，它不屈的斗志和自由的灵魂给观众留下深刻印象。相信，这样的一部动物题材的电影，会让准妈妈受到鼓舞和感动，并感受到自由之魂的强大力量，体会人类的精神之源。

准爸课堂：和准妈妈一起了解精子的奥秘

怀孕是一个美妙而奇特的过程，准爸爸和我们一起来看看精子的奥妙吧！

精子形态如蝌蚪，头部有较大的细胞核，里面承载着珍贵的基因密码。男子从青春期起，悬垂在阴囊中的两个睾丸逐渐成熟，开始生成精子和男性激素（睾丸素），并持续到生命终止。睾丸内盘曲着千余条管子，叫曲细精管。曲细精管内有无数个精原细胞，它们是制造精子的原始生殖细胞。除了精原细胞外，还有无数个营养精原细胞的营养细胞和产生睾丸素的间质细胞，它们在精子生成过程中起到非常重要的保护和营养作用。一个精原细胞发育成成熟精子约需90天时间。

健康男子制造精子的速度非常惊人，每天大约可产生7000万～1.5亿个精子，每次性高潮，都会有3亿～5亿个精子冲出来去争取与卵子会合。

第2周

准妈妈与胎宝宝的变化

准妈妈：你可能在这一周末排出成熟的卵子，一旦在子宫内和精子成功相遇，你就成为准妈妈了。有的准妈妈在排卵期可能出现心情低落、脾气暴躁等症状，情绪波动较大。

胎宝宝：这一周会有一颗珍贵的卵子悄悄出现，也会有3亿～5亿个精子冲出去争取与卵子见面。当然，胜利只属于第一名。这可是一场非常激烈而激动人心的争夺战噢！

本周胎教重点

把发现和欣赏生活中的美，当作对宝宝最初的胎教吧！生活中不是没有美，而在于你是否拥有一双发现美的眼睛。让日常生活和工作忙忙碌碌的节奏渐渐地慢下来，每天争取时间去体会生命的可爱，闻闻醉人的花香，感受无声的语言，聆听春天的旋律……每当这个时候，你都会感觉自己与大自然的近距离接触是那么和谐。

对待身边的人也一样，你要善于发现他们的美，与他们和谐相处，常常提醒自己：我是否正在用那双发现美、欣赏美的眼睛看待他们？

运动胎教：几种简单的孕妇操

大家可以试一试以下几种简单的孕妇操，看看有什么神奇的效果。

吹蜡式运动

锻炼腹肌力量。仰卧，屈起双膝，将手指立于离嘴30厘米处，把手指视为蜡烛，为吹熄烛火而用力呼气。

骨盆的运动

放松骨盆的关节与肌肉，使其柔韧，利于顺产。单膝屈起，膝盖慢慢向外侧放下，左右各10次。双膝屈起，左右摇摆至床面，慢慢放松，左右各10次。

盘腿运动

放松耻骨联合与股关节，伸展骨盆底肌肉群，有利于胎儿顺利通过产道。笔直坐好，双脚合十，用手拉向身体，双膝上下活动，宛如蝴蝶振翅，10次。同一姿势，吸气伸直脊背，呼气身体稍向前倾，10次。

综合胎教：胎宝宝智力可以设计

一些人质疑：胎宝宝真的能学习吗？他们认为，胎教是无用的。其实，这是因为他们对胎教知之甚少。据国外神经学专家研究，胎宝宝从第5周形成神经细胞之后，已经有了感受外界的能力。因此父母亲希望宝宝有什么样的智力，希望能够在有利的条件下增进大脑潜力的发展，这在一定程度上是可以预先设计的，其方法很简单，那就是胎教。

胎教是一种优生优育的方法，可以使宝宝出生后有一个良好的基础。其是指在胎宝宝期内，利用一定的方法，通过母体给胎宝宝以各种良性刺激，从而促使胎宝宝生理和心理上的健康成长。

情绪胎教：童言童语逗人乐

准妈妈们来读几个让你捧腹的有关可爱宝宝的笑话吧！

只能吃甜的

宝宝感冒了，准备吃2片药，第1片是甜的（糖衣片），很顺利吃下去了。第2片是苦的，刚放到嘴里，就吐出来了，说："这个太苦了，我还没练到这级呢，现在的级别只能吃甜的，不能吃苦的！"

吃"兔费"的零食

给宝宝买了四包零食（买三赠一），宝宝说："我要吃兔费的零食。"妈妈没听懂。他又说了一遍："我要吃兔费的零食。"妈妈想了想，才明白他想吃赠送的那一包，是把免费认成兔费了！

一集还没演完

宝宝答应爸爸看完一集动画片就睡觉。于是，爸爸坐下来和他一起看。动画片终于播放完了，中间没有插播广告，直接出现下一集动画片名子，然后接着播放动画片，宝宝马上用手捂住爸爸的眼睛，说："这是幻觉，这一集还没演完呢！"

如此编诗

家里正在吃面条，有一根面条掉在餐桌上了，宝宝捡起来，扔到地上。然后说："面条扔地上嘞，姥姥生气嘞，轰隆一下电脑电视都摔嘞，小孩乐的哈哈笑。"姥姥问："说的这是什么？"宝宝说："我在编诗！"

世上只有某某好

姨姥给宝宝买来玩具，宝宝对着姨姥很热情地唱："世上只有姨姥好，有姨姥的孩子像块宝，投进姨姥的怀抱，幸福享不了。"后来发现，不管谁给宝宝买玩具或零食，宝宝就会给谁唱："世上只有某某好……"

我尝尝你的

妈妈买回酸奶，说："10个酸奶，宝宝5个，姥姥5个。"宝宝也没说什么，一会儿他走到姥姥身旁，手里拿着吸管，对姥姥说："我尝尝你的。"

综合胎教：了解古人的胎教秘诀

我国古代有不少文献，讲述了胎教的重要意义和具体内容。最典型的比如孟子的母亲在怀孕期间曾说："吾怀妊是子，席不正不坐，割不正不食，胎教之也。"

《史记》中记载：

太任有妊，目不视恶色，耳不听淫声，口不出秽言，食不进异味（辛、辣、苦、涩），能以胎教。

《烈女卷》中记载：

古者妇人妊子，寝不侧，坐不边，立不跸，不食邪味，割不正不食，席不正不坐，目不视于邪色，耳不听于淫声，夜则令吟诵诗书，道正色。如此则生子形容端正，才德必过人矣。故妊子之时必慎所感，感于善则善，感于恶则恶，人生而肖父母者。

《医心方——求子》中记载：

凡女子怀孕之后，须行善事，勿视恶色，勿听恶语，省嫿欲，勿咒诅，勿骂詈，勿惊恐，勿劳倦，勿妄语，勿忧愁，勿食生冷醋滑热食，勿乘车马，勿登高，勿临深，勿下坂，勿急行，勿服饵，勿针灸，皆须端心正念，常听经书，遂令男女，如是聪明，智慧，忠真，贞良，所谓胎教是也。书中还建议：弹琴瑟，调心神，和情性，节嗜欲，庶事清净。

以上胎教法都是古人的经验，至今仍有一定的参考价值。总之，准妈妈要把正面的信息传达给胎宝宝，胎宝宝才能受到良好的影响。

营养胎教：饮食宜多样化

准妈妈的饮食宜多样化，才有利于营养的全面吸收。下面介绍一些富含营养的食品，供准妈妈选择。

- 富含蛋白质的食品：猪瘦肉、牛肉、鸡肉、鸭肉、鱼、虾、蛋、乳类、豆类及豆制品。
- 富含碳水化合物的食品：米、面等谷类食品及甘薯、马铃薯等。
- 富含脂肪的食品：蛋黄、奶酪、植物油、大豆、花生、芝麻、葵花子等。
- 富含钙的食品：牛奶、鱼、蛋黄等含钙较多。牛奶中的钙易被人体吸收，因此，准妈妈每天最好能喝250~500毫升牛奶。
- 富含铁的食品：猪肝、海带、瘦肉、鸡蛋、黑木耳、桃子、樱桃、杏干、红枣、菠菜、胡萝卜等。
- 富含锌的食品：海带、墨鱼、牛肉、鸡肝、蛋类、花生、猪肉等。
- 富含镁的食品：谷类、豆类、核桃、香蕉等。
- 富含碘的食品：海藻类、海鱼等。
- 富含维生素A的食品：胡萝卜、菠菜、油菜、韭菜、杏干、动物肝脏、蛋类、黄鳝、鳗鱼等。
- 富含维生素B_1的食品：大豆、谷类、花生、瘦肉、动物肝脏等。
- 富含维生素B_2的食品：动物内脏、蛋类、乳类、豆类、黄鳝、绿叶蔬菜等。
- 富含维生素C的食品：新鲜的蔬菜和水果。

“幸孕草”启智小TIPS

饮食多样化是母婴健康的重要因素。另外，准妈妈在怀孕期间饮食多样化，日后孩子挑食的可能会小些。如果孕期饮食太过单一，那么日后孩子挑食的几率就会增大。

行为胎教：学习斯瑟蒂克胎教法

美国一对普通夫妇生下的宝宝竟然都是智商高达160以上的天才，他们所采用的胎教方法一时之间成为人们议论的话题。根据这对夫妇的名字，此胎教法被称为斯瑟蒂克胎教法。准爸准妈们现在不妨来学习一下其中的奥秘。

斯瑟蒂克胎教法的中心思想是，只要父母以对宝宝的爱为基础制定完全的怀孕计划，并积极地将其付诸实践，每对夫妇都可以生下即使智商不到160也相对聪明伶俐的宝宝。那么，斯瑟蒂克胎教的具体内容有哪些需要我们学习呢?

心底无限的爱

斯瑟蒂克夫妇告诉我们，应该让自己内心对胎宝宝的爱变为胎教的根源和基础，而不是某一种简单的期望或者目标。只有做到这一点，胎教这棵树才能结出最饱满的果实。

做好怀孕计划

有详细的怀孕计划，即使不能确定自己是否已经怀孕，也可以在相应的期间有意识地回避会给未来胎宝宝造成危害的行为和言语。

进行子宫对话

准父母尤其是准妈妈要随时与胎儿交谈，从早晨到晚上睡觉前，准妈妈一天都做了什么，看到了什么，都可以跟胎儿说一说。比如，每天早晨起床后与胎儿说早安，睡觉前与胎儿说晚安，告诉胎儿每天的天气情况。

阅读图画书籍

怀孕后一定要给胎宝宝朗读印有美丽图画的童话书。色彩明快、文字内容丰富的童话书可以把梦想、希望和友情的概念传递给胎宝宝，使子宫对话的内容和范围瞬间变得宽广起来。

巧妙运用卡片

胎宝宝的记忆能力从怀孕第6个月开始提升，在怀孕第8个月时逐渐稳定。这时，准妈妈给胎宝宝讲解数字、文字和图形等概念，可以灵活地运用卡片。

音乐胎教：欣赏《杜鹃圆舞曲》

《杜鹃圆舞曲》特别适合准妈妈在早晨睡醒后听，就让一天的新生活从这欢快活泼的旋律开始吧！这首曲子是根据瑞典作曲家约纳森创作的一首同名钢琴曲改编的手风琴曲，全曲由3个小圆舞曲组成。

第一段以杜鹃鸣叫为核心，以轻快、活泼的节奏和清新、流畅的旋律，描绘了一幅生机盎然的景象，婉转的鸟鸣和轻松的三拍子节奏，形成了温和、迷人的气氛。

第二段间杂着杜鹃的鸣叫声，好似杜鹃鸟灵活地在林中飞来飞去，杜鹃鸟的鸣叫声为林中增添了浓浓春意。

第三段与前两段轻快、活泼的旋律形成鲜明的对比，加之手风琴特有的音色，使得音乐有一种迷人的抒情色彩。在竖笛模仿杜鹃鸟鸣叫以后，第三段抒情的旋律又反复了一次。最后第一段音乐再现，并结束在杜鹃鸟的鸣叫声中，与乐曲的开始形成呼应。

胎教影院：《好事成双》

《好事成双》是一部表现亲情、爱情和友情的浪漫喜剧佳作。两位小演员双胞胎姐妹艾什莉和玛丽·凯特·奥尔森在片中的表演非常到位。片中来自不同家庭但是长相一样的两个宝宝的不期而遇，从而引出后面一系列笑料百出、引人入胜的情节，最后成就了各自父母的姻缘，为这部电影画上了完美的句号。《好事成双》令人开心，准妈妈，你有没有可能好事成双，怀上双胞胎宝宝呢？

"幸孕草"启智小TIPS

有最新研究显示，准妈妈在观看不同的影视作品时，其情绪变化会对胎宝宝产生不同的影响。因此，准妈妈们在受孕前后多看些喜剧，不仅能调整自己的情绪，还会让胎宝宝得益。

准爸课堂：与准妈洞晓卵子的秘密

上周的准爸课堂我们了解了精子的奥妙，这周我们一起来解开卵子的秘密！

女性的体内共有两个卵巢，它们的大小如草莓，颜色暗灰，表面不平，可以储存卵细胞、生成卵子。卵巢在胎儿期就已经存在了，那里面约有700万个原始卵细胞。这个数量，在以后的岁月里会慢慢减少，出生的时候减少到约200万，到了青春期就只有约50万了。卵子是人体最大的细胞，也是唯一肉眼可见的细胞。

成熟女性大约每月都有一个卵细胞发育成熟并释放出来，准备与精子会合，这个释放过程称为排卵。由于每个人身体情况不同，月经周期会略有差异。但大多女性排卵日一般在月经前14天左右。例如，一个月经周期为30天的育龄期女性，排卵一般发生在月经第16天左右。如果月经周期为40天时，排卵在月经第26天左右。

第3周

准妈妈与胎宝宝的变化

准妈妈：虽然准妈妈的身体还没有什么感觉，但实际上从现在开始，你的生命中已经增加了一份责任，你的喜怒哀乐已经在影响着胎宝宝的成长，你快乐他才快乐，你健康他才长得棒！

胎宝宝：这时冲在最前面的精子和卵子已经结合在一起形成受精卵，上帝赐予夫妇二人最珍贵的礼物来临了。至此，胎宝宝的小生命正式开始了漫长的旅程。

本周胎教重点

本周准妈妈可以看一些怀孕胎教的书籍，也可以和其他妈妈多多交流，获得更多惊喜。此时开始，准妈妈要放松心态，多想想宝宝可爱的样子，想想生宝宝给你带来的诸多可喜的改变，避免烦恼、惊恐和忧虑；环境方面，要避开有毒的芳香花草；生活方面，要每天步行半小时，这是最好的运动胎教方式。同时调养身体，特别要养好肠胃以尽早适应孕期的身体变化。

环境胎教：远离有毒芳香花草

大多数人家中或多或少会摆上几盆花花草草，既具有净化空气、美化环境的作用，又能让人身心愉悦。然而，有些花卉却不宜放在居室内。

- 兰花：它的香气会令人过度兴奋，引起失眠。
- 紫荆花：它所散发出来的花粉如与人接触过久，会诱发哮喘或加重咳嗽等症状。
- 含羞草：它体内的含羞草碱是一种毒性很强的有机物，人体过多接触后会使毛发脱落。
- 月季花：它所散发的浓郁香味，会使一些人产生胸闷不适、憋气与呼吸困难。
- 百合花：它的香味会使人的中枢神经过度兴奋而引起失眠。

- 夜来香：它在晚上会散发出大量刺激嗅觉的微粒，闻之过久会使高血压和心脏病患者感到头晕目眩、郁闷不适，甚至病情加重。
- 夹竹桃：它会分泌出一种乳白色液体，接触时间一长，会使人中毒，出现昏昏欲睡、智力下降等症状。
- 松柏类花木：其芳香气味对人体的肠胃有刺激作用，不仅影响食欲，而且会使准妈妈感到心烦意乱，恶心呕吐，头晕目眩。
- 洋绣球花：它所散发的微粒，如与人接触，会使人的皮肤过敏而引发瘙痒症。
- 郁金香：其花朵含有一种毒碱，接触过久，会加快毛发脱落。
- 杜鹃花：花朵含有一种毒素，一旦误食，轻者会引起中毒，重者会引起休克，严重危害身体健康。

情绪胎教：体会生宝宝的6个好处

老人们都说："女人生过孩子以后，就像一朵花完全绽放了一样，浑身上下都通透了。"确实，适时生育对女人健康大有好处，具体体现在哪些方面呢？

制造生命的幸福快感

怀孕虽辛苦，但喜得贵子的幸福快感，就是生命最大的喜悦！如果家中无宝宝，女人就会把丈夫视为主要的情感寄托，较易敏感多疑，患得患失。

推迟更年期

由于体内激素的作用，女性在怀孕及哺乳期内，都会暂时停止排卵。由于卵巢推迟了十几个卵子的排出，就推迟了女性进入更年期的时间。

股骨更安全

科学家为女性带来了不少好消息。《骨头与矿物质研究杂志》有文章指出，生过孩子的妈妈，上了年纪之后在骨盆部位发生股骨骨折的风险，比没有生育的女性要低许多。

增强免疫力

生育可以为女人增加10年的免疫力。因为一次完整的怀孕、分娩过程，不仅能增强女性生殖系统的抗肿瘤能力，还可以使女性身体的各种机能得到一次锻炼、整合、提高，由此增强身体的排毒、抗感染、抗癌及抗心血管病的能力。

痛经不治而愈

很多人生产后有一个可喜的变化：令人烦恼的痛经减少了，有些女性甚至发现在生产后痛经基本上消失了。

生了孩子显得更年轻

从心理角度说，女人生完孩子就会有特别大的幸福感和责任感，它们会让女人精力充沛，显得神采奕奕。

综合胎教：了解西方的胎教研究

早在数十多年前，西方国家用科学方法创建了“生前心理学”、“胎儿心理学”的理论，从而形成西方的胎教学。下面我们来详细了解一下。

法国胎教研究

1985年，巴黎健康卫生科学院生殖专家一项胎教试验：一名28岁的孕妇，从妊娠8个月开始，每隔一天就到科学院做一次音乐胎教。

在孩子出生的第三天，他们发现当孩子听见在子宫内听惯的音乐时，就会出现有节奏的吮奶动作，双手也随着音乐做出有节奏的摆动，当音乐停止或改放其他音乐时，婴儿就不再吃奶，双手也不再摆动或虽有摆动但不规则了。

这个试验说明了胎教的可能性，因为孩子在胎儿期有记忆，所以，出生以后才有回忆。

英国胎教研究

英国李斯特大学心理学院进行一项研究，要求数名准妈妈自选一首音乐，古典音乐、流行曲或摇滚乐均可，在临产前3个月经常播放。在孩子出生后的一年内，这些母亲不可给婴儿听任何音乐，待几名婴儿满周岁后进行测试。结果显示，其中有几名婴儿都被那首他们在母腹内曾听过的音乐吸引，望向音乐来源的时间明显较长。

美国胎教

1979年，美国加州妇产科专家创立了胎儿大学。主张从怀孕第4个月起，孕妇就可以对胎儿进行教育，胎教的方法形式不一，并要求孕妇及其丈夫一块儿加入胎教活动，这不仅能增进夫妻感情，而且对胎儿以后的发展具有良好的作用。胎儿大学的课程有语言课、运动课、音乐课。接受胎儿教育的胎儿在出生后几个小时就可以领到胎儿大学的毕业文凭了。

胎儿大学自1979年创办以来，已经培养了数千名“学生”。经过指导出生的孩子大都与众不同，这些孩子显得更聪明、更易于理解数学的语言、更快地认识父母等。

运动胎教：步行是最好的运动胎教方式

运动可疏通经络、增加人体的肺活量、促进全身的血液循环、提升免疫力、改善人的精神状态。

对于怀孕一个月的准妈妈来说，最好的运动方式莫过于步行了。早上空气质量较好，准妈妈可在早晨的时候外出散散步，这样不仅能改善准妈妈神经系统功能和肺部的换气功能，还可以加速组织氧化还原，促进新陈代谢，提高自身免疫力。

步行时间最好在半个小时左右。这样不仅能够促进胃肠蠕动、增强腹部的血液循环，还能使准妈妈头脑清醒、身心愉悦、有效缓解疲劳和压力。

美学胎教：多看些可爱小宝宝的图片

你可以在家中挂一些可爱宝宝的照片，也可以在手机或电脑上放几张漂亮小宝宝的壁纸，天天看随时看。想象着你的宝宝肯定会集中你和准爸爸的优点：妈妈的大眼睛和小嘴、爸爸的浓眉毛和高鼻子……

准妈妈看着可爱的小宝宝，心中充满着即将做母亲的喜悦，期盼着小宝宝早日到来。

营养胎教：最佳菜谱推荐

香蕉马铃薯泥

【材料】

香蕉3根，马铃薯50克，草莓40克，蜂蜜少许。

【制法】

* 香蕉去皮，用汤匙捣碎。
* 马铃薯洗净，去皮，移入锅中蒸至熟软，取出压成泥状，放凉备用。
* 将香蕉泥与马铃薯泥混合，摆上草莓，淋上蜂蜜即可。

【推荐理由】

香蕉及马铃薯都含有丰富的叶酸，怀孕前期多摄取叶酸，对于胎儿血管神经的发育有很好的帮助。

虎皮核桃仁

【材料】

核桃仁500克，白糖125克，香油适量。

【制法】

* 将核桃仁放在盘内，倒进开水烫一下，用竹签挑去内衣皮，再用清水冲洗干净。
* 锅置火上，加入清水，放入白糖烧化，再放入核桃仁用小火煨，至糖汁稠浓并包在核桃仁上，离火，将核桃仁捞出。
* 锅置火上，放入香油，用旺火烧至四成热时，将核桃仁倒入，改用小火炸至金黄色时捞出，冷却后即成。
* 炸核桃仁时千万不能炸焦，否则一是颜色不好看，二是吃时有苦味。

【推荐理由】

核桃仁含丰富油脂、蛋白质、粗纤维、胡萝卜素、维生素B_1、维生素B_2、尼克酸、铁和维生素E等，是一种健脑益智的美味果品，孕早期女性多食有利于孕早期胎儿神经系统的发育。

音乐胎教：欣赏《梦幻曲》

《梦幻曲》是德国著名作曲家舒曼所作十三首《童年情景》中的第七首。1838年，热恋中的舒曼写信告诉克拉拉："记得有一回你对我说：'有时在你面前我真像个宝宝。'无论是不是这句话的影响，总之，我突然有了灵感，即席写了十三首有趣的小品。"其中就有《梦幻曲》。

《梦幻曲》描写的是宝宝们玩累了，躺在妈妈身边，一边听着妈妈的催眠曲，一边想象着各种奇幻梦境，最后轻轻柔柔地进入梦乡的画面。空气中洋溢的甜美温馨的气氛会让准妈妈深深地陶醉。

准妈妈可以随着柔美平缓的主旋律，进入自己沉思的梦境，在梦幻中出现美丽的世界，接着梦幻升腾，就像进入一层比一层更美丽、更奇异的梦境中，仿佛看见了一个圣洁的小天使——你那期盼了许久的胎宝宝向你走来。

准爸课堂：你也要做些"牺牲"

作为准爸爸，为了将来宝宝健康聪明，你可能要做出一些"牺牲"噢！

不要让妻子闻到你的烟味

如果准爸爸是一位烟民，那么，在准备要孩子的前半年最好戒烟；如果未能如愿，那么，在妻子已经怀孕后千万别再让她生活在自己的"烟雾"里。因为香烟对胎儿的毒害实在是太大了。为了宝宝，你就忍痛割爱吧！

合理安排性生活

在孕期的前3个月和后3个月里，为了避免流产和早产，应绝对禁止性生活。即使在相对安全的孕中期也要有所节制，妻子感到疲惫时，丈夫应该理解妻子。作丈夫的要克制自己，体贴妻子。

多分担些家务

准爸爸要安排好家庭饮食、起居、生活和工作，多分担些家务，避免让准妈妈提重物或进行剧烈活动，保证准妈妈有充足的休息时间。

第4周

准妈妈与胎宝宝的变化

准妈妈：你在这个时期可能会感到疲劳或有些不适，计划怀孕的准妈妈有可能意识到自己怀孕了，但怀孕征兆并不明显。想要确切信息还是过几天去问下医生吧！

胎宝宝：本周受精卵就要在妈妈的子宫内安营扎寨啦！这时胎宝宝的大脑发育已经开始，受精卵不断分裂，一部分形成大脑，另一部分则形成神经组织。

本周胎教重点

本周准妈妈一定要保持愉快的心情，因为准妈妈和胎宝宝之间有着微妙的精神联系。愉快的情绪，可以使血液中氧气充足，从而让准妈妈和胎宝宝都处于一种放松、安静的状态。这时，胎宝宝会对他毫不知情的外界充满好奇与期待。情绪胎教不仅是准妈妈，更是所有家庭成员的重中之重。

准妈妈要适当增加休息时间，以求缓解孕早期的身体疲劳。睡前用温水泡泡脚，全身舒适放松地进入睡眠。规律的生活一定可以让准妈妈每天都有好精神！

情绪胎教：童言童语逗人乐

准妈妈们，来读几个让你捧腹的有关可爱宝宝的笑话吧！

垃圾桶边的胖妹

早上，街角的一个垃圾桶边上，有个小胖妹，嘟着嘴蹲在那里不吭声。

我以为她在等人，之后一个大叔跑出来，一把拉起她就走："你妈妈骗你的，你不是垃圾桶里捡来的……"

种 钱

小时候哥哥跟我说，有零花钱就要埋在土里，说是会长钱。我听他的话把两毛钱埋在土里，还包了将近十层的纸。

第二天一看就剩纸了，我哥知道了，还一拍大腿说："糟了，可能是被土地公公收走了……"

综合胎教：国外准妈妈的系统化胎教课程

在国外，准妈妈们有系统化的胎教课程，这种胎教课程有四大要素。

使身体和精神放松的自律训练

准妈妈置身于灯光柔和的房间里，尽量使自己放松，使身体和精神达到稳定的状态。

培养创造力

参加促进情绪、感觉、空间感、绘画感并以开发右脑为目的的课程，包括"庭园式盆景制作""黏土制作"等。

与胎宝宝说话

可以从打招呼开始，也可以说说花和鸟的名字，教一些数字、字母等。

给胎宝宝听音乐

所选用的曲子除了古典音乐和童谣之外，也可以配合母亲对音乐的喜好，听一些流行音乐。

意念胎教：从做母亲的感觉开始

做母亲的感觉是什么样的？是期盼？还是幸福？还是很多说不清的情绪？先分享一下印度著名诗人泰戈尔的一首诗吧，也许你能从中找到答案。

开 始

“我是从哪儿来的，你，在哪儿把我捡起来的？”孩子问他的妈妈说。

她把孩子紧紧地搂在胸前，含泪微笑着答道——

你曾被我当作心愿藏在心里，我的宝贝。

你曾存在于我孩童时代玩的泥娃娃身上；每天早晨我用泥土塑造我的神像，那时我反复地塑了又捏碎了的就是你。

你曾活在我所有的希望和爱情里，活在我的生命里，我母亲的生命里。

在主宰着我们家庭的不死的精灵的膝上，你已经被抚育了好多代了。

当我做女孩子的时候，我的心的花瓣儿张开，你就像一股花香似地散发出来。

你的软软的温柔，在我的青春的肢体上开花了，像太阳出来之前的天空上的一片曙光。

上天的第一宠儿，晨曦的孪生兄弟，你从世界的生命的溪流浮泛而下，终于停泊在我的心头。

当我凝视你的脸蛋儿的时候，神秘之感淹没了我，你这属于一切人的，竟成了我的。

“为了怕失掉你，我把你紧紧地搂在胸前。是什么魔术把这世界的宝贝引到我这双纤小的手臂里来呢？”

（选自泰戈尔的诗集《新月集》）

“幸孕草”启智小TIPS

有了宝宝，就象开启了人生的另一扇门，那里边有一个更加丰富的世界！感受宝宝的每一点成长，感受宝宝每一个细小的变化，做妈妈是天下最幸福的事！

音乐胎教：欣赏《牧童短笛》

准妈妈常常聆听、感受音乐，可以将美好的心情继续下去。

《牧童短笛》这首钢琴小曲是我国著名音乐家贺绿汀的作品。本曲以清新流畅的线条，用呼应、对答式的二声部复调旋律，成功地模仿出我国民间乐器——笛子的特色。乐曲犹如一幅淡淡的水墨画，勾画出一幅人与大自然相融合的美好画面：牧童骑在牛背上悠闲地吹着笛子，在田野里漫游。

准妈妈在欣赏此曲的时候，也许会唤起对童年生活的美好记忆。带着胎宝宝一起回忆，想必另有一番甜蜜与温馨。

准妈妈可以告诉宝宝，这是钢琴模仿笛子的声音，与胎宝宝一起走进田间原野，感受田园风情。

胎教影院：《何处是我朋友的家》

在伊朗的乡村小学，小学生木汗德屡次没有把作业写在作业本上，老师威胁道："如果再犯，你就会被开除。"可是当天放学后，阿穆德却发现自己不小心把同桌木汗德的作业本带回了家。想起老师的恐吓，阿穆德决定马上归还本子。在大人都拒绝帮忙的情况下，阿穆德只好独自踏上了艰苦漫长的寻找之路。他带着作业本千辛万苦终于找到了同学的家，却最终没有找到人。阿穆德只好带着本子回家，替朋友做了作业。次日，老师检查作业，阿穆德及时把写好作业的本子交上。由此化解了迫在眉睫的惩罚，两个小朋友也收获了珍贵的友谊。

这部电影使孩童世界如此引人注目地展现在成人面前。孩子的纯真，过滤着每一位观众的心。非职业演员，记录片式的质朴，成功的表述，是这部电影的最大特色。

运动胎教：拜日式瑜伽练习

步骤：站立，双脚打开略比肩宽，双手在胸前合十，深呼吸；吸气，上身向后仰；呼气，上身向前弯。俯卧，双手撑住地板，双腿尽力伸直，深呼吸；吸气，双膝弯曲；呼气，胸口贴地，停留6秒钟，同时做深呼吸；吸气，身体缓慢向上抬起；呼气，双手撑稳，双膝离地双腿伸直；身体缓慢还原至站立姿势，吸气向后仰；呼气，还原，双手于胸前合十，深呼吸。

注意事项：练习时要注意保持平衡，也可在墙角或有把杆的地方练习。不必勉强自己，感到累就休息。

益处：增强准妈妈体质，加速新陈代谢，增强血液循环，可为腹中的胎宝宝提供充足氧分，有益于母子健康；每天练习1～2次，可缓解准妈妈的神经紧张。

准爸课堂：做个高级按摩师

孕晚期准爸爸给准妈妈做按摩是一件好处多多的事情。

腿部按摩

- 步骤一：准妈妈侧卧，准爸爸由臀部向下一直到小腿进行有节奏的揉捏，反复5次，之后换另一腿的相关部位进行同样的按摩。
- 步骤二：准妈妈仰卧，全身放松。准爸爸用双手拇指指腹揉按准妈妈的大腿前侧，反复揉捏2分钟。接着，准爸爸用双手手指按摩准妈妈小腿的内外侧2分钟。最后，准爸爸用双手拇指指腹沿着足弓到脚跟的方向进行有节奏的按压。双腿交替按摩，至局部发红发热。

足部按压

- 准妈妈坐在椅子上，双脚泡在热水里15分钟。
- 准妈妈伸出一条腿，放在有软垫的凳子上。准爸爸屈膝蹲在准妈妈前方，一只手托起其脚后跟，另一只手从脚趾到脚踝依次按压。反复进行3～5分钟。
- 用手指按压准妈妈脚趾间。
- 使准妈妈脚趾向上弯曲，再用拇指在脚掌进行旋转按压。再把脚放进热水里，换另一只脚进行按摩。

孕2月胎教

做快乐的准妈妈，好心情才是最好的胎教

第5周

准妈妈与胎宝宝的变化

准妈妈：准妈妈的体重和体型依然没有改变。对于你来说，停经可能是胎儿来到的第一个信号。偶尔的胃口不适，甚至恶心呕吐也是胎宝宝在跟你打招呼，赶紧去医院确认一下他是不是已经到来了。

胎宝宝：大约长4毫米，外形像个小海马。别小看这个小不点，实际上，有一系列令人惊异的行动开始了：细胞迅速分裂，可以辨认胚盘和体蒂，主要的器官如肾脏和肝脏开始生长。

本周胎教重点

本周即将发生的妊娠反应会让准妈妈心烦意乱，但是千万要保持情绪稳定，心情愉悦。小生命已经在身体里生根发芽，准妈妈一定要欣然接受所有的不适，把好心情传递给他，因为现在你们俩的神经系统已经有了千丝万缕的联系。准妈妈可以经常想象胎宝宝的样子，这种设想的形象在无形中会影响胎宝宝。另外，准妈妈在想象时的情绪要安稳，这是胎教的最佳状态，能够促进准妈妈身体的良性激素分泌，从而使胎宝宝的五官及皮肤进行良好的发育。

情绪胎教：最好的胎教就是保持微笑

愉悦的心情能够刺激准妈妈的大脑皮层，让准妈妈的呼吸、血压、脉搏等都处于协调与平衡的状态，对于准妈妈的身心健康十分有益。同时，还能够调节胎盘的供血量，使腹中的胎宝宝在最佳的环境里健康成长。因此，对于胎宝宝来说，最好的胎教就是准妈妈保持微笑。

在准妈妈怀孕的前3个月，胎宝宝的各种器官正处于发育的最关键时期，这时候准妈妈微小的情绪波动，如受到惊吓、恐惧、愤怒、悲伤等情绪的困扰，很容易造成精神的过度紧张，很有可能影响胎儿的正常发育，甚至引起流产或使胎儿畸形。别以为你的微笑胎宝宝“看”不见，事实上你的任何喜怒哀乐，胎宝宝都能够敏锐地察觉到。因此，准妈妈在孕期一定要让自己过得开心一些。

当准妈妈心情烦躁，或者情绪低落的时候，可以吃一些坚果来调节自己的情绪，预防抑郁症的发生，花生、核桃等都是很好的选择。这些坚果类食物含有蛋白质、各种维生素、十几种氨基酸及微量元素，对准妈妈和胎儿都能够起到补脑益智的作用。

除了准妈妈要经常保持微笑外，准爸爸也应该时常微笑，因为准爸爸的情绪很容易影响到准妈妈的情绪。准妈妈经常微笑，良好的心态会被腹中的胎儿感知到，从而让胎儿的生理及心理等各方面，都更加健康！

“幸孕草”启智小TIPS

在夫妻感情融洽、家庭气氛和谐、心态良好的情况下，受精卵会“安然舒适”地在子宫内发育成长，生下的孩子会更健康、聪慧。

运动胎教：练习盘腿坐和腹式呼吸

- 练习盘腿坐：准妈妈在早晨起床和临睡时可以盘腿坐在放有瑜伽垫的地板上，两手轻放两腿上，然后用力把膝盖向下推压，持续一呼一吸的时间，即把手放开。如此一压一放，反复练习2~3分钟。此活动通过伸展肌肉，可达到松弛腰关节的作用。

- 腹式呼吸练习：腹式呼吸应从卧位开始，分四步进行。第一步用口吸气，同时使腹部鼓起；第二步再用口呼气，同时收缩腹部；第三步用口呼吸，熟练后再用鼻吸气和呼气，使腹部鼓起和收缩；第四步在与呼吸节拍一致的音乐伴奏下做腹式呼吸练习。

美学胎教：欣赏《维特雨尔花园》

法国画家克劳德·莫奈是印象派代表人物和创始人之一。他在视觉观察方面无疑是一个富有创造性的天才，常常可以从普通的风景中挖掘其魅力。他观察景物细致入微，对光线的变化十分敏锐。他可以就同一处场景画出十几幅作品，如《谷堆》、《睡莲》等。而这仅仅是为了表现同一场景的不同天气、光线下的不同表象，这是其他画家很难做到的。

莫奈非常喜欢画受约束的自然景观——他的花园、他的睡莲、他的水塘和他的小桥，他也画塞纳河岸的上上下下。在这幅《维特雨尔花园》中，他的爱子流连在灿烂的花丛中，画作洋溢着恬淡、幸福的味道。

营养胎教：最佳食谱推荐

猪肝凉拌瓜片

【材料】

黄瓜200克，熟猪肝150克，香菜50克，海米25克，酱油、醋、盐、味精、花椒油各适量。

【制法】

* 黄瓜洗净切片，放在盘内。
* 熟猪肝去筋切片，放在黄瓜上。
* 香菜洗净去根切段，撒在肝片上。
* 海米用开水发好，倒入盘内。
* 上述调料搅匀浇在瓜片和肝片上即可。

【推荐理由】

猪肝含有大量的铁，与新鲜嫩黄瓜相配清香味美，增进食欲。

番茄薯块骨汤

【材料】

牛肉200克，番茄250克，牛骨500克，黄豆50克，马铃薯300克，胡萝卜200克，姜片、盐各适量。

【制法】

* 黄豆洗净，用清水浸半小时。牛肉切片，与牛骨一起入沸水中氽一下。胡萝卜、番茄及马铃薯去皮，切成块。
* 将姜片、牛骨、牛肉片及黄豆放入锅中，煲约半小时，加入番茄块、马铃薯块、胡萝卜块再煲1小时，制成浓汤，加入适量盐即可。

【推荐理由】

本汤富含钙和蛋白质、维生素，有助于准妈妈增加营养及胎儿的生长发育。

音乐胎教：欣赏《雪绒花》

准妈妈对电影《音乐之声》应该不陌生，现在不妨来听一听这部电影中的插曲《雪绒花》吧！准妈妈可以边看电影，边学着哼唱这首小曲子，相信胎宝宝也会喜欢的。这首歌也适合宝宝出生后，准妈妈唱着哄宝宝睡觉哦！

雪绒花

雪绒花，雪绒花，每天清晨迎接我。
小而白，纯又美，总很高兴遇见我。
雪似的花朵深情开放，愿永远鲜艳芬芳。
雪绒花，雪绒花，为我祖国祝福吧！
雪绒花，雪绒花，每天清晨迎接我。
小而白，纯又美，总很高兴遇见我。
雪似的花朵深情开放，愿永远鲜艳芬芳。
雪绒花，雪绒花，为我祖国祝福吧！

行为胎教：工作也是胎教

许多女性怀孕后就辞职在家，其实必要的工作、活动、交流还是应该有的，规律而稍有些紧张的生活能给人带来愉悦，对胎儿是很有益处的。

当准妈妈在工作中满怀责任感与道德感的时候，当准妈妈运用自己的智慧从工作中得到乐趣的时候，当准妈妈为自己取得的成就而倍感自豪的时候，当准妈妈克服工作中的困难挫折而不断坚强起来的时候，胎儿也能产生共鸣，一起分享点点滴滴的感受。

工作，其实也默默地起着胎教的作用，也许会让宝宝受用终身。

但是，职场中的准妈妈要注意以下事项：

- 任何不利于准妈妈及胎儿健康的工作都要避免。
- 每天早晨起床后，一定要吃一顿丰盛的早餐。
- 如果工作单位离家不远，可以步行上班。

- 工作要量力而行。休息时，可以吃些点心，再外出散散步，晒晒太阳，呼吸一下新鲜空气。
- 午饭要确保营养丰富，而且要合胃口。饭后最好能睡个午觉。
- 分娩前一周至两周时，准妈妈应该减少工作量，必要时停止工作。

准爸课堂：摆脱男性“早孕反应”

张先生得知妻子怀孕的消息，高兴坏了，33岁的他终于要做爸爸了，真是不容易。他精心照料自己的娇妻，可是在妻子怀孕的前3个月，她的体重并没什么变化，也没有不舒服。张先生的体重却增加了10斤，有时竟然会在早上起来感到恶心，这是怎么回事呢?

研究发现，有多达60%的男人会在妻子怀孕的时候，自己产生类似怀孕的生理症状，比如晨吐、口味改变、背痛……

下面我们来看准爸爸常见的“早孕反应”及调整方法。

对妻子怀孕的事实总是难以接受

总感觉自己马上要做父亲是一件难以想象的事，而且这样的疑问每天都要在脑子里转好几遍。

调整法：宝宝的到来势必要影响你的生活，可能会使一些准爸爸认为青春从此不在，再也没有了从前的自由潇洒。不过，可以从另一个角度考虑问题，宝宝会给你的生活增添很多以前从未体验过的乐趣，自己的人生也会因为成为一名父亲而变得丰富。

身体出现一些类似怀孕的生理反应

类似准妈妈的早孕反应，比如晨吐、挑食、情绪波动大、敏感易怒等等。可准爸爸往往又不好意思找医生咨询，心里满腹疑问。

调整法：如果准爸爸出现这些情况，不要惊讶。大多数男人在妻子怀孕的时候或多或少地会受到影响，其中一些情况甚至会持续很长时间，不过，一般来说都不需要就医，随着自己逐渐进入角色，这些不适也会慢慢地消失。

第6周

准妈妈与胎宝宝的变化

准妈妈：出现明显的怀孕症状，开始变得慵懒，昏昏欲睡，只是希望静静地待在家里。孕期激素的增加，使准妈妈更容易感到恶心，不仅仅是在早晨，整整一天，可能都会很想呕吐。但身材依然没什么变化，体重甚至还会减轻，这都是正常生理现象。

胎宝宝：进入怀孕第6周后，胚胎开始迅速地成长。在准妈妈的子宫里，胎宝宝的小心脏开始进行有规律的跳动，遗憾的是准妈妈还无法感觉到胎宝宝的心跳。胎宝宝面部的基本器官也开始成形，已经能清晰地看到小鼻孔，眼睛的雏形也已经具备。

本周胎教重点

本周不时到来的孕吐可能会影响准妈妈的心情，但是怀孕6周是胎宝宝腭部发育关键时期，情绪过分不安会影响胚胎发育并导致唇腭裂。所以保持心情愉快的同时，一定要克服孕吐，补充营养。饮食上，食物除了容易消化吸收外，种类也应更加丰富，这样营养素才会更全面，对胎儿生长发育和母体健康也更有益。

胎宝宝的听觉器官已经开始发育，现在给胎宝宝听音乐，可以刺激胎宝宝的大脑发育，但最主要的还是放给准妈妈听，准妈妈应用一种温和平缓的心境，去感受音乐的美好，同时将爱的感觉传递给胎宝宝。

情绪胎教：童言童语逗人乐

准妈妈们，来读两个让你捧腹的有关可爱宝宝的笑话吧！

我实在受不了啦

父女俩坐在地铁上，小萝莉一路在叨叨叨，爸爸刚开始还接话，后来干脆不理她。

小萝莉："爸爸，你怎么不理我呀？"爸爸说："我在想，你要再烦人我就用棍子打你屁股！"然后小萝莉默默地趴下去了。

安静了不到五分钟。"爸爸""嗯？""你还是把棍子拿出来打我屁股吧，我实在受不了啦！"

小懒虫应该晚点起

周末时，儿子又在睡懒觉，早上，我催儿子起床："宝宝，早起的鸟儿才有虫吃，不能再睡了。"

儿子"嗯"了一声，便又没动静了。

我只好又催："你这个小懒虫，快起来。"

儿子："妈妈，小懒虫应该晚点起，要不然会被鸟吃掉。"说完又躺下了。

美学胎教：叠一只可爱小老鼠

今天，让我们放松一下心情，找一块大一点儿的手绢，或是一块小方巾，叠一个可爱的小老鼠。

制作过程

- 把手绢沿对角线对折；
- 对角线两边的角对折，搭在一起；
- 向上卷起，约1/3左右，翻过来；
- 再把卷起来的小筒的两端互相叠起来，将手绢的顶部插入叠起来的小筒下面，然后就有了一个小团；
- 把小团一直翻卷到底，一直到两个对角都出来。
- 把一个小角当头，打个结就会现两个小耳朵；另一个小角就是长长的尾巴。
- 一个可爱的小老鼠就叠好了。

综合胎教：读《生活是美好的》

准妈妈阅读契诃夫的《生活是美好的》，能得到文学的熏陶，储备这段时间对宝宝的语言胎教素材。另外，这篇文章文字内容积极向上，充满生活哲理，可以对准妈妈起到很好的情绪调节作用，可以让准妈妈更深刻地体会生活的幸福，所以是极好的情绪胎教。

生活是美好的（节选）

契诃夫

生活是极不愉快的玩笑，不过要使它美好却也不很难。为了做到这点，光是中头彩赢了20万卢布、得了“白鹰”勋章、娶个漂亮女人、以好人出名，还是不够的——这些福分都是无常的，而且也很容易习惯。为了不断地感到幸福，甚至在苦恼和愁闷的时候也感到幸福，那就需要：一，善于满足现状；二，很高兴地感到：“事情原来可能更糟呢”，这是不难的。

要是火柴在你的衣袋里燃起来了，那你应当高兴，而且感谢上苍：多亏你的衣袋不是火药库。

要是有穷亲戚上别墅来找你，那你不要脸色发白，而要喜气洋洋地叫道：挺好，幸亏来的不是警察！

要是你的手指头扎了一根刺，那你应当高兴：挺好，多亏这根刺不是扎在眼睛里！

如果你的妻子或者小姨练钢琴，那你不要发脾气，而要感谢这份福气：你是在听音乐，而不是听狼嗥或者猫的音乐会。

你该高兴，因为你不是拉长途马车的马，不是寇克的“小点”，不是旋毛虫，不是猪，不是驴，不是茨冈人牵的熊，不是臭虫……你要高兴，因为眼下你没有坐在被告席上，也没有看见债主在你面前，更没有主笔土尔巴谈稿费问题。

如果你不是住在边远的地方，那你一想到命运总算没有把你送到边远的地方去，你岂不觉着幸福？

行为胎教：听一听风雨鸟鸣声

世界上最美妙的音乐，莫过于自然之声了，风儿轻轻地吟唱、雨滴轻柔地飘落、清脆的鸟鸣在林间悠扬婉转……大自然真是一个美妙的音乐盒啊！准妈妈如果能够把心静下来，用心聆听大自然的各种声音，将这种美妙感觉传递给“心灵相通”的胎宝宝，便能够间接锻炼胎宝宝对声音的感知能力，以及对不同声音的分辨能力，这样的行为胎教对于宝宝的发育很有益处。

从风声中感受季节的变迁

准妈妈可以从不同的风声中，感受季节的变迁，然后将这些感受说给胎宝宝听，此外，风声的强弱，能够让人感受到不一样的音色变化，准妈妈可以细细品味。

从雨声中感悟节奏的变化

雨滴落下的声音是有魔力的，就像千千万万的琴弦，能够奏出变化万千的音乐。春雨是细腻的，夏雨是粗犷的，秋雨是柔软的，冬雨是寒冷的……准妈妈不妨静静地聆听一下雨滴的声音，让烦躁不安的内心平静下来，进而让胎宝宝在健康、和谐的环境中成长。

从鸟声中体会欢快的心情

准妈妈可以在清晨，或者黄昏的时候，去林间散步，听一听鸟儿的歌唱声。“叽叽喳喳”的鸟叫，可以使准妈妈的心情变得轻松愉悦起来，可使胎宝宝在欢快的环境中健康成长。

“幸孕草”启智小TIPS

建议准妈妈们多丰富自己的生活，让自己充实起来，给孩子创造舒适的生存环境。从自然中汲取各种美好的声音、颜色、图像、艺术等，就是最好的胎教。

音乐胎教：欣赏《蓝色多瑙河》

这周准妈妈来听听这首约翰·施特劳斯最著名的圆舞曲《蓝色多瑙河》吧！

《蓝色多瑙河》是一首典型的圆舞曲风格的管弦乐作品。这首乐曲华丽、明快、活泼、通俗易懂。旋律优美动人，节奏富于动感，适合准妈妈在孕期听。乐曲开始描绘了清晨河面的薄雾散去，洒满了金光，随后而来的五个小圆舞曲分别带来了蓬勃的生机，柔和的姿态，欢乐淳朴的跳跃旋律，幸福的气氛和欢乐满人间的氛围。

听完这首曲子，准妈妈应体会到生活的美好，人生的美妙，不禁从心底漾起快乐的微笑。

胎教影院：《想飞的钢琴少年》

每个人都拥有梦想，但往往缺少去追求的勇气，有时你觉得平淡无味的生活在别人眼里却如若珍宝。只有懂得追求，同时又懂得满足的人，才能获得真正的幸福，《想飞的钢琴少年》正好可以体现这一点。不过，准妈妈不宜久坐看电影，最好将电影分成两部分看完，免得胎宝宝在肚中不耐烦哦！

快满6岁的维达斯有着非常敏感的听觉，平时的娱乐活动就是阅读百科全书。他父亲是一位发明家，而英国籍的母亲则热心于挖掘儿子的天赋。维达斯很迷恋行为古怪的祖父，他把大部分时间都花在老人的工作室里，听爷爷的忠告和建议，让他的梦想开始飞翔。

到了12岁的时候，维达斯在祖父的帮助下带上一对木制的翅膀，然后从阳台上跳了下去，就在跌倒的那一瞬间，男孩心中忽然有了一个主意，假装自己的天赋因为这么一摔而消失了。就在享受这个“诡计”的同时，男孩帮助父亲挽救了事业，同时从中体验到更多生命的真谛。

意念胎教：勤于思考，善于动脑

许多准妈妈在怀孕之后，都变得比以前更懒了，有些无关紧要的事情都不愿想，更不愿意去做。有的准妈妈会错误的认为，这是怀孕之后的“正常现象”，没有什么大惊小怪的。殊不知，这也是胎教大忌。

我们在前面已经说过，准妈妈的任何情绪变化，都会传递给腹中的胎儿。同样的道理，准妈妈的思想变化，也会对胎宝宝产生一定的影响。如果准妈妈在怀孕之后，既不爱学习，也不爱思考，那么胎宝宝也会深受感染，变得懒惰起来的。

很显然，这对于胎宝宝的大脑发育只会产生消极的影响。如果准妈妈能够始终保持着旺盛的求知欲，就能够将这种思想传递给胎宝宝，促进胎宝宝的大脑神经和细胞的发育。

因此，为了胎宝宝的健康发育，准妈妈一定要从自身做起，不要懒于学习、悲观消极，而应该勤于动脑，将自己听到的、看到的事物，传递给胎儿。要培养自己的生活情趣，不断探索和学习新的知识。

总之，准妈妈希望自己的胎儿受到良好的教育，就应该始终保持自己的求知欲，把自己的思维充分调动起来，而不是懒于思考。

第7周

准妈妈与胎宝宝的变化

准妈妈：你随时会有饥饿的感觉，在这种情况下，你可能注意到自己正在失去腰部曲线。但不要过多地考虑体型，因为这几周正是胎儿发育的关键时期，更应注意营养。由于子宫压迫，你跑厕所的次数比过去频繁多了，但不会感到尿急、尿痛，这属于正常的孕期现象，无需治疗，更不会影响到胎儿。

胎宝宝：怀孕快两个月了，胎宝宝又长大了，像一颗咖啡豆。现在，小家伙已经明显具备了人的模样，手臂和腿开始长出嫩芽，面部器官也略加明显，两个黑点是他的眼睛，鼻孔大开着，耳朵有些凹陷。在这周，胎宝宝会做出第一个动作，但准妈妈还感觉不到。

本周胎教重点

准妈妈要尽可能避免空腹，食欲不振时要投胃口所好，每天少食多餐。妊娠反应剧烈的准妈妈可随手预备一些花生、苹果等，抑制呕吐的同时可补充维生素。妈妈的良好营养是胎宝宝健康成长的前提，所以本周营养胎教很重要。

这个时期胎宝宝的面部雏形正在发育，准妈妈最好的胎教方式，就是尽量保持平和淡定的情绪，尽管有时会很难控制自己的情绪。对于自己的“坏脾气”，也不要过于自责，要多和其他妈妈交流或和准爸爸沟通，把心中全部的抑郁讲出来。多想想你的胎宝宝，其实世界非常美好。

情绪胎教：学会排解压力的方法

有关专家指出：孕期压力越小，准妈妈和胎宝宝就会越健康。在怀孕期间，妊娠反应和即将迎来新生命的心理会给准妈妈带来一定的压力，压力太大将直接影响准妈妈的健康和胎宝宝的发育。因此，准妈妈要学会排解压力，以下就是一些排解压力的小建议。

安排好饮食起居

准妈妈要按时吃饭，饮食注意营养，有充分的休息时间，进行适当的锻炼，不吸烟喝酒。健康的生活起居会缓解压力。

分析压力成因

准妈妈不能太在意压力，如果压力太大，可以静下心来分析一下压力形成的原因，然后对症下药，采取一切可行的措施缓解心理压力。

合理安排时间来放松自己

合理安排时间，让自己有时间去做一些放松的事情，也是准妈妈排解压力的一种方法。适时锻炼、沉思、按摩和深呼吸，甚至看书等都能够适当地缓解压力。

工作时间不超时

准妈妈在怀孕早期，就应该开始注意工作时间不能超时，并尽量避免上夜班。在工作感到疲劳的时候，可以适当休息10分钟，也可以到户外、阳台或者楼顶呼吸一下新鲜的空气。长时间保持一种工作姿势的准妈妈，要注意不时变动一下姿势，伸伸胳膊伸伸腿等，以缓解疲劳。

多听音乐减压

舒畅、优美的音乐会让人身心放松。准妈妈如果感觉压力大，不妨多听一些音乐，让舒缓的音乐给自己以陶冶和享受，从而放松精神，释放压力。

营养胎教：好孕营养餐

番茄烧豆腐

【材料】

番茄250克，豆腐400克，植物油适量，白糖、酱油各少许。

【制法】

先用开水把番茄烫一下，去皮，切成厚片。把豆腐切成长方块。锅上火，油热，放番茄片小炒片刻，随即把切好的豆腐放入，加酱油、白糖滚几滚，待豆腐炒透即好。

【推荐理由】

此菜红、白相间，色美而鲜。番茄含有大量的维生素C，对于骨骼、牙齿、血管、肌肉组织的生长发育极为重要，并能刺激食欲，增强抵抗力；豆腐的营养价值也十分高。两者搭配，具有健脾开胃、生津止渴之功效，可用于治疗准妈妈食欲不振、热病、伤暑、口渴等症。

萝卜炖羊肉

【材料】

羊肉500克，萝卜300克，生姜少许，香菜、盐、胡椒各适量。

【制法】

将羊肉洗净，切成3厘米见方的小块；萝卜洗净，切块；香菜洗净，切断。将羊肉、生姜、盐放入锅内，加入适量的水，置武火烧开后，改用文火煮熬1小时，再放入萝卜块煮熟。放入香菜、胡椒，稍煮即可装盘。

【推荐理由】

这道菜适用于消化不良等症，且味美，可增加食欲。在食用时，加入少量食醋，味道更佳。

音乐胎教：《月光下的凤尾竹》

本周准妈妈可以欣赏《月光下的凤尾竹》。相信准妈妈听到这首乐曲，一定会忘掉一切烦恼，变得心绪宁静、空灵。

《月光下的凤尾竹》是傣族名曲，以葫芦丝演奏的版本最为常见。悠扬的曲调婉婉动听，是独具民族情调的乐曲，给人以心旷神怡的感觉。

低沉、悠扬、委婉的葫芦丝声，是那样地醉人：皎洁的月光，江水静静地流淌，在银色的月光下波光粼粼；月光如水，静静地泻在一片片凤尾竹上，参差斑驳的竹影在风中摇曳。微风轻拂凤尾竹，远看像一层绿色的雾在舞动；竹楼里美丽的阿妹正深情地凝望窗外，竹楼外痴情的阿哥吹奏的葫芦丝声，在静谧的夜晚愈加缠绵，倾诉着心中的爱恋。

意念胎教：冷静应对早孕反应

在怀孕第2个月，有一半以上的准妈妈会出现早晨起床后呕吐的现象，这可能会使准妈妈们有些狼狈、心烦。有些准妈妈的症状轻一些，偶尔会有点恶心、呕吐，但有些准妈妈的症状很明显，往往会吃什么吐什么，就算不吃东西也会常觉得恶心。有时就连一些特殊的气味都能引起呕吐。面对这种状况，准妈妈一定要冷静应对，因为早孕反应是孕早期非常正常的现象。

研究发现，如果准妈妈做好了怀孕的心理准备，那出现妊娠反应后心态就会平稳些，症状也能有明显的缓解。但如果准妈妈的心理负担过重，如担心胎宝宝发育不好、家庭负担过重、胎宝宝将来的问题等，就有可能会加重孕吐反应。因此，得知自己怀孕后，准妈妈们要及时调整自己的情绪，以积极、乐观的态度来面对即将到来的宝宝。不妨拍拍肚子，对腹中的宝宝说一声："为了你，妈妈受这点苦不要紧，妈妈爱你，这不算什么！"

胎教影院：《追火车日记》

本周，准妈妈可以看看《追火车日记》这部幽默、温馨、感人的电影，美好的故事情节，会带给准妈妈不一样的感动！

史蒂芬虽然才6岁，但人小鬼大，不仅爱耍小聪明，当姐姐的跟屁虫，还把姐姐的男友骗去载他追火车兜风。好奇心旺盛的史蒂芬，对老爷爷饲养的鸽子也情有独钟，整日琢磨怎么哄鸽群听命。小镇街道、火车站台，到处都有他玩耍的足迹。

某天，史蒂芬凭第六感在站台发现从未谋面的老爸，他相信命运之神将会让他们相认。史蒂芬挑战命运的小工具都准备好了：两个小士兵、一口袋的零钱、纯真无邪的决心……老天爷这次会顺从史蒂芬的愿望吗？在一连串的诡计背后，史蒂芬的“追火车日记”惊喜连连，却又“人算不如天算”，谱写出一段诗意逗趣的动人故事。

准爸课堂：让她不用在“生”与“升”间苦恼

你的妻子也许正面临着“生”还是“升”的苦恼。一旦孕育宝宝，势必会影响工作，甚至可能长时间地休假在家，这样不仅可能会失去升职、加薪的机会，还可能变成一个喋喋不休的“黄脸婆”。

谁会甘心整天只与厨房、尿片、奶瓶打交道呢？你不妨告诉她：宝宝并不只是一个“小拖斗”，他还会促使你们提高效率、平衡生活和工作；促使你们学会舍弃，在劳累时放松心情；促使你们更加努力和负责任，更有勇气面对生活。况且，女性会在孕育的过程中变得更加成熟，为人处世更加周全，这对职场生涯是大有助益的。

就算做了最坏的打算，工作也是可以再找的。已有的工作和生活经验，会让你在新的工作中很快上手。然而，若错过了最佳的生育时间，或许就会错过你们应有的幸福。

第8周

准妈妈与胎宝宝的变化

准妈妈：看似平坦的腹部下面，子宫已经有一个拳头大。由于子宫的迅速成长，你可能会第一次有腹部疼痛的感觉。不必担心，在这个阶段，骨盆的任何一侧轻微疼痛都是正常的，特别是扭腰或站起来的时候。另外，你对气味越来越敏感，胃也开始变得敏感了。

胎宝宝：现在的他有2厘米长了，看上去像颗葡萄。宝宝的手指和脚趾长得更长，隐约还有少量蹼状物，臂和腿长长了很多，肩、肘以及膝关节也都可以看出来了。子宫里貌似静悄悄的，但其实宝宝现在的小动作已经相当多了，他已经会做踢腿、伸腿、抬手、移动双臂的动作了。

本周胎教重点

胎宝宝凭借着蹼状的手脚，开始在羊水中游泳啦，准妈妈也可以和胎宝宝一起“左三圈，右三圈，脖子扭扭，屁股扭扭……”

本周依然要坚持音乐胎教，让音乐为胎教增添别样风情。在倾听节奏柔和、旋律优美的音乐时，不仅准妈妈自己的情绪变得安定，而且会将这种情绪传递给胎儿。当听到让自己愉快的声音时，人的大脑会产生强烈的a波，这种电波往往在大脑细胞活跃时才会大量散发出来。这一事实证明，音乐足以起到让大脑环境发生积极变化的作用。

情绪胎教：童言童语逗人乐

准妈妈们来读三个让你捧腹的有关可爱宝宝的笑话吧！

此墅非彼树

早上煜煜高兴地跑到老师面前说："老师，我们家住别墅了。"还没等老师回答煜煜的话，在一边的文昭说："有什么了不起的，我家有桃树，梨树。"此墅非彼树呀。原来在宝宝的词典中别墅是一种树……

幼儿园里的那点事

刚入园的宝宝都在园里做些什么呢？家长很关心，于是你听这对母女的对话。

"涵涵，你在幼儿园都做什么呀？""吃饭、睡觉、喝水、尿尿。"

好经典的概括呀！言简意赅，还十分押韵。

藏起来

妈妈给浩浩买了3包酸奶，但爸爸不允许他吃零食。

浩浩和妈妈说："妈妈，千万不要告诉爸爸，我已经把它藏好了。"于是妈妈问："你藏哪里了？那里安全吗？""嗯，很安全。"浩浩得意地指了指自己的肚子。

妈妈顿时明白了：原来藏在这里了……

营养胎教：吃酸的讲究

怀孕期间吃酸有讲究。可选择番茄、橘子、杨梅、石榴、葡萄、青苹果等新鲜果蔬，这样既能改善胃肠道的不适症状，也可增进食欲，加强营养，利于胎宝宝的生长，一举多得。

但不要吃腌制的酸菜，这种食品虽有酸味，但维生素、蛋白质、矿物质、糖分等营养几乎丧失，而且腌菜中可能含有致癌物质，过多食用对准妈妈和胎宝宝无益。

另外，山楂鲜果或干片不能吃，因为山楂中含有刺激子宫收缩的成分，有可能引发流产和早产。尤其是在妊娠3个月内的准妈妈，以及有流产、早产史的准妈妈，更不要吃山楂。

环境胎教：布置浪漫的生活空间

在早孕阶段，准爸爸要为准妈妈和胎宝宝布置一个浪漫、温馨又宁静的生活空间。具体可以在以下方面做一些小小的调整。

适当添加一些宝宝用的物品，把那些从商店买回来的可爱的宝宝小物件（宝宝的衣服、浴巾和小玩具等）摆放在居室内易看到的地方，以时刻提醒准妈妈：一个可爱的小宝宝即将来到身边了！

另外，还可以在准妈妈的床头贴上一张非常漂亮的宝宝图画，让准妈妈可以一边看画，一边尽情想象自己的宝宝是什么样子。

如此浪漫的生活空间，不仅会让准妈妈心情舒畅，感到无限幸福和开心，同时会增加准妈妈对宝宝到来的期许和关注。

美学胎教：欣赏《蒙娜丽莎》

在欣赏世界名画的过程中，准妈妈会发现许多惊人的美。我们来一起欣赏蒙娜丽莎那神秘又迷人的微笑吧！

《蒙娜丽莎》是文艺复兴时代画家列奥纳多·达·芬奇所绘的丽莎·乔宫多的肖像画，法国政府把它保存在巴黎的卢浮宫供公众欣赏。

画中女子坐姿优雅，笑容微妙，背景山水幽深，淋漓尽致地发挥了画家那奇特的烟雾状“无界渐变着色法”般的笔法。画家力图使人物的丰富内心和美丽外形达到巧妙的结合。对于人像面容中眼角唇边等表露感情的关键部位，也特别注重精确与含蓄，达到神韵之境，从而使蒙娜丽莎的微笑显得神秘莫测。那如梦似的妩媚微笑，被不少美术家称为“神秘的微笑”。

500余年，不同的观赏者在不同的时间去看，感受似乎都不同。准妈妈欣赏完一定要记得，自己的微笑可不比蒙娜丽莎逊色，记得生活中经常微笑！

“幸孕草”启智小TIPS

童谣的内容，一般都特别重视情感和趣味，其能够陶冶孩子的性情，培养孩子的气质，使他们养成活泼、爽朗、优雅、天真的性格，所以童谣也是非常珍贵的胎教素材。

音乐胎教：欣赏《平湖秋月》

在孕早期，准妈妈可以选择一些宁静、优美的古典音乐来听。这首《平湖秋月》旋律优美，明媚流畅，音调婉转，具有迷人的艺术魅力，很适合准妈妈在孕早期听。

《平湖秋月》全曲以清新明快、悠扬华美的旋律，描写了杭州西湖的胜景之一——平湖秋月：皎洁秋月映照的西湖幽静迷人，景象平和、静谧，晚风轻拂，素月幽静。碧空万里，波光闪烁，青山，古树，亭台，楼阁，在月光下仿佛披上了一层轻纱。整个西湖好像是一个童话世界。乐曲寄托了人们向往美好生活、渴望太平的愿望和对大自然的热爱之情，描绘出了中国江南湖光月色、诗情画意的夜景。

胎教影院：观看《小鹿斑比》

《小鹿斑比》细致地描绘了森林中的和谐气氛和动物们的善良本性。影片中的可爱小动物们相互扶持，处处展现出纯真的童心，处处饱含着爱的寓意。迪士尼的画家们为此片特地赴野地实察，并且开创性地采用“水彩概念画法”，将整个森林的神韵表达得一览无遗。为观察动物的一举一动，画家们和动物们相处了很长的一段时间，再将动物的表情以拟人化的方式呈现，成就了这部精美的杰作。

本片森林中的一草一木、角色的一举一动掳获了观众的心。许多小朋友甚至把“小鹿”和“斑比”画上了等号。准妈妈去欣赏这样一部温馨美妙的电影，可以带给宝宝宁静舒缓的感受，让宝宝潜意识里体会到爱和自然的美好。

准爸课堂：算好迎接宝宝的经济账

也许你和妻子都有勤俭节约的传统美德，到现在已经小有积蓄；也许你们一直做着“月光族”，对即将到来的生活有些不知所措。但不管怎样，想要小宝宝，财政预算是必不可少的，否则，接下来的日子就会变得乱七八糟。

小宝宝的到来，会给你们的生活增加很大一笔开销，特别是在宝宝出生前后，集中花钱的地方很多。作为一家之主，你应率先学会理财，尽量减少后顾之忧。可以先计算一下大体所需的开支，然后考虑如下的问题：

- 家庭的收入稳定吗？
- 有节余吗？
- 节余的钱能够支持即将增加的开支吗？
- 在妻子怀孕和生产期间，你的收入能独挡一面吗？
- 公司能提供哪些相关的福利？

如果家庭收入欠稳定，用度捉襟见肘，就不能为宝宝提供一个良好的成长条件。因为，除了怀孕和生产期间所需的费用外，你还需准备一笔购买宝宝必需品的钱。别看宝宝身体小，生活开支可能会超过你和妻子的总和。你们自然希望能给宝宝最好的东西，尤其是你的妻子，在母性的驱动下，有时甚至路过宝宝用品店，就不由自主地跑进去买下许多东西。

如果愿意，你可以向刚生完宝宝的朋友、亲戚或同事咨询一下，问问他们都买过什么东西，哪些是必备品。如果他们还有余下未用或用后闲置的宝宝物品，不妨借来用用，比自己花很多钱买来许多物品却又只能用短短几个月要明智的多。

孕3月胎教

静静的，在妈妈的肚子里茁壮成长吧

第9周

准妈妈与胎宝宝的变化

准妈妈：你现在的子宫已增大了2倍，大概有网球那么大。随着子宫逐渐增大，准妈妈的体重虽然没有增加太多，但却时常感到腿部紧绷发疼，腰部酸痛，乳房胀大了不少，腰围也增加了很多。

胎宝宝：小家伙的小尾巴已经消失，他所有长出的器官、肌肉、神经都已开始工作。有膜覆盖着胎宝宝的眼睛，所以胎宝宝的眼睛闭得很严，要到27周左右时才会睁开。胎宝宝的肌肉开始发育，他不断地动来动去，不停地变换着姿势。

本周胎教重点

随着胎宝宝大脑的发育成长，准妈妈要及时补充有助于脑部发育的营养，应多吃鱼、核桃、鸡蛋等健脑食品。近期研究表明，怀孕前三个月摄取镁的数量关系到宝宝的身高、体重和头围大小。适量的镁不仅对胎儿肌肉的健康至关重要，而且有助于骨骼的正常发育。在色拉油、绿叶蔬菜、坚果、大豆、南瓜、甜瓜、葵花子和全麦食品中都很容易找到镁。由于胎宝宝所有的神经器官都开始工作，所以本周其他胎教也很重要。

情绪胎教：一起回忆小时候

赶快和准爸爸一起找出小时候的可爱照片吧，对照着你们小时候的样子，想象一下宝宝会是什么样子呢？鼻子要像丈夫，比较挺；眼睛要像你，大一点，有神；皮肤最好白一点……

一起回忆一下那时各自擅长的游戏，比如跳皮筋、踢毽子、丢沙包……说说小时候班里最调皮捣蛋和最受欢迎的同学，也可以说说那时最喜欢看的电视节目和最崇拜的明星。

在轻松愉快的交谈中，准妈妈和准爸爸一起分享了各自的幸福回忆，并且夫妇二人的感情也加深了不少。

综合胎教：有意胎教与无意胎教

有意胎教是指在怀孕期间，有计划地采用某些方法，创造某些条件，让准妈妈和胎儿的身心得到调养。无意胎教是指没有特意采取某些方法，也能够使准妈妈和胎儿的身心得到调养，在无意中产生了有意的效果。

有些准妈妈虽然学历不高，甚至对胎教所知不多，也未曾有意地去创造某些条件，而是随心所欲去实现自己的某种愿望，但在过程中却能意外地收到胎教的效果，生下的宝宝与经过精心施以胎教者所生的宝宝相比，在体质、智力等方面基本或完全一样，或更优于有意进行胎教者所生的子女。虽然收到了“无意插柳柳成荫”的效果，但这里毕竟带有盲目性，不能和有意胎教相提并论。如果有条件的话，还是要进行系统科学的有意胎教，因为研究证明，这样生出的宝宝聪明、健康、活泼的概率要高得多。

营养胎教：最佳食谱推荐

糖醋荷包蛋

【材料】

鸡蛋2个，白糖、白醋各适量。

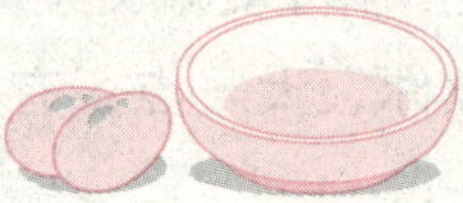

【制法】

- 锅中加清水，放入白糖及白醋大火煮沸。
- 水沸后，将鸡蛋打入，改小火煮约2分钟。
- 待鸡蛋熟透后即可食用。

【推荐理由】

此道菜品健胃止吐，能迅速改善脾胃虚弱、呕吐不止等害喜反应。食用时最好将蛋连汤一同食用，效果更佳！

糖醋莲藕

【材料】

莲藕500克，花生油30克，香油、料酒各5克，白糖35克，米醋10克，盐1克，花椒10粒，葱花少许。

【制法】

- 将莲藕去节、削皮，粗节一剖两半，切成薄片，用清水漂洗干净。
- 炒锅置火上，放入花生油，烧至七成热，投入花椒，炸香后捞出，再下葱花略煸，倒入藕片翻炒，加入料酒、盐、白糖、米醋，继续翻炒，待藕片成熟，淋入香油即成。

【推荐理由】

此菜含有丰富的碳水化合物、维生素C、钙、磷、铁等多种营养素。莲藕是传统止血药物，有止血、止泻功效，有利保胎，防止意外流产。

音乐胎教：欣赏《数星星》

准妈妈该感谢胎宝宝，因为有他，你才多出了很多时间，才能静心徜徉在音乐的海洋里。今天一起来欣赏《数星星》吧!

《数星星》选自波兰音乐家肖邦的《降D大调小步舞曲》作品64号NO.1。肖邦是历史上最具影响力和最受欢迎的钢琴作曲家之一，是波兰音乐史上最重要的人物之一，其一生的创作大多是钢琴曲，因此被誉为“钢琴诗人”。

一边听着肖邦的《数星星》，一边来读一下《数星星的孩子》的故事吧!

数星星的孩子

晚上，满天的星星像无数珍珠撒在夜空里。一个孩子坐在院子里，仰着头，数着天上的星星。一颗，两颗……一直数到几百颗。奶奶笑着说：“傻孩子，又在数星星了。那么多星星，一闪一闪地乱动，眼都看花了，能数得清吗？”孩子说：“奶奶，只要看得见，就能数得清。星星是在动，可不是乱动。你看，这颗星和那颗星总是离得那么远。”

爷爷走过来说：“孩子，你看得很仔细。天上的星星是在动，可是它们之间的距离好像是不变的。我们的祖先把它们分成一组一组的，还给起了名字。”爷爷停了停，指着北边的天空，说：“你看，那七颗星，连起来像一把勺子，叫北斗七星。勺口对着的那颗星就是北极星。北斗七星总是绕着北极星转。”

爷爷说的话是真的吗？这个孩子一夜没睡好，几次起来看星星。他看清楚了，北斗七星果然绕着北极星慢慢地转动。

这个数星星的孩子名叫张衡，是汉朝人。他从小就刻苦钻研，长大以后，成了著名的天文学家。

胎教影院：观看《狮子王》

动画片《狮子王》是迪士尼公司的里程碑作品之一。

非洲大草原上，万兽群集，共同庆贺狮王木法沙和王后沙拉碧产下的小王子辛巴的诞生。但是狮王木法沙的兄弟刀疤对辛巴的出生却仇恨不已，他认为如果不是辛巴，自己就会继承王位，因此在他的心中埋下了罪恶的种子。刀疤杀死了木法沙，还在不停地谋杀辛巴。这一次辛巴真的快不行了，但当他得知父亲是被刀疤害死的事实后，愤怒之中，辛巴化悲痛为力量，奋力跃起，将刀疤打倒在地，并将这个卑鄙的叔叔赶下了国王崖，刀疤成了土狼们的一顿美餐。这时，大雨倾盆而下，好像在滋润干涸已久的土地。辛巴在母亲和朋友们的欢呼与祝福声中，正式宣布执掌政权。

通过欣赏这部影片，准妈妈会和胎宝宝一起感受到友爱的力量和勇气的可贵，可以在宝宝的潜意识里形成这样的影响：面对自己的错误，只有勇敢面对才能解决，不要一味地逃避。

准爸课堂：了解妻子可能产生的身体不适

准爸爸一定要了解准妈妈孕早期除了恶心、呕吐和发胖以外，还可能出现哪些症状，以便给妻子最恰当的理解和呵护。

皮肤变黑

大多数准妈妈在怀孕后皮肤变黑，准爸爸应该学会赞美妻子，告诉她喜欢她现在的样子。

呼吸加重

妻子的呼吸系统是在为了宝宝的成长而加紧工作，所以请不要在听妻子讲话时不耐烦。

体毛变重

不要对此流露出不满情绪。准妈妈很敏感，你应尽可能去接受并喜欢这种变化。

一天跑N趟厕所

妻子频频去厕所也是孕早期的正常反应。在少喝水和去厕所之间，只能选择去厕所。

第10周

准妈妈与胎宝宝的变化

准妈妈：这一周，子宫已经长到一个大橙子那么大了。所以你的肚子越来越大，身体也开始变形。此时血压偏低并且身体正努力向头部供血，所以轻微头痛是很常见的现象，但切记一定要在医生的指导下服用药物以缓解头痛。

胎宝宝：他身体所有的部分都已经初具规模，包括胳膊、腿、眼睛、生殖器以及其他器官。假如你能在这周看到你的宝宝，你能透过他像纸一样薄的皮肤，清晰地看到他脊柱的轮廓。并且，他的脊椎神经开始从脊髓中伸展出来。从比例上看，他的头仍占整个身体长度的一半左右。

本周胎教重点

到本周末，准妈妈可以稍微松一口气了，因为现在已经度过了最危险的易流产期。依据你自身的健康状况，这一周，准妈妈可以练习一下简易气功和瑜伽。适当的运动可以刺激胎宝宝的全身皮肤生长，增进胎宝宝触觉发育的同时还有利于大脑的发育。

妊娠期3～6月都是胎宝宝的“脑迅速增长期”，准妈妈要多吃一点含碘的食物，如紫菜、海带、鳗鱼等，进一步促进他的大脑和骨骼的良好发育。健康的宝宝可是全家所有成员的愿望。

准妈妈每天给胎宝宝读5分钟的小故事，故事内容尽量简短丰富、轻松有趣，使他在轻松愉快的文化氛围中发育成长。

情绪胎教：童言童语逗人乐

准妈妈们来读几个让你捧腹的有关可爱宝宝的笑话吧！

诚实的宝宝

一位姑姑非常奇怪她的小侄子为什么那么规矩。

“你真乖。”她说：“你为什么这么听话呢？”

小侄子答道：“因为妈妈答应给我买个玩具熊猫，如果我不嘲笑你那蒜头鼻子和扇风耳的话。”

适得其反

“这次算术考试得了多少分？”“3分。”话音刚落，“啪！啪！啪！”小明的屁股上挨了爸爸的3巴掌。“下次再考，得多少分？”“下次我1分也不要了。”

再出一道

妈妈：“你算算这道题得数是几？”儿子：“5”。妈妈：“真聪明，这么快就算出来了。给你五分钱去买冰棍。”儿子：“妈妈，你再出一道得数是100的题吧！”

美学胎教：远离皮肤干燥困扰

皮肤干燥，是准妈妈们在冬季里最容易出现的问题，表现为皮肤多皱无光泽，还伴有脱皮敏感等现象。准妈妈一刻也不能停止对美的追求，那么怎么才能让自己在孕期保持肌肤光洁细嫩呢？

- 一定要用温水洗脸，水温不要过冷或过热。
- 由于皂碱会将皮肤上的天然油脂洗掉，所以准妈妈应该注意选择有滋润成分的温和洁面皂或洁面乳，如果没有化妆，每天使用一次即可。
- 趁肌肤水分未干时，涂抹保湿产品。使用保湿乳液敷脸时，建议准妈妈以小面积画圆的方式，比平常多按摩面部肌肤几次。
- 多摄取富含维生素、不饱和脂肪酸或亚油酸、亚麻酸的蔬菜和鱼类等食物。
- 多喝水，水是维持机体正常代谢的重要物质，各类营养素在体内的吸收和转运都离不开水。为了胎宝宝和自己的身体，准妈妈更应注意多喝水。

综合胎教：注意自己的言行举止

美国加利福尼亚大学心理学家梅边尼克用30年的时间研究犯罪和家庭成员的关系。他通过对1447名丹麦男性的调查发现，如果父母是经济犯罪分子，那么其成为经济犯罪的可能性达到20%~24.5%，如果父母是清白公民，那么这个概率将下降13.5%。

华盛顿大学医院的精神病科医生罗伯·克洛宁格经过大量的调查得出一份报告：如果父母是罪犯，出生后宝宝即使给别人抚养，长大后其犯罪的可能性仍然比普通人高4倍左右。

这些事例充分说明：父母，尤其是孕期准父母的言行举止对胎宝宝的影响是很大的。因此，准妈妈一定要注意自己的言行举止，与人交流说话和气温柔、知书达理，做事有条理、讲求公正和谐，行动有条不紊等。只有这样，胎宝宝才能感受到母亲的良好身教，养成良好的性格和品格。

音乐胎教：欣赏《致爱丽丝》

《致爱丽丝》是贝多芬创作的一首钢琴小品。在中国民间也是广为流传，可见其影响力之深。准妈妈可以在休闲的时候和胎宝宝一起听，一边听一边去体会这充满了纯朴的爱的音乐。

关于曲子的来源，有一个带有传奇色彩的故事：贝多芬一生没有结过婚，但是，他一直盼望着能有一位理想的伴侣。因此，在贝多芬的生活中也有些浪漫色彩的故事流传。1808年间，贝多芬已经是近40岁的人了。他教了一个名叫特蕾莎·玛尔法蒂的女学生，并对她产生了好感。在心情非常甜美、舒畅的情况下，他写了一首《致特蕾莎》的小曲赠给她。1867年，在斯图加特出版这首曲子的乐谱时，整理者把曲名错写成《致爱丽丝》。从此，人们反而忘记了曲子的原名，而称之为《致爱丽丝》了。

行为胎教：良好的睡眠，让准妈妈的气色更好

我们都知道，美容觉对于女性有多么重要。它原本是一件很美好的事情，可是却让一些准妈妈感到痛苦，这是怎么回事呢？原来，很多准妈妈在怀孕初期，都会由于身体与心理上的不适，或者睡姿上的限制等原因，经常出现失眠的情况。那么，有什么好的方法，能够让准妈妈拥有良好睡眠，睡出更好的气色呢？

清洁功课要做足

在进入睡眠状态之前，我们身体为了降低体温，会大量排汗。这样虽然能够排除身体内的有害物质，可是脸上的油和汗会被枕头吸收了。准妈妈如果睡在这样的枕头上，只会导致恶性循环，并且痘痘不断。为了保证良好的睡眠质量，准妈妈最好能够在睡前彻底卸妆，并且保证每周更换枕套，同时还应该选用吸汗和透气功能较好的纯棉质床上用品。

睡前保持平静的心情

准妈妈应该在睡前保持平静的心情，尽量不要做剧烈运动或者让自己感到疲劳与兴奋的事情。可以简单地冲一个热水澡，泡一个热水脚，喝一杯温牛奶来让自己保持平静的心情。

睡姿也有讲究

想要拥有良好的睡眠质量，准妈妈的睡姿同样很重要。当准妈妈选择仰卧位或右侧卧位时，对胎宝宝的血液供给都会减少，而左侧卧位则可以供给胎宝宝较多的血液，胎宝宝在准妈妈肚子里会比较舒服。不论是从准妈妈自己的睡眠质量，还是从胎宝宝的健康出发，都应该选择最适合的睡眠姿势。

适当垫高脚部

胎宝宝一天天长大了，准妈妈的双脚负担也一天天地加重，很容易就会出现疲劳或者抽筋的状况。特别是那些患有静脉曲张或下肢浮肿的准妈妈，在睡觉的时候，可以适当地垫高脚部，这样不仅可以防止脚部抽筋，还能够促进身体的血液循环。

环境胎教：和胎宝宝一起走进大自然

走进大自然，感受它的广阔、神奇、美丽、富饶和温馨，可以说是促进胎宝宝智力开发的很重要的胎教基础课。

美色入了妈妈的眼，胎宝宝便可以一起分享感受。在大自然中，母亲可以欣赏到飞流直下瀑布的美丽，欣赏到幽静的峡谷、潺潺的泉水。大自然就像一首诗，文字虽少，意境却很深远。准妈妈在欣赏大自然美景的同时，可以不断地将这些美景在大脑中汇集、组合，形成自己独特的感受传递给胎宝宝，使他受到大自然的陶冶。

大自然是生命的绿地，它不仅能够给人以温馨，而且能够给人以希望。在大自然中感受柔和的阳光，对准妈妈和胎宝宝来说非常重要。我们的生命离不开阳光，它不仅仅给了我们温暖，还可以影响血液循环，杀灭细菌和病毒，促使母体内钙的吸收，促进胎宝宝的生长发育。

大自然中清新的空气对于人类的健康有极大的益处，对准妈妈更是如此。准妈妈在早上起床之后，可到有树林或者草地的地方去做操或散步，呼吸那里的清新空气。那些身在职场的准妈妈，除早晨外，在工作休息时也应到树木、草坪或喷水池边走走。

第11周

准妈妈与胎宝宝的变化

准妈妈：你的子宫现在看起来像个柚子，胎儿已经“占据”了整个子宫。借助多普勒仪器，你可以听到胎儿心脏快速跳动的声音啦。现在早孕反应开始减轻，但妊娠斑和妊娠纹可能都会出现，不过不必太担心，这些怀孕的特征，随着分娩的结束都会逐渐变淡或消失。

胎宝宝：胎儿身长在4厘米至6厘米之间，体重约14克。本周宝宝的很多细微之处开始出现，如手指甲出现，并可清晰地看到宝宝的手指和脚趾等。同时宝宝的骨胳细胞发育加快，肢体加长，随着钙盐的沉积，骨胳变硬。宝宝整天忙着在妈妈的肚子里边做伸展运动，一会儿伸伸胳膊，一会儿踢踢腿。

本周胎教重点

从本周开始营养胎教是重中之重，胎宝宝要从准妈妈体内摄取大量的钙，准妈妈每天需要约1000毫克的钙。牛奶富含钙，并且其不仅可以使尿液中的钠排泄增多，降低血容量以消除水肿，还可以防止妊娠高血压，并有益于胎儿骨骼的发育，因此准妈妈应多喝牛奶。如果不喜欢吃奶制品，可以在医生的指导下服用钙片。

现在，准妈妈可能已经渐渐适应了孕期的生活，能够把更多的心思专注到腹中的小宝宝身上了。适量轻柔的运动，丰富有趣的小故事，抒情优美的音乐，还有亦真亦幻的各种美景，都可以列入本周胎教计划之中。

环境胎教：试一试芳香环绕

专家认为，与一般环境比较，生活在芳香环境中的儿童，无论是在视觉、知觉方面，还是在接受与模仿等方面，都有明显的优势，其奥妙在于芳香能给人一种良好的刺激，使人心情松弛、情绪高涨，增强听觉与嗅觉及思维的灵敏度，进一步提高智商。

准妈妈可以选择到大自然中去，一边享受温暖的阳光、呼吸清新的空气，一边进行芳香胎教。同时，自然界中的鸟鸣蝉歌还可以对大脑神经起到调节作用，使准妈妈精神放松，修身养性。大自然的清新空气和一草一木，都会使准妈妈心情舒畅。

芳香不仅对准妈妈的身心有益，还可以刺激胎儿的嗅觉，促进胎儿的脑部发育。芳香胎教的方法很简单且无处不在，健康的芳香胎教是对胎儿最好的礼物哦！每闻到一种香气，准妈妈对这种味道加以详细的描述，这就是一种非常好的胎教方式。准妈妈可以一边散步一边进行花香胎教。散步时深深吸一口气，感觉让肚子充满空气，通过子宫有规律地收缩轻轻挤压胎儿的皮肤，这样可以刺激胎儿大脑的发育。雨后的清风、淡淡的茶香、刚出炉的烤面包、新鲜的青菜……深深地吸一口这些醉人的香气，相信肚子里的宝宝也会高兴地“咯咯”笑呢。

“幸孕草”启智小TIPS

将薰衣草精油滴入热水中，用毛巾沾湿后拧干，敷在脸上，慢慢深呼吸，不仅能改善粗糙的皮肤，还可以减少不安，舒缓身心。

行为胎教：给宝宝做一件新衣服

准妈妈有没有想过，自己可以亲自动手，给宝宝做一件新衣服，也许将来宝宝一出生，就能穿上你给他做的宝宝装呢！是不是迫不及待地想要试一试呢？现在就来学习一种简单的宝宝装的做法吧！

首先，你应该准备一块方形布料，布料最好是全棉的，边长要大于50厘米，再准备一些旧棉衣、旧睡衣、尺子、剪刀、针线（当然也可以使用缝纫机），等等。

现在就开始动手吧，先将面料正面朝里对折，定好衣服的宽度，将两边折回成M状条形；再将折成条形的布料折成L状，一边略短做袖子；沿折痕剪开，将剪口对齐成L状；在对齐的尖角处剪一个弧形的口，做领口，然后将两只袖子从中间剪开；最后将接口缝合，装饰开口，安上系带。就这样，漂亮的宝宝装就做好了。

注意事项：准妈妈要注意，在布料的选择上，应该以浅色、棉质为宜。因为浅色的布料不会对宝宝的皮肤产生刺激性，夏季也不会因为过度吸收阳光而产生闷热感；棉质的布料，质地柔软，无刺激性，吸水、通气性能好，穿起来比较舒适。

“幸孕草”启智小TIPS

准妈妈做情趣手工时注意力会全部集中，这样不但能缓解不适的感觉，还能让心情变得平静祥和。而且据研究，准妈妈在孕期多动手，将来的宝宝会更心灵手巧。

情绪胎教：怀孕是一种奇妙的感觉

准妈妈是一个全新生命的创造者与见证者，在经历了这个巨变之后，你一定会感叹生命的奇妙与伟大，一定会为自己的经历而感到自豪与幸福。

怀孕的确是一件奇妙的事情，想一想吧，以前还是腹部平平、身材姣好的你，现在已经腆着一个小肚腩，变成了一只受保护的“蝈蝈”了；以前还被同事笑话是“太平公主”，现在却是丰乳肥臀了；曾经一向走路轻快的你，现在被挺起来的肚子拖累，走路像鸭子，甚至看不到自己的脚面；曾经一直吃素的你，在“害喜”之后，居然开始大块大块地吃肉；以前只是饥肠辘辘的时候肚子才会咕咕地叫，现在肚子里一直在冒泡泡，还有淘气的小手小脚抓来踢去；以前总喜欢扒开肚脐眼看的你，现在终于如愿以偿地怀上小宝宝了……

这样的非凡体验，只有当你在怀孕之后，才能真真切切地感受到，你还有什么理由不去珍惜这样的一段经历，不去仔细品味其中的滋味呢?

音乐胎教：欣赏《时钟》

现在，用一种轻松的心态去体味海顿《时钟》的音律之美吧!

《时钟》可谓是将音乐自身松弛、自如之美演化到很高层面的交响曲。乐曲从乐师们轻松自如的表达开始，少了“捆绑”，音乐思维与肢体动作必然会放松，它会在合奏声响上体现出来。《时钟》第一乐章的“轻松如飞”，第二乐章的“轻描淡写”，都给人留下了很深的印象。曲子合奏自然、全无匠气而又运转自如，是一曲让人放松的演奏乐。

听着《时钟》的曲调，准妈妈是不是会感叹，时间过得可真快哦，一天一天，时间不停地流逝，胎宝宝也在慢慢变化、长大。请准妈妈利用音乐的力量来让自己拥有舒畅愉快的心情，静静等待宝宝的到来吧!

胎教影院：观看《雪孩子》

《雪孩子》是由林文肖导演，上海美术电影制片厂1980年制作完成的一部中国国产经典动画片。

这个纯洁的小故事很让人感动。故事的前半部分非常美好，让宝宝们都沉浸在冬天美好和纯洁的世界中，而后半部分却陡然换了格调，再配上忧伤的主题曲，让所有看过这个动画片的人都牢牢记住了雪孩子。这个传统的经典故事除了告诫宝宝做人的基本道理外，还体现出了中华民族乃至全人类美好的道德情操。准妈妈在欣赏的时候，把自己的体会和感受传递给胎宝宝，让他也喜欢上这个既可爱又勇敢的雪孩子。

准爸课堂：与妻子一起学习孕育知识

准妈妈可能从打算做妈妈开始，就会找来各种各样与怀孕和育儿有关的图书杂志，没事就捧着看半天，并且把它们在房间里放得到处都是。其实，不论是谁，在宝宝出生之前，很难真正理解做父亲、做母亲是一个怎样的概念，事先学一些育儿相关的知识，熟悉一些方法和道理，对早日进入父母角色和宝宝的健康成长非常有用。

因此，准爸爸最好能找时间读读育儿图书及杂志，了解胎儿的发育状况，弄明白在自己看不到的情况下，宝宝是怎么一天天长大的。这样万一孕期遇到棘手问题，你就可以做准妈妈的坚强后盾，从容应对。

第12周

准妈妈与胎宝宝的变化

准妈妈：胸罩的尺寸明显比平常大一号了，腰变粗了，胯部也变宽了，子宫长得更大了。你有可能会出现大便变硬、变干燥。如果仍是上班族的准妈妈，一天下来会觉得尾骨有些疼痛。

胎宝宝：透过子宫拍摄显示，胎宝宝看起来非常像个小人儿了。现在，胎宝宝头部的增长速度开始放慢，而身体其他部位的增长速度逐渐加快。部分骨骼开始变得坚硬，并出现关节雏形。胎宝宝整天忙着在妈妈的肚子里做伸展运动，一会儿伸伸胳膊，一会儿踢踢腿，偶尔还打打哈欠。

本周胎教重点

身材的变化和色斑的加重会让准妈妈隐隐担心，但你稳定的情绪是给胎宝宝最好的胎教。要知道这些变化都是正常现象，宝宝出生后你会慢慢恢复以前的美丽，但是如果因为情绪原因给胎宝宝带来了不良影响，那就得不偿失啦！准妈妈可以多听一些宁静舒缓的音乐，让自己平静的同时促进胎宝宝的大脑发育。

本周，准妈妈可以多吃些富含叶酸的食物，如绿色蔬菜、新鲜水果及动物肝脏等，少食多餐仍是这段时期饮食的主要方针。

语言胎教：为胎宝宝哼唱

科学家发现再好的音乐也比不上准妈妈口中的歌声，这是因为准妈妈的歌声能使胎儿获得感觉与感情的双重满足。无论是来自录音机还是来自CD机的歌声，既没有母亲唱歌给胎儿机体带来的物理振动，又缺乏饱含母爱的亲情对胎儿感情的激发。正如美国产前心理学会主席卡来特教授所说："孕期母亲经常唱歌，对胎儿相当于一种'产前免疫'，可为其提供重要的记忆印象，不仅有助于胎儿体格生长，也有益于智力发育。"

哼唱哪些歌曲为好呢？科学家发现，胎儿"喜闻乐见"的歌曲多舒缓、优美。因此，准妈妈宜多哼唱此类音乐，如《在希望的田野上》《草原之夜》《在那桃花盛开的地方》《青年友谊圆舞曲》《祖国颂》《二月里来》《红梅花开》《莫斯科郊外的晚上》等。

美学胎教：享受编织艺术

实践证明，孕期勤于编织的准妈妈，所生宝宝往往"手巧而心灵"。毛衣针飞舞之间，会牵动肩、胳膊、手腕、手指等部位，共30多个关节和50多条肌肉，促进大脑皮层相应部位的生理活动，提高人的思维能力。利用这种原理，开展孕期编织艺术，通过信息传递的方式，可以促进胎宝宝大脑发育和手指的精细动作。

编织些什么呢？

- 初生的宝宝还用不上毛衣，可以用颜色鲜艳的毛线编织些挂饰，届时挂在新生宝宝的床头，又温暖又可爱。
- 为准爸爸织一件毛背心吧，让他知道你在有了宝宝后仍然一样地关心他，免得为你们之间出现一个小小的"第三者"而吃醋哦。

音乐胎教：欣赏《彼得与狼》

《彼得与狼》是前苏联作曲家普罗柯菲耶夫为儿童写的一部交响童话，完成于1936年春。本曲描述了少先队员彼得与他的小朋友鸟儿一起玩耍的情景。家中的小鸭在池塘嬉戏，继而与小鸟争吵，小猫趁机要捕捉小鸟，被彼得阻拦，后来爷爷吓唬他们说狼要来了，把彼得带回家。不久，狼真来了，吃掉了小鸭，还躲在树后要捉小鸟和小猫。彼得不顾个人安危，在小鸟的帮助下捉住狼尾巴，将它拴在树上，爷爷和猎人赶来把狼抓进了动物园。

准妈妈可以一边听，一边对胎宝宝说话：宝宝，你也要学着做个勇敢的宝宝……不要以为类似的母子对话毫无意义，它能帮准妈妈更快地进入母亲这个角色当中哦！

情绪胎教：童言童语逗人乐

准妈妈们来读几个让你捧腹的有关可爱宝宝的笑话吧！

妈妈真聪明

一天，妈妈和5岁大的儿子一同观看妇女生产的记录片。

儿子轻声问："妈妈，你生我的时候是否也这样痛？"

"是的。"妈妈答道。

儿子听了拥抱着妈妈，感激地说："妈妈真聪明，懂得生男孩子，不然长大了我也要挨生孩子的痛了。"

看我睡觉时啥样

儿子走到镜子前，两只眼睛紧紧地闭着，一会睁眼向镜子里偷看一下。

妈妈看到了，走过来问："儿子，你在干什么呀？"

儿子向妈妈摇手说："别吵！我在睡觉，我要看看我睡觉时是啥样的！"

行为胎教：小心公共场所的各种危害

准妈妈在怀孕期间，应该尽量避免去一些公共场所，更不要长时间地逗留。超市、商场、农贸市场、游乐公园等地方，都可能会给腹中的胎儿带来各种各样的伤害。

由于公共场所一般很拥挤，人来人往的难免会发生一些碰撞或挤压。如果准妈妈出入这些场所，很容易因为这种拥挤的感觉而产生紧张的情绪，如果稍不留神被碰撞或挤压到腹部，还有发生流产的危险。

此外，由于公共场所聚集了大量的人群，因此空气的质量非常差，氧气含量也明显低于其他场所。如果准妈妈长时间逗留于这样的环境中，很容易产生胸闷、气短的现象，对于胎宝宝的大脑发育也是十分的不利。

另外，公共场所的疾病传染几率非常高，潜在多种病毒和细菌，对于准妈妈以及胎儿的健康，都会造成影响。尤其是在传染病的高发期，准妈妈一定要避免去公共场所溜达，更不要长时间地逗留。一般的婚丧嫁娶等活动，准妈妈也最好不要参加，因为这样的活动场面通常比较大，人流混杂，对于腹中的胎宝宝十分不利。

意念胎教：静心，与自己在一起

也许平时的你总是忙忙碌碌，很少有时间静下心来独处。即使拥有一小段的时间，你也会选择与电视机或与另一半在一起。现在开始，每天你不妨利用10分钟的时间独处，放松再放松，让自己纷繁的思绪完全地“沉淀”下来，享受独处的快乐，享受宁静和释然感。

自由地深呼吸，每一次都吸进新鲜的氧气，想象你的整个身体都是新鲜的。慢慢地吐气，把紧张、压力与不快统统吐出去，你会进入更放松的状态。

准爸课堂：语言胎教应该如何进行

当语言胎教进行得形象生动时，准妈妈才能从中感受到快乐，胎儿的听觉才能够感受到美好的信息，才能在胎儿的心灵中留下美好的印象。

准爸爸平时和准妈妈一起进行语言胎教的时候，应该注意以下几点。

语言讲解要视觉化

尽量使用生动形象的语言描述，把书面文字视觉化。比如在给胎宝宝读画册的时候，不要只读文字解释，而应该把画册的内容视觉化，通过形象生动的语言表述出来。虽然胎宝宝不能够看到画册的内容，可是他可以用大脑来“看”，也就是想象与感受。

将形象与声音结合

准爸爸、准妈妈还可以将形象与声音结合，就像电视上的画面一样，先在胎宝宝的头脑中把所讲的内容形象化，然后再用动听的声音配合那个画面说给胎宝宝听。这样的话，胎宝宝会很容易进入你所描述的世界，感受到你想要表现的中心内容，也就是通过形象和声音结合的方法，把内容输入胎宝宝的头脑里。

把形象和情感融合

如果只是干巴巴地讲，肯定很难收到什么好的效果，为此准爸爸和准妈妈可以创造出一个情景相生的意境。比如准爸爸可以带着准妈妈去大自然中漫步，一边走一边欣赏美景，感受那种轻松愉悦的心情，然后再把自己的感觉讲给胎宝宝听：宝宝，你看到那些鲜艳的花儿和绿色的小草了吗？它们是那么的鲜艳，那么的美丽，那么的芬芳。等你长大了，我们和爸爸一起去欣赏，你说好不好呢？

“幸孕草”启智小TIPS

《圣经》里说，世间万物皆有定时——播种有时，成长有时，花开有时，凋零有时。孕育宝宝，就像成长，就像花开，需要时间，需要静下心，慢慢来，不要急。

孕4月胎教

宝宝初具雏形，妈妈的“安定期”到了

第13周

准妈妈与胎宝宝的变化

准妈妈：准妈妈是不是又慢慢恢复了以前的活力呢？痛苦的孕吐渐渐消失，胃口也变得好起来了。你的乳房正迅速增大，由于腹部和乳房的皮下弹力纤维断裂，在这些部位出现了暗红色的妊娠纹。有些准妈妈的臀部和腰部也会出现妊娠纹。原来的衣服开始变得不合体了，快穿上准妈妈装吧，做一个漂亮的准妈妈！

胎宝宝：本周胎宝宝的眼睛和耳朵都已逐渐“就位”，嘴唇能够张合，脖子也完全成形，并能支撑头部运动。最有意思的是如果准妈妈用手轻轻抚摸腹部，胎宝宝会在里面蠕动，有点像喝了饮料后胃肠蠕动的感觉。这时，胎宝宝的手指能与手掌握紧，脚趾与脚底也可以弯曲，但眼睑仍然紧紧地闭合着。

本周胎教重点

这一周的系统胎教可以全面启动了。胎教对胎宝宝来说非常重要，很多准妈妈都想寻找一种最好且最有用的胎教方法，事实上，快乐才是最好的胎教。因此，在胎教的过程中，准妈妈情绪的调节非常重要。

本周是胎宝宝熟悉爸爸妈妈声音的最初阶段，讲一些小时候经常听的故事，如《灰姑娘》《小马过河》《豌豆公主》等，再配上一些欢快活泼的儿童歌曲，胎宝宝会很高兴的。

运动胎教：做做孕期体操

这周准妈妈就来学习这套简单的体操吧！它不需要花费很多时间，便可以达到锻炼四肢和腰部的目的，准妈妈在清晨和晚上都可以做。

- 自然地坐在床上，两腿前伸成V字形，双手放在膝盖上，上身右转。保持两腿伸直，腰部要直，足趾向上，目视右脚，慢慢数至十。然后转至左边，同样数到十，再恢复原来的正面姿势。
- 仰卧床上，膝部放松，双足平放床面，两手放在身旁。将右膝抱起，使之向胸部靠拢，然后换左膝。
- 仰卧，双膝屈起，手臂放在身旁，肩不离床，转向左侧，用左臀着床，头向右看，恢复原来姿势。然后转向右侧，以右臀着床，头向左看，动作可以反复做几次，以活动头部和腰部。

语言胎教：童谣《这个小孩》

下面这种好玩的连锁调童谣，准妈妈你以前听过吗？学一学，唱一唱，体会一下汉语的语言魅力，也很有乐趣哦！

这个小孩

这个小孩也怪好，就叫淤泥陷住了；这淤泥，也怪好，就叫太阳晒干了；这太阳也怪好，就叫云彩遮住了；这云彩，也怪好，就叫大风刮散了；这大风，也怪好，就叫墙头挡住了；这墙头，也怪好，就叫老鼠掏倒了；这老鼠，也怪好，就叫黄猫捉住了；这黄猫，也怪好，就叫麻绳栓住了；这麻绳，也怪好，就叫大火烧断了；这大火，也怪好，就叫河水泼灭了；这河水，也怪好，就叫老牛喝干了；老牛呢？撅着尾巴上天了。

情绪胎教：享受准爸爸的精心呵护

当准妈妈用确切的检查结果告诉自己的另一半怀孕的好消息时，你肯定会十分惊讶地发现，这个消息让你们之间的感情迅速升温。

以前的你，家务事一手包办，不管是做饭，还是洗衣服，你都亲力亲为。现在你却成了家人的重点保护对象，家务事轮不到你做，厨房不让你进，连下楼都要人搀扶着才行。

晚上睡觉之前，你感觉浑身疲乏，他就会主动来帮你做按摩，和你一起看文学名著，看唐诗宋词，一起给宝宝想名字，一起幻想未来三口之家的点滴幸福。他还会像个孩子一样，把耳朵贴在你的肚皮上，听宝宝的心跳，和宝宝说悄悄话。

如今，你想做的事情，就是他愿意做的事情。因为怀孕，他变得更有耐心和爱心，也更加关心你，顺从你。你们之间的关系也越来越亲密，更加心心相印了。

音乐胎教：欣赏《寂静山林》

每天早中晚欣赏胎教音乐15分钟，一定能使你感到心情舒畅；对腹中的胎宝宝，更是有很好的教育效果。现在，准妈妈就来听听一听这首班得瑞的《寂静山林》吧!

班得瑞的音乐非常安静，没有过多的渲染层次，没有过多的音乐角度，淡淡的音乐，自然的氛围，却给人一种纯音乐的美感。

静静地听这首《寂静山林》，它的每一个音符，都代表层层渗透到内心里的感动。闭上眼睛，你会觉得瑞士的湖光山色，在音乐中唯美地表现：高山依然壮美，森林依然青翠。阳光是一双温暖的手，无声无息的，把一份惬意揽进怀中，任生命的脉动在寂静的山林中徜徉出一份安宁。

不但有流水、雀鸟之声，更有浪涛和风啸，听听这些天然的声音，你会有耳目一新之感！一曲听罢，你会觉得耳畔有山泉般清澈的细流，涓涓流过。

行为胎教：带着胎宝宝去旅行

到了孕4月，准妈妈在一定程度上适应了自己的身体变化，便可以更自由地外出了。此时最好的胎教就是旅行，让肚子里的宝宝也一起感受美景吧！

如果去较远的地方旅行，要避免长时间静坐，而应该经常下车活动活动，一来可以促进血液循环，二来防止出现静脉曲张或静脉血栓。进行旅行胎教时最重要的一点是要忘记其他事情，只专注于胎宝宝和自己，全身心投入，跟胎宝宝一起享受快乐旅行！

刺激胎宝宝的五感发育

在大自然中听到的鸟鸣声、波涛声以及踩碎落叶的声音等都可以刺激胎宝宝的听觉，这比听胎教音乐更直接哦！

帮助敏感的准妈妈转换心情

怀孕以后，激素的分泌和体型的变化会加剧准妈妈心情的起伏，容易患孕期抑郁症。旅行可以使准妈妈身心愉悦、转换心情，并将好心情传递给宝宝。

有助于胎宝宝的脑部发育

大自然的新鲜空气中富含负离子，可以促进胎宝宝脑部发育所需的神经递质的生成。

培养胎宝宝的感知能力

腹中的宝宝虽然不能直接看到准妈妈所看到的景色，但准妈妈的印象和感觉会全部传递给宝宝。因此大自然的美景和准妈妈的好心情可以提高宝宝的感知能力。

“幸孕草”启智小TIPS

准妈妈旅行尽量选择自然环境好的地方，避免人多嘈杂，而且不能离市区太远，以免发生紧急情况时无法处理。

胎教影院：《E.T.》

斯皮尔伯格执导的科幻片《E.T.》（外星人），讲述了一个被同伴不小心留在地球上的外星人和小男孩艾里奥特之间的纯真友谊。20年来这部影片受到了全世界影迷的热爱，成为妇孺皆知的电影经典。

作为一部科幻题材的影片，这个片子除了给准妈妈带来神奇的外星人和空中飞行之外，还有很多感动和内心的渴求。看到那一群小宝宝为了保护一个小外星人而奋力蹬车，躲避警察追捕的时候，相信很多准妈妈内心都会涌起一股自豪和激情。准妈妈此时欣赏这部片子，可以提前给宝宝展现一下神奇的小外星人。

准爸课堂：给准妈妈做按摩

准爸爸不妨帮助妻子做一做按摩吧，可以促进血液循环，减轻压力，更能缓解不适，让她和胎宝宝一起来享受你的深深爱意！

头部按摩方法

- 准妈妈舒服地躺在床上或垫子上。
- 准爸爸双手轻压准妈妈头部两侧，然后手指轻揉整个头部。
- 准爸爸双手轻按准妈妈前额中部，然后轻揉两侧太阳穴。
- 准爸爸双手轻按准妈妈眼部周围。
- 准爸爸双手轻按准妈妈脸颊两侧，然后轻揉太阳穴。
- 准爸爸双手置准妈妈下巴中部，然后向上揉至太阳穴。
- 准爸爸食指及中指前后轻按准妈妈下耳部四周。

肩部按摩方法

- 准妈妈舒服地趴在床边上。注意不要压着肚子。
- 准爸爸双手从准妈妈肩部开始按压，慢慢向下移至手腕。
- 准爸爸双手置准妈妈肩胛中部，向外和往下轻轻按压。

第14周

准妈妈与胎宝宝的变化

准妈妈：孕早期的疲劳、恶心以及尿频都已经明显减轻。由于准妈妈身体各部位的皮肤都在伸展，因此皮肤会发痒，对刺激也会更敏感。体内雌激素水平较高，盆腔及阴道充血导致阴道分泌物增多，但雌激素的增加能使你的头发乌黑发亮，很少有头屑。

胎宝宝：胎宝宝生长速度很快，这时已经有10厘米左右长了。皮肤上覆盖了一层细细的绒毛，头发开始迅速生长，手指上出现了独一无二的指纹印。如果是个女宝宝，她的卵巢里现在大约有200万个卵子，而出生后会越来越少。

本周胎教重点

我们总想把最好的都给宝宝，其实准妈妈每天快乐地生活就是给宝宝最好的礼物。准妈妈如果能在怀孕期间拥有良好的环境和心态，并且能坚持对腹中的宝宝进行适当的胎教，那么宝宝的语言能力、运动能力、听力、适应力等都会高于未施胎教的宝宝。

所以本周情绪胎教仍唱主角，适当的运动和听音乐都是辅助准妈妈调节情绪的方法。另外，胎宝宝快速成长要求准妈妈必须全面摄取各种营养，胎宝宝的牙胚在这个月开始发育，准妈妈及时补钙，会给胎宝宝将来拥有一口好牙打下良好基础。

美学胎教：做纸艺——芭蕾女孩

为给40周的孕期生活增添更多的情趣，准妈妈不妨做个可爱的手工。制作一个轻盈的芭蕾女孩儿就是不错的选择噢！

材料准备

硬纸卡，彩色水笔，剪刀。

做法

- 先在硬纸卡上画出一个芭蕾女孩儿跳舞的样子，注意只画出裙子以上部位即可；用剪刀按所画轮廓剪下来。
- 在裙子下摆处掏两个洞；
- 将食指和无名指放进两个小洞中，作芭蕾女孩儿的两条腿，随着手指的运动，芭蕾女孩儿就在你的手上跳起舞来了。

音乐胎教：欣赏《爱之梦》

为了腹中的胎宝宝，准妈妈一定要坚持努力调整自己的心情。现在，准妈妈来听一听这首著名的乐曲《爱之梦》吧！它可以安抚准妈妈和胎宝宝的情绪。

这是匈牙利作曲家李斯特为德国浪漫派诗人弗莱里格拉特的著名抒情诗《爱吧，你可以爱得这样持久》所配的声乐曲谱。乐曲的开始，首先是情意绵绵的旋律，呈现了甜美的主题，满含爱的柔情和愉悦，深情而婉转的旋律深深打动人，犹如一首无言歌。随着情绪的不断高涨，变得热情，原来含情脉脉的内心独白发展成炽热的倾诉，散发着火一般的热情，达到高潮。乐曲尾声，重复爱的主题，在梦一般美丽的感觉中，恋恋不舍地结束全曲。这首乐曲，在情绪、速度等各方面都非常适合做胎教音乐。

意念胎教：妈妈宝宝猜谜语

胎宝宝现在当然还不会猜，不过准妈妈多动脑是对胎宝宝最好的意念胎教。另外，你也可以再翻回来，把这些好玩的谜语当作儿歌念给胎宝宝听，相信他一定会喜欢。

耳朵长，尾巴短。只吃菜，不吃饭。（打一动物名） 兔子

粽子脸，梅花脚。前面喊叫，后面舞刀。（打一动物名） 狗

小姑娘，夜纳凉。带灯笼，闪闪亮。（打一动物名） 萤火虫

一支香，地里钻。弯身走，不会断。（打一动物名） 蚯蚓

一样物，花花绿。扑下台，跳上屋。（打一动物名） 猫

沟里走，沟里串。背了针，忘了线。（打一动物名） 刺猬

肥腿子，尖鼻子。穿裙子，背屋子。（打一动物名） 鳖

船板硬，船面高。四把桨，慢慢摇。（打一动物名） 乌龟

一把刀，顺水漂。有眼睛，没眉毛。（打一动物名） 鱼

一星星，一点点。走大路，钻小洞。（打一动物名） 蚂蚁

小小船，白布篷。头也红，桨也红。（打一动物名） 鹅

长胳膊，猴儿脸。大森林里玩得欢。摘野果，捣鹊蛋，抓住树枝荡秋千。（打一动物名） 长臂猿

娘子娘子，身似盒子。麒麟剪刀，八个钗子。（打一动物名） 蟹

尖尖长嘴，细细小腿。拖条大尾，疑神疑鬼。（打一动物名） 狐狸

为你打我，为我打你。打到你皮开，打得我出血。（打一动物名） 蚊子

无脚也无手，身穿鸡皮皱。谁若碰着它，吓得连忙走。（打一动物名） 蛇

行为胎教：拓展准妈妈的社交圈

孕期也可以有很多社交活动，不，可以说，你的社交圈子因为怀孕而扩大。

跟你的闺中密友见见面，吃吃饭，打打电话，最主要的是聊聊天，感觉大家并没有因距离而疏远，在心里，依然彼此牵挂。

到网上报名，参加准妈妈知识学堂和联谊活动；在论坛发帖，与同城和异地的准妈妈交流大肚婆经验。

定期去医院参加准妈妈学校，和大家一起学习孕期知识和宝宝护理。

了解多种商品信息，在网上或实体店购置准妈妈用品和宝宝必需品，或是到新妈妈发起的跳蚤市场去看一看……

这样一来，孕期非但不会无聊，还会有各种新奇和惊喜值得期待。

准爸课堂：给准妈妈做按摩

准爸爸继续给准妈妈做按摩功课噢！

背部按摩步骤

- 准妈妈跪在床上或垫子上，头和胸前垫一个软枕头或靠垫，也可在小腿和臀部之间垫上一个。
- 准爸爸双手分别平放准妈妈的左右肩部，沿脊柱左右两侧，缓慢向下按压至臀部。
- 准爸爸两个拇指在脊柱两侧旋转按压，每一个椎骨依次缓慢进行。
- 准爸爸整个手掌在准妈妈的背部下方反复做大旋转的动作。

手部按摩步骤

- 准妈妈舒适地坐在靠椅上，后面垫一软靠垫。
- 准爸爸一只手轻托准妈妈的手腕，另一只手依次拉抻准妈妈的每一个手指。
- 换另一只手进行。
- 使准妈妈两只手的五个手指相互对压。
- 使准妈妈的十个手指交叉，手心向外推出。
- 准爸爸握准妈妈一只手的腕部轻轻摇动。
- 换另一只手进行。

第15周

准妈妈与胎宝宝的变化

准妈妈：这时准妈妈的肚子已经“暴露”了胎宝宝的存在，原来的衣服裤子基本都穿不上了，而且可以在肚脐下方有明显凸痕的位置摸到自己的子宫。随着孕周的增加，准妈妈的心肺功能负荷增加，心率增速，呼吸加快，有可能会加重原有的焦虑情绪。

胎宝宝：胎宝宝的头发生长速度很快，眉毛也长出来了。最特别的事情就是胎宝宝会在子宫中打嗝了，这是他开始呼吸的前兆。另外准妈妈肚子里是小王子还是小公主，在本周也能有定论啦。

本周胎教重点

准妈妈良好的情绪可以使胎宝宝获得足够的安全感，而不安的情绪则会使宝宝也焦虑不安，所以即使产生了不好的情绪，准妈妈也一定要控制或转移注意力，稳定平和的心情在整个孕期都是至关重要的。

准妈妈可以去户外走走，感受一下大自然，也可以自己动手做做手工或者看一看感兴趣的电视节目，跟坏心情彻底说拜拜。

情绪胎教：童言童语逗人乐

准妈妈多读一些轻松幽默的笑话，可有效缓解孕期紧绷绷的心情。鹦鹉因为会说话，就闹出不少笑话来，准妈妈看看下面的笑话开心一下吧。

我会飞

小约翰教他的鹦鹉说话："跟着我说：我会走路。"

"我会走路，"鹦鹉跟着说。

"我会说话。"

"我会说话，"鹦鹉说得惟妙惟肖。

"我会飞。"

鹦鹉毫不迟疑说道："你吹牛。"

你今天怎么啦？

有个人买了一只鹦鹉，想让它学会文明用语，于是每天早晨经过它时都说："早安。"

话说这天早上他精神不太好，经过它时什么也没说，鹦鹉冷冷地瞪着他说："喂，你今天怎么啦？"

傻了吧？

飞机上，一只鹦鹉对空姐说："给我来杯水。"猪也学鹦鹉，对空姐说："给我来杯水。"空姐大怒，将鹦鹉和猪都扔下了飞机。

这时鹦鹉对猪说："傻了吧？我会飞。"

叫爸爸

迈克心血来潮想去买只会讲话的鸟回来养养，于是到一家鸟店去了。一进门就看到一只鹦鹉躺在笼子里，一动也不动，一只脚还挂在笼子上。迈克正好奇想去问问老板时，看到笼子外面贴着一张纸，上面写着：

"我没有生病。"

"脚也没有受伤。"

"更不是死掉。"

"我就喜欢这样躺着。"

迈克觉得这只鹦鹉蛮有个性的，就把它买回家，接下来的一个星期，他每天教这只鹦鹉说话："叫爸爸，叫爸爸。"可是它都没有反应，每天只会睡觉，过了两三个星期还是如此。这可惹火了迈克，就把它丢到鸡笼子里去。

第二天迈克发现，鹦鹉抓着一只鸡说"叫爸爸、叫爸爸……"

环境胎教：远离噪声的侵害

现代社会，噪声污染越来越引起人们的关注。汽车、飞机和各种机器的轰鸣声严重制约着优生优育的实现，因为噪声会影响胎宝宝的发育。

美国一位儿科医生曾对22.5万个宝宝进行了调查研究，结果显示，在机场附近出生的宝宝，畸形的发生率达到12%，其他地区的则只有0.8%。加拿大蒙特利尔大学的一个研究小组对131名4～10岁的男女儿童进行了检查，由于这些儿童的妈妈在怀孕时期曾在声音嘈杂的工厂里工作过，因此，检查结果显示，那些出生前在妈妈体内每天接受最大噪音的儿童对于400赫兹的听力感觉，是那些没有接受过噪声的儿童的1/3。

所以，准妈妈尽量不要听震耳欲聋的、刺激性的、高亢的音乐，少去机场和KTV等场所，让胎宝宝远离噪声的侵害。

语言胎教：朗读诗歌《天上的街市》

朗读诗歌，是陶冶情操的好方法。准妈妈用缓慢的语速、轻柔的语调将美丽的诗歌诵读出来，一定会很陶醉的！

天上的街市

郭沫若

远远的街灯明了，好像闪着无数的明星。
天上的明星现了，好像点着无数的街灯。
我想那缥缈的空中，定然有美丽的街市。
街市上陈列的一些物品，定然是世上没有的珍奇。
你看，那浅浅的天河，定然是不甚宽广。
那隔着河的牛郎织女，定能够牵着牛儿来往。
我想他们此刻，定然在天街闲游。
不信，请看那朵流星，是他们提着灯笼在走。

行为胎教：做自己想做的事

怀孕之后，准妈妈不要感到压力巨大，因为怀孕让你拥有了更多的时间，可以做自己想做而又没时间做的事情了。以前，你总是会对自己说："等以后有时间了，我一定要……"现在你终于如愿以偿了，为什么不趁现在难得的轻松时光，来实现自己一直以来想要实现的愿望呢？

比如读书，以前总是忙于工作，觉得自己没时间，或者静不下心来。现在每晚入睡前，以一种舒服的姿势靠在床头，放一些胎教轻音乐，捧着心爱的小说，在柔和的灯光下，进入文字的世界，这也是人生的一大美事啊！

另外，一些你收藏了很久的心爱的影片，也有机会慢慢地回味、欣赏了。还可以利用一些时间，来写孕期日记或自己的博客。等到准爸爸有空时，就让他给你拍一些照片吧，这样图文并茂，作为给未来宝宝的礼物也未尝不可。

如果你喜欢插花，喜欢研究美食，喜欢做瑜伽，甚至喜欢拍奢华的孕期写真集……只要是你想做的事情，你能做的事情，现在都有时间付诸实际行动了……

音乐胎教：欣赏《动物狂欢节组曲》

很多研究发现，胎宝宝更喜欢优美、抒情的古典音乐。准妈妈可以用这首《动物狂欢节组曲》做个试验，看一下胎宝宝有什么反应让你惊喜？

《动物狂欢节组曲》是一部形象生动、充满幽默谐趣的管弦乐组曲，描绘了各种动物滑稽可爱的情态。《天鹅》是其中的大提琴独奏，描绘了一只高贵优雅的天鹅悠然游过碧波，时而凝视远方，时而轻啄羽毛，最后渐行渐远的情景。这首乐曲优美娴静，天鹅端庄高雅的形象把人带入一种纯净崇高的境界。

倾听这首乐曲，准妈妈可深深体味宁静、高雅之美。其实，哺育生命的准妈妈也应该有天鹅般的从容、优雅和自豪。

胎教影院：观看《看上去很美》

《看上去很美》是张元导演的一部作品，改编自王朔的同名小说，讲述了3岁男孩方枪枪的成长故事。美国的《新闻周刊》这样评价它：《看上去很美》是一部“勇敢的、表达自由的电影”。电影中的演员就是一群三四岁大的小娃娃，影片生动地展示了他们生活中的点点滴滴，调皮捣蛋或者机灵古怪，甚至胡乱打闹，很有童趣，适合准妈妈欣赏。其中蕴涵的对于宝宝自由思想的释放能给准妈妈一个良好的胎教启发，相信胎宝宝也会喜欢影片中的那些宝宝们。

准爸课堂：与胎宝宝进行交流

研究显示，胎宝宝在子宫内最适宜听低频率的声音，而男性的声音正是以中、低频率为主。准爸爸与胎宝宝的交流可以采取以下方式。

与胎宝宝聊天

准爸爸和胎宝宝的沟通一般以谈话为主。讲话的时候，准爸爸尽量以平静的语调开始，然后随着讲话内容的展开再逐渐提高声音，让胎宝宝在这样有起伏的话语中感知到情绪和思想的变化。

对胎宝宝进行演讲

对胎宝宝演讲，可以选择一首儿歌、内容简单的古诗，也可以是一段优美感人的小故事，还可以是自己工作中遇到的人和事。通过演讲，为胎宝宝出生后的性格和人格形成奠定良好基础。

第16周

准妈妈与胎宝宝的变化

准妈妈：准妈妈非常期待的胎动越来越近了，是不是很兴奋呢？一些准妈妈在本周就能感觉到“第一次胎动”了，但大多数要等到第18周以后才会感觉到。这个时候胎动跟胀气、肠胃蠕动或饿肚子的感觉有点像。血量和羊水的增加、胎盘和胎宝宝的支撑系统以及变大的胸部，可能会使准妈妈的体重增加2~4.5千克。

胎宝宝：胎宝宝现在有16厘米左右，刚好可以放在你的手心里。可别小瞧了这个小不点，他在子宫里面玩得可开心呢，玩脐带、吸拇指、握拳、伸脚、眯眼、转身，甚至还会翻跟头呢！本周最大的变化就是胎宝宝可以不断地吸入和呼出羊水。

本周胎教重点

本周胎宝宝的神经系统和感觉系统逐渐变得发达，对音乐和声音会有所反应。以前主要是准妈妈听音乐，现在可以有选择地放给胎宝宝听了，准妈妈在享受音乐的时候，可以边轻轻地抚摸腹部，边把自己的感觉描述给胎宝宝听。

可以经常和胎宝宝对对话，“小宝宝，今天妈妈去商店买了几件准妈妈装”，“家里的水果快吃完了，妈妈要去超市买一点，我知道我的小宝宝喜欢吃香蕉和猕猴桃”……刚开始他或许听不懂，但只要你不断重复地说，渐渐地他就能从你说话的语气中了解你的心意了。

运动胎教：简单体操防难产

当准妈妈度过容易流产的孕早期之后，就进入了一个活力四射的新时期。这时候，准妈妈的精力和体力都相对比较充沛，因此可以做一些预防难产的简单体操，为将来的分娩做好准备。

防止骨盆充血的运动

这个运动可以锻炼准妈妈的背部以及骨盆肌肉的功能。

首先，准妈妈趴在地板或者床上，用膝盖和双手来支撑自己的身体，背部弓起保持圆弧的样子，头放低。然后，头向上举，臀部不动，背部稍向下凹，做完一次呼吸后，恢复原来的样子。反复几次。这套动作准妈妈每天早晚做一次就可以了。

强化骨盆肌肉的运动

这个运动能够帮助准妈妈加强腰部肌肉的柔软性。

首先，准妈妈平躺在地板上或床上，左腿伸直，右膝弯曲，并向左方慢慢翻倒，同时做一次呼吸，然后还原。紧接着，右膝向右外侧翻倒，尽量挨到地板为止，同时做一次呼吸，再还原。交换，右腿伸直，左膝弯曲，方法及要领和前面一样。做完这些运动之后，再将双脚并拢，膝盖弯曲，肩不要离开地板，两脚交替倒向左右方向。这个运动，准妈妈可以选择在早晨起床之后，也可以在晚上睡觉前做，效果会更好一些。

松弛骨盆和腰部关节的运动

这个运动可以帮助准妈妈放松腰部和骨盆的关节，还可以强健下腹的肌肉，使阴道口的肌肉更加柔软。

首先，准妈妈仰卧，双膝弯曲，脚心与掌心平放床上，腹部呈弓形向上突起，大约10秒钟之后，再还原。运动的时间最好选择在早晚，每次做5~10次就可以了。

营养胎教：粗粮精面互搭配

有些人认为精米、精面才算高档次、营养丰富的食品，其实这是错误的。营养学家主张，人们要常吃糙米、粗面。从营养成分上分析，白米相对于糙米，脂肪含量前者只是后者的1/3；钙含量前者是后者的1/2，其他矿物质含量前者是后者的1/6；维生素B含量前者是后者1/2，烟酸含量前者是后者的1/5。可见两者的营养价值相差悬殊。面粉也一样，全面粉、标准粉、富强粉比较，全面粉、标准粉更有利于准妈妈的身体和胎儿的脑发育，富强粉中的各种矿物质和维生素含量较低，不属于营养物质全面的食品，因而准妈妈不宜经常食用富强粉。

精米、精面加工过细，营养损失较多。准妈妈应多吃粗粮，至少粗细搭配，这样才能营养合理，少患疾病，有利于母子健康。

音乐胎教：欣赏《寂静的森林》

《寂静的森林》所描述的是德沃夏克的故乡捷克西南部和德国、奥地利交界处的森林地带，这里也是著名的沃尔塔瓦河的发源地，风景优美而宁静……

此曲的作者是19世纪捷克最伟大的作曲家——德沃夏克。他是捷克民族乐派的主要代表人物，也是一位富有强烈民族感和热爱祖国民族艺术的音乐家。此曲原来是一幅钢琴“小音画”，选自德沃夏克所写的6首钢琴四手联弹小品《自波希米亚森林》。

德沃夏克在自己一生的音乐创作中，始终把民族性这一重要因素放在首位。无论在歌剧、交响乐或室内乐作品中，他都努力将民族性、抒情性和欧洲古典音乐传统紧密结合起来，达到尽可能完美的境地。

美学胎教：自己动手做画吧

运用视觉胎教法中的绘画胎教，自己动手作画吧。

我们所画的并不是要拿给别人欣赏的作品，所以不一定要把它画得非常完美。比起作品完成的好与坏，我们更应该关心的是，在作画的时候自己的心境如何，以及是否有与胎宝宝共同参与的感觉。

要尽可能多的接触不同的色彩和素材。可以尝试着用蜡笔颜料和彩色铅笔绘画。蓝天，白云或者宝宝漂亮的面庞等都可作为素材，甚至可以对着从医院带出来的B超图片画一画胎儿现在的模样。

在平日生活中，我们都可以运用绘画、涂鸦的方式，把自己在其中获得的美感和快乐讲述并传递给胎宝宝，不仅振奋自己的心情，还更好地感染肚子里的宝宝。也可以通过“教宝宝涂鸦作画”的方式，步入儿童世界，向胎宝宝传递深深的爱，传递美的信息，培养未来宝宝的艺术气质。

行为胎教：培养广泛的兴趣爱好

健康的趣味生活本身就是最好的胎教。准妈妈这段时间早孕反应基本消失，身体变得轻松，正在慢慢恢复到孕前的正常状态，这时最好重新拾起平时的乐器、绘画、书法、刺绣等各种兴趣爱好。准妈妈专注地听音乐，胎宝宝也会对音乐怀有特别的兴趣；准妈妈认真读书，胎宝宝也会喜欢上书籍。如果你希望宝宝将来具有某方面的特长，最好在妊娠期间就让宝宝在腹中与之亲密接触。另外，准妈妈潜心沉浸在趣味活动中有利于稳定情绪，集中注意力，会使胎宝宝受益良多。

情绪胎教：幸福的孕期生活

很多准妈妈在怀孕之后，都会感觉压力巨大，好像自己一个人承受了多大的委屈似的。其实，怀孕并不是你一个人或者你一个家庭的事，想一想吧，当你身边的同事、好朋友在得知你怀孕的消息之后，马上就会提高对你的关注度；上司对你更加关照了，男同事总在默默地帮你承担一些力气活，女同事也总是找机会向你传授她们的育儿经验与心得；朋友总是抽时间来看你，给你买一些适合准妈妈的水果与营养品；就算是素不相识的人，也会关心你、帮助你，比如在公交车上，有人会主动给你让座，慈祥的老奶奶会温和地与你搭讪，连一向调皮不懂事的小朋友们也会为你欢呼……那种感觉，就像是被人们捧在手心里的宝宝一样，得到了那么多人的精心呵护，难道还有比这更幸福的事情吗？

准爸课堂：陪准妈妈一起去“上学”

生宝宝不是准妈妈一个人的事，在很多家里可以说是“家庭总动员”。专家提醒准爸爸，除了在日常生活中多呵护准妈妈外，最好能多抽时间陪准妈妈上准妈妈学校。

有些医院开办了针对准妈妈及其家属的准妈妈学校，由医院的产科和护理专家讲课，而且大多免费，是准妈妈了解相关产前保健知识的重要途径。准妈妈可以从中学习怀孕后如何做好营养、胎教、家庭监护等方面的保健，了解如何选择分娩方式、医院提供何种服务、什么时候该去医院、如何配合分娩、宝宝出生后该怎么办等知识。

孕育一个健康的宝宝，丈夫的作用也是很大的，妊娠期间夫妻互相关心，互相体贴，这比任何时期都显得重要。

孕5月胎教

宝宝太“调皮”啦，快来感受美妙的胎动吧

第17周

准妈妈与胎宝宝的变化

准妈妈：妊娠反应已完全消失，准妈妈因身心稳定而开始食欲旺盛、体重增加、精神饱满。乳房更加敏感、柔软，偶尔会分泌乳汁。有时你可能感到腹部一侧有轻微的触痛，这是因为子宫在迅速长大；还常会有胃内积食的不消化感，也是由于增大的子宫在挤压内脏。

胎宝宝：胎宝宝现在像一个苹果那样重。在今后的3周内，他将经历一个飞速增长的过程，重量和身长都将增加两倍以上。现在的他可以听得到妈妈的心跳声、血流声、肠鸣声和说话声，而你只能借助听诊器才能听到宝宝强有力的心跳。

本周胎教重点

现在宝宝的小耳朵可灵着呢，可以真真切切地听见外面的所有动静，尤其最爱听妈妈温柔的说话声和歌声。准妈妈可以选一些你认为读来非常有意思，并能够愉悦身心的儿童故事、童谣、童诗，将作品中的人、事、物详细清楚地描述出来，例如：太阳的颜色、城堡的形状、小公主穿的衣服，等等，让胎宝宝融入到故事描绘的世界中，还可以教他认几个数字。准妈妈须保持心情愉悦，与宝宝交流时声音才会亲切、柔和、明朗。

从怀孕第5个月起，准妈妈的基础代谢增加，每天所需的营养也比平时多。应注意补钙，并适量加服鱼肝油。

情绪胎教：童言童语逗人乐

准妈妈们来读几个让你捧腹的有关可爱宝宝的笑话吧！

千万别喝水

宝宝不小心，吞下一粒橘子核。邻居小弟弟对他说：“你千万别喝水，我哥哥说‘种子得了水分和养料，就会发芽、生长’。你要喝了水，头上就会长出橘子树来！”

没有这么扁

一辆汽车在经过一个小村庄时，把一只鸡给压死了。司机捡起这只不幸的小鸡，对一位看到这件事的小男孩说：“这只鸡是你家的吗？”“不，先生，我家的鸡跟它的颜色、模样虽然一样，但它没有这么扁。”

抽象画

向美术教师交作业时，一位学生只交了一张白纸。

老师问：“画呢？”

学生答：“这儿？”他指着白纸说。

老师：“你画的是什么？”

学生：“牛吃草。”

老师：“草呢？”

学生：“牛吃光了。”

老师：“牛呢？”

学生：“草吃光了，牛还站在那里干什么？”

运动胎教：锻炼腿部的力量

由于准妈妈体重开始增加，腹部也开始增大，身体的重量给于双腿的压力也随之增加，如果腿部力量不足会容易劳累或者站立不稳等，因此，本阶段的准妈妈要注意加强自己腿部力量的锻炼。

锻炼腿部力量的具体做法是：准妈妈背靠着墙，双腿分开，慢慢地弯曲，大腿肌肉呈现紧绷的状态，保持该动作不动，默默地数20下，然后恢复站立，之后重复做5次；准妈妈面对着墙，双手分开撑住墙面，腿脚呈现微弓箭步状，力量集中在双臂上，两腿交换着做，各做5次。做的时候要注意双腿叉开，这样有助于保持身体的平衡。

语言胎教：用英语和宝宝说话

准妈妈可以讲一些很简单的英语，例如："This is Mommy""It's a nice day""Let's go to the park""That is a cat"，将自己看见、听见的事情，用简单的英语对胎宝宝说话。如果已经知道胎宝宝的性别，或者已经替即将出生的宝宝取好了名字的话，准妈妈就更可以常常呼唤胎宝宝的名字啦！例如："Lisa，I am your Mommy and I love you so much！""Johnny，you are my lovely baby and I will try to give anything that you like！"。

"幸孕草"启智小TIPS

准妈妈可以和肚子里的宝宝一起"学"。建议平时看些卡通英语视频，学得既正宗又有趣。还可以播放一些儿童英文歌曲给肚中的宝宝听哦。

情绪胎教：应对孕期精神倦怠

孕期出现精神倦怠，是相当普遍的现象，这里推荐几种减轻疲倦、调整精神面貌的有效步骤：

- 想象：想象自己喜欢去的地方，如公园、农家小院、海边、小溪旁、高山顶、一望无际的平原上等，把自己的思绪集中到美好的景色中，可以令人精神振奋、心旷神怡。
- 聊天放松：聊天是一种可以排解烦恼、交流体会的好方法，可以释放和减轻心中的种种忧虑，还能获得有益的信息。
- 听音乐：选择一些优美抒情的轻音乐来听，可以放松和调节情绪。
- 手工兴趣制作：动手制作一些小玩具、小动物、小娃娃，或者学习插花、刺绣艺术，可以增加生活情趣。如果有能力，还可以给未来的小宝宝做一些衣物。

美学胎教：做一个袜子娃娃

袜子娃娃做法不复杂，取材也方便，更重要的是每个人都可以做出独一无二的娃娃，是非常有个性的DIY作品。

准妈妈可以按照下面给出的方法做一个小精灵。当然如果手足够巧，你还可以与胎宝宝一起设计自己独有的娃娃。

手工材料

袜子、针线、剪刀、水溶笔（如果没有，也可以直接用水彩笔画娃娃的眼睛）、珠针（用来固定纽扣）、填充棉。

手工步骤

- 用水溶笔画出小精灵的样子，将脚后跟部位做脸部，然后剪出效果图。
- 翻过袜子来，将两只耳朵缝合，然后翻回正面。
- 两个耳朵分别塞两团棉花，揉搓至均匀饱满，用同样的方法将脸部塞一团，身体部位同样塞一团，然后缝合底部。
- 画出嘴巴的线条，用线缝出来，完工。

准爸课堂：写一封特别的情书

多数准妈妈都会害怕怀孕导致的身材走形会失去丈夫的关注，这个时候，作为丈夫，你要告诉她：怀孕之后，你依然是那么富有魅力，你仍然是我最重视的女人，我所做的一切都是出于对你的爱，因为爱你，所以愿意和你一起去抚育属于我们两人的宝宝……

如果你不擅长口头表达，那么就写出来，让她知道你是多么需要她，以前是，现在是，今后一样是，你对她的爱，没有尽头。

和谐的家庭是孕育优质宝宝的必要环境，胎宝宝对父母、对外界世界的信赖与安全感是产生创造力的源泉。

第18周

准妈妈与胎宝宝的变化

准妈妈：准妈妈身体的重心前移，行动开始不便。有的准妈妈会受到痔疮、便秘的困扰。有些准妈妈会出现鼻塞、鼻黏膜充血和鼻出血，如果鼻出血非常严重，则要考虑是否患有妊娠高血压综合征。

胎宝宝：此时胎宝宝的小胸脯一鼓一鼓的，这是他在呼吸。此时胎动开始变得频繁，这是你和宝宝交流的大好机会。他在你的肚子里面什么都知道，多和他说说话，他一定会回应你的。男宝宝或女宝宝的生殖器已经清晰可见。

本周胎教重点

准妈妈将度过幸福的一周。告别孕早期的种种不适，度过了流产的高发期，现在又能感到胎宝宝的运动，好有成就感呀。但在愉快中，还要小心呵护你的胎宝宝。考虑到宝宝的骨骼发育和即将开始的视网膜发育，准妈妈应注意补充维生素A、钙和磷，这对宝宝的眼睛很重要呢。

在这一时期听觉仍是胎宝宝“学习”的主要手段，找一些准妈妈熟悉的胎教内容，如小学课文。熟悉的东西在让妈妈心情舒畅的同时，也会让胎宝宝更容易记住。再选几首妈妈儿时常念的童谣，让胎宝宝在音乐的海洋中徜徉。

运动胎教：可以进行水下运动了

孕期第5个月，胎宝宝的状况基本稳定，准妈妈身体还比较轻便，可以趁此阶段多参加一些运动锻炼。这样不但可以防止体重过快增长，还能提高自身的抵抗力。

如果准妈妈孕前有游泳的爱好，那么此时就可以继续游泳了，只是要注意方式方法。这个时期游泳，时间最好选择在上午10点到下午2点之间，这时的宫缩不是很厉害，适合进行；水温不能过高或过低，超过32℃容易引起疲劳，低于29℃则会刺激子宫收缩，可能引发早产；下水之前，一定要测量血压、脉搏，此外，还要对身体状况做全面的检查，以确保身体合格；游泳时一定要有游泳教练在场，注意动作不要剧烈，可以在水中漂浮、轻轻打水等，仰泳是比较合适的方式。

美学胎教：随手种一盆绿植

准妈妈每天的水果是少不了的，但你知道吗？很多水果的种子都可以发芽，吃了水果，然后用水果种子做盆栽，对准妈妈和和胎宝宝来说，是身体和精神的双重营养。

种荔枝

- 荔枝核充分洗净，用清水浸泡7天。
- 记得每天要换水。
- 待荔枝核的芽发出后，就可以把它移到花盆中了，注意发芽的一端朝上。
- 几天后，一盆别致的绿植就长出来了。

小提示

橘子、橙子、龙眼、桃子……哪怕是一块红薯，只要是发出芽来，都可以当作绿植来种。说不定，胎宝宝因此爱上了园艺，成为了不起的园艺师呢。

语言胎教：《匆匆》

时间，它既看不见，又摸不着，但却又实实在在地在人们身边无情而匆匆地流逝。朱自清以他丰富的想象力，形象地捕捉住时光逝去的踪迹。文章起首，作者描绘了燕子去了来，杨柳枯了青，桃花谢了开的画面，以自然物的荣枯现象、时序的变迁作渲染，暗示时光流逝的痕迹。

朱自清的这篇著名的散文，用美丽的诗一样的语言叹息着时光的飞快流逝，整篇散文有流水的清凉感。所以，要珍惜时间，珍惜生命中的美好。

匆匆

朱自清

燕子去了，有再来的时候；杨柳枯了，有再青的时候；桃花谢了，有再开的时候。但是，聪明的，你告诉我，我们的日子为什么一去不复返呢？——是有人偷了他们罢：那是谁？又藏在何处呢？是他们自己逃走了罢：现在又到了哪里呢？

我不知道他们给了我多少日子；但我的手确乎是渐渐空虚了。在默默里算着，八千多日子已经从我手中溜去；像针尖上一滴水滴在大海里，我的日子滴在时间的流里，没有声音，也没有影子。我不禁头涔涔而泪潸潸了。

……

在逃去如飞的日子里，在千门万户的世界里的我能做些什么呢？只有徘徊罢了，只有匆匆罢了；在八千多日的匆匆里，除徘徊外，又剩些什么呢？过去的日子如轻烟，被微风吹散了，如薄雾，被初阳蒸融了；我留着些什么痕迹呢？我何曾留着像游丝样的痕迹呢？我赤裸裸来到这世界，转眼间也将赤裸裸的回去罢？但不能平的，为什么偏要白白走这一遭啊？

聪明的你，告诉我，我们的日子为什么一去不复返呢？

情绪胎教：找一个理由“偷懒”吧

在怀孕之前，你是一名兢兢业业的骨干精英，你要做出优异的业绩来，为了不被淘汰，每天工作之余还得加班充电。现在，你的腹中有小宝宝了，你大可不必如此劳神费心，宝宝更需要你好好地休息。因此不妨对自己说：“先休息一下吧，工作的事情永远是忙不完的，而且现在正是人生最重要的时刻——孕育宝宝，没有什么工作，比孕育宝宝更伟大、更崇高了！”你可以从厨房里走出来，只管安心地张口吃饭；可以把休闲小说放在书案上，心安理得地把学习英语、法律、财会的计划推迟；可以把各种化妆品束之高阁，把每天化妆的时间拿来多睡半个小时；工作上当然不能偷懒，也不能马虎，可是加班的时间可以减少一些，为了错开下班高峰期而选择早退，相信你的老板也是通情达理的，也一定能够得到同事的理解与支持；那些伤脑筋的问题，可以完全抛之脑后了，能够不管的事情，就尽管不去多管，随时都要秉着“我是傻瓜，我更快乐”的原则，让自己像傻傻的可爱的小猪一样生活……还在等什么呢？怀孕的时候不学会“偷懒”，那么以后就没有机会了。

音乐胎教：哼唱《圣诞快乐》

英语是世界语言，在宝宝的听力发育有了突破进展的时候，对宝宝进行英语启蒙教育，可以为宝宝以后的语言能力、英语学习能力打下基础。下面这首歌准妈妈一定非常熟悉，那么唱给胎宝宝听吧。

MERRY CHRISTMAS

We wish you a Merry Christmas

祝你圣诞决乐

We wish you a merry christmas

祝你圣诞快乐

We wish you a Merry Christmas, and a happy new year!

祝你圣诞和新年快乐！

Good tidings to you

都会给你喜讯

Wherever you are

无论你在哪里

Good tidings for Christmas, and a happy new year

带给你圣诞和新年的喜讯

We wish you a Merry christmas

祝你圣诞快乐

We wish you a Merry Christmas

祝你圣诞快乐

We wish you a Merry Christmas, and a happy new year!

祝你圣诞和新年快乐!

准爸课堂：为宝宝哼唱《茉莉花》

准爸爸来为宝宝唱首歌吧。童丽的《茉莉花》悠扬的旋律，以及茉莉花素洁、浓郁、清芬、久远的香味，也象征了夫妻之间不离不弃的爱。相信准爸爸在唱完这首歌以后，两人的心会联系得更紧，也会让准爸妈甜蜜的爱情结晶——胎宝宝感觉更加安宁、舒服，从而能够快乐健康地成长。

茉莉花

好一朵茉莉花，好一朵茉莉花，满园花开，香也香不过她。

我有心采一朵戴，又怕看园的人儿骂。

好一朵茉莉花，好一朵茉莉花，茉莉花开，雪也白不过她。

我有心采一朵戴，又怕旁人笑话。

好一朵茉莉花，好一朵茉莉花，满园花开，比也比不过她。

我有心采一朵戴，又怕来年不发芽。

第19周

准妈妈与胎宝宝的变化

准妈妈：甜蜜的“小负担”越来越重，准妈妈的动作开始笨拙了，一整天都想睡觉，胃口很好。有的准妈妈上唇、面颊上方和前额周围可能都出现了暗色斑块，这种暗色斑在分娩后不久就会消退，但准妈妈现在要尽量避免受到阳光的暴晒。

胎宝宝：从第19周开始，准妈妈的子宫底每周都会升高1厘米，每天都能清楚地感到胎宝宝在运动，而且远比你想象的要活跃得多，交叉腿、后仰、屈体、伸腰甚至滚动。为了防止长期浸泡在羊水中皮肤被腐蚀，宝宝的腺体开始分泌一种浓稠的白色油脂状物质，这就是胎儿的皮脂，具有防水作用。

本周胎教重点

早在怀孕第7周，胎宝宝就开始了自发的“体育运动”。从眯眼、伸手、握拳，到抬手、蹬腿、转体、翻筋斗、游泳，真是应有尽有，无所不能。胎宝宝的全身骨骼、肌肉和各器官在运动中可得到锻炼和发展。胎宝宝的生命在于运动，本周适当适时地对胎宝宝进行运动刺激和训练，能够促进其身心发育。

胎宝宝很喜欢妈妈和他说话，准妈妈多和胎宝宝聊天，以及讲故事、唱歌，爱运动的胎宝宝肯定会积极回应的。

行为胎教：果蔬残留农药的处理

处理掉果蔬残留农药，才能打造宝宝最健康的营养供给站，具体该怎么做呢?

- 选：选购果蔬不宜太注重外表，外表越光鲜亮泽，农药残留陷阱越多。尽量不要长期食用同一种果蔬或同一产区的果蔬。雨季或灾变过后，为抢先上市，农药及肥料施用量较大，因此，避免在灾后抢购新种植出来的果蔬。
- 泡：在切碎前浸泡，以免溶解出的农药回流到果蔬中，浸泡时间约10～15分钟。加盐的水对杀菌或许有些帮助，但勿泡过久，以免造成脱水。使用清洁剂时要注意其化学成分，以免造成二次污染。果蔬的凹缝处或非水溶性农药的干渍经水浸洗，并不能完全清除，可利用果蔬清洁剂来清洗。
- 冲：为免已溶解出之农药再度附着于果蔬上，需用水冲淋以彻底洗去残毒。
- 去：尽量去除果蔬皱褶处或外叶的部分，瓜果类果蔬去皮后食用才安全。
- 煮：烹煮过程中，不要盖着锅盖，有助于残余农药随蒸汽散发。

情绪胎教：童言童语逗人乐

准妈妈们来读几个让你捧腹的有关可爱宝宝的笑话吧！

爸爸和我一样大

老师：“小珍，你能说出你爸爸今年多大了吗？”小珍：“爸爸今年五岁了。”老师：“小珍，再想一想，难道你爸爸和你一样大？”小珍：“是的，我爸爸亲口对我说过，他是从我出生那天开始当爸爸的。”

如此问答

老师：“你脚上穿的鞋是什么做的？”学生：“是皮做的。”老师：“皮是从哪里来的？”学生：“牛身上来的。”老师：“那么，供给你皮鞋穿，又供给你肉吃的动物是什么？”学生：“是爸爸。”

语言胎教：童谣《大树妈妈》《胖小鸭》

今天你给胎宝宝唱歌了吗？关于妈妈的儿歌、童谣有很多很多，即使你不会唱歌也没关系，念念歌词也不错。

大树妈妈

大树妈妈个儿高，
托着摇篮唱歌谣，
摇啊摇，摇啊摇，
摇篮里的小鸟睡着了。
大树妈妈个儿高，
对着小鸟呵呵笑，
风来了，雨来了，
绿色的雨伞撑开了。

胖小鸭

嘎嘎嘎嘎胖小鸭，
一摆一摆回到家。
站在门口叫妈妈，
妈妈妈妈我回来啦。

营养胎教：最佳食谱推荐

甜椒牛肉丝

【材料】

牛肉、甜椒各200克，蒜苗段15克，嫩姜25克，植物油、酱油、甜面酱、盐、味精、淀粉、鲜汤各适量。

【制法】

* 牛肉去筋洗净，切丝，加入盐、淀粉拌匀。将甜椒、嫩姜分别切成细丝。
* 取碗1只，放入酱油、味精、鲜汤、淀粉，调成芡汁。
* 炒锅上火，放入植物油，烧至六成热，放入甜椒丝炒至断生，盛入盘内。
* 炒锅置火上，放入植物油少许，烧至七成热，下牛肉丝炒散，放甜面酱炒至断生，再放入甜椒丝、姜丝炒出香味，烹入芡汁，最后加入蒜苗段，翻炒均匀即成。

【推荐理由】

此菜品色泽美观，牛肉细嫩，香鲜微辣。甜椒富含维生素及辣椒素，辣椒素能健胃、发汗，促进消化液分泌，增强肠胃蠕动，帮助消化，准妈妈常食，对防止便秘很有益处。

青蒜炒猪肝

【材料】

猪肝200克，青蒜100克，香油、醋、酱油、水淀粉、盐、白糖、料酒、味精、植物油各适量。

【制法】

* 将猪肝去除筋膜以后切成柳叶片状，放在盘内，用水淀粉20克浆一下，青蒜择洗干净，切成段。
* 炒锅放置在旺火上，放入植物油，烧至六成热，放入猪肝，用筷子划散，待猪肝变成灰白色时，捞出沥油。
* 原锅留底油上火，下青葱段煸炒，加料酒、酱油、盐、白糖、味精，倒入猪肝，用水淀粉勾芡，淋醋和香油，翻炒均匀后盛入盘内。

【推荐理由】

猪肝滑嫩，口味咸而鲜美，含有丰富的蛋白质、多种维生素和矿物质，是准妈妈的最佳菜肴之一。

音乐胎教：欣赏《渔舟唱晚》

《渔舟唱晚》是一首著名的古筝曲，十分婉转动听。乐曲以优美典雅的曲调、舒缓的节奏，描绘出一幅夕阳映照万顷碧波的美丽画面。

乐曲开始，曲调优美典雅，节奏舒缓。接着，音乐活泼而富有情趣。当它再次变化反复时，十分优美动听，确有“唱晚”之趣。最后先递升后递降的旋律形成一个循环，并加以多次反复，而且速度逐次加快，呈现出心情喜悦的渔民傍晚时分，驾着渔舟满载而归的情景。

这首曲子既然名为唱晚，黄昏时分聆听，如果窗子临湖，那意境更会优美。准妈妈可舒舒服服地躺在床上欣赏这首音乐，心情会随着乐曲中的波光荡漾起来。

准爸课堂：了解呼唤胎教

“呼唤胎教法”即与胎宝宝进行语言沟通。胎宝宝是有记忆的，呼唤他的名字，或“宝宝”“乖乖”等称呼，宝宝出生便易识别出父母的声音。这对于年轻父母而言是一件令人激动的事，对于宝宝来说，一出生便能听到熟悉的声音也是莫大的安慰和快乐。

曾有这样一个故事，妻子怀孕期间，准爸爸经常抚摸着妻子的肚皮跟宝宝说：“小宝宝，你好吗？我是你的爸爸！”。他一直坚持这样做，发现后来每当这句话一出现胎儿就会兴奋地蠕动起来。当这个宝宝出生后哭闹时，父亲还习惯性地说：“小宝宝，你好吗？我是你的爸爸！”没想到话刚出口，宝宝就像中了魔法一样停止了哭声，并掉转头来寻找发出声音的方向，后来竟笑了。以后每当宝宝哭闹时，父亲都会说这句话，而每次宝宝都能从哭闹中安定下来。

第20周

准妈妈与胎宝宝的变化

准妈妈：准妈妈的肚子日渐增大，会使下肢静脉回流不畅，可能引起双腿水肿，足背及内、外踝部水肿。增大的子宫还会挤压胃肠，影响胃肠排空，准妈妈可能常常感到饱胀或出现便秘。

胎宝宝：胎宝宝的视网膜形成了，开始对光线有感应，能隐约感觉到妈妈肚子外面的亮光。虽然眼睑依然闭着，但是眼睛很活跃，可以转动了。宝宝有了吞咽动作，味蕾正在形成。

本周胎教重点

准妈妈孕期的饮食会给正在形成味蕾的胎宝宝留下深刻的“印象”，所以此时的准妈妈要有健康的饮食习惯，这种习惯对宝宝有着不可忽视的影响，它不仅关系到胎宝宝的身体健康，还会影响到胎宝宝长大成人后的饮食习惯。所以从现在起，准妈妈要开始重视营养胎教，给宝宝做一个好榜样！

准妈妈继续坚持做孕期体操，除了减轻腰背酸麻外，还可使胎宝宝的头脑更灵敏。同时你要继续准备一些有趣的小知识和小故事讲给胎宝宝听，以满足他的“好奇心”。

语言胎教：给胎宝宝上常识课

对于母亲来说，喃喃自语般地将一天中看到的、听到的和经历的事情讲述给腹中的宝宝听，既是语言胎教中很有意义的常识课内容，又能加深母子之间感情，继而培养宝宝的感受能力和思维能力。比如，当准妈妈正在散步时，就可以一边走一边给腹中的胎宝宝上课：“宝宝，看，树上有两只小鸟。鸟儿是有翅膀的，它们可以在天空中飞翔，它们有的还特别会唱歌，歌声可好听啦！”这些虽然只是一些小常识，但是，在你娓娓道来的同时，腹中的宝宝却在感受着你对他的那份关爱，可以明显提高胎宝宝的感受能力。

美学胎教：教胎宝宝识别图片

胎宝宝在准妈妈的子宫内并不是始终沉睡的、没有感知力的，胎宝宝是有记忆力的，他能够记住准妈妈重复的动作或者语言。因此，准妈妈可以经常教胎宝宝认识一些图片。

步骤：准妈妈可以找一本有图画的书，随机翻阅并试着记住几张自己喜欢的图画，然后再次翻阅看看能不能找出它们。这样重复过几次之后，准妈妈就可以和胎宝宝一起来体会游戏的趣味性，试着掌握游戏的要领。这样等胎宝宝出生后，妈妈就可以拿着这些看过的图画再次和宝宝做游戏，看宝宝对你曾经喜欢的图画是否有不一样的表现。这个小游戏，还可以很好地开发胎宝宝的早期智力。

营养胎教：早晚进食要均衡

有的准妈妈有不吃早饭的习惯，而晚餐却很丰盛，结果造成了早、晚用餐量不平衡，这对准妈妈和胎儿的健康都不利。

从前一天晚餐到早晨已经十几个小时，准妈妈和胎宝宝都需要供给营养，而不吃早餐或简单从事，就意味着再延长4个小时才能供给营养，未免使缺乏营养供给的时间太长。因此，准妈妈应吃好早餐。如果没有食欲可以在吃早餐前活动活动，比如散步、做操、做家务等，以增进食欲，产生饥饿感，促进早餐多食。

晚餐倒是不应该吃得过饱。过多进食丰盛的晚餐得不到消化，睡眠也不舒服。胎宝宝白天活动量大，需要供给的营养多，而夜间活动量小，需要的营养相对较少。因此，准妈妈必须根据自身和胎宝宝的活动规律，按正常用餐情况进食，改变不吃早餐而晚餐过于丰盛的不良饮食习惯。

音乐胎教：《梅花三弄》

《梅花三弄》是中国著名的十大古曲之一，是中国传统艺术中表现梅花的佳作。

聆听婉转、悠扬的《梅花三弄》，很容易让人沉浸在梅花的高洁与清逸当中。磬鼓声声，梅花点点，潺音串串，优雅的旋律将人不知不觉中融入“漫弹绿绮，引三弄，不觉魂飞”的意境。

如果你愿意，可以听着它，再慢慢欣赏几幅中国山水画，甚至可以拿起毛笔泼下香墨画几点梅花，都是别有情致的事情。

准妈妈可以满怀慈爱地轻轻哼唱，并将自己对胎宝宝的关爱用歌声传递给胎宝宝。虽然胎宝宝还很小，但他和妈妈血脉相连，他能感受到准妈妈的爱和关怀，在这种良好的氛围中，胎宝宝会快乐幸福地成长。

行为胎教：全面提高自己的修养

我国某中医典籍中说："……自妊之后，则顺行坐端严，性情和悦，常处静处，多听美言，令人诵读诗书，陈说礼乐，耳不听非言，目不观恶事。如此则生男女福寿敦厚，忠孝贤明，不然则生男女多鄙贱，不寿而愚顽……"意思是说，女性在怀孕后，要在坐、立、行等方面端庄，性情温和，多听优美的语言，不能听粗俗之语等，这样生下来的后代就会享福寿久，否则不会长寿而且愚笨顽劣。这说明准妈妈在妊娠期间的所作所为可直接影响胎宝宝的成长。现代的研究结果也显示：准妈妈怀孕期间的行为可以对出生后宝宝的性格、习惯、智力等各方面产生影响。因此，准妈妈应该在学识、礼仪、审美、情操等方面全面发展，不断提高自身的修养，同时也能对胎宝宝进行良好的胎教。

生活中我们常会被一些语言优美、引人人胜的文学故事所吸引，其中对人世间美好事物的描绘能让我们体会到世界的温馨，感受到大自然如母亲般的胸怀。这种体验不仅可以使准妈妈本身得到熏陶而充实、丰富，也能熏陶腹中的胎宝宝，让他感受到诗样的语言和童话般的美丽世界，从而促进宝宝大脑的发育。同时，由于这种教育使宝宝事先有了朦胧美的意识，出生后往往比别的宝宝更聪慧、更活泼可爱。

准妈妈全面提高自身的素养，可以多看一些使人振奋的书，如伟人传记、优美散文、令人向往的童话，或者一些著名的山水名胜游记等。如此这般坚持，胎宝宝就会无形中受到感染，更健康地发育。

"幸孕草"启智小TIPS

读一本好书，就像是与一位精神高尚的人在谈话。准妈妈休息时间相对比较多，闲暇欣赏一本好的文学作品，母子都会受益。

准爸课堂：掌握音乐胎教的方法

所谓音乐胎教，就是通过适当的音乐来刺激胎宝宝的各种感官，促进宝宝神经元的轴突、树突及突触的发育，为宝宝的后天智力和音乐方面的天赋奠定好基础。不过，为胎宝宝选择的音乐应该是舒缓的、明朗的、温和的、有规律性的，最好是与准妈妈心跳相近的乐曲，比如莫扎特的EQ音乐、大自然的河流、小溪声，虫鸣和鸟叫声，都是非常不错的选择。这样的音乐能够安抚胎宝宝，使胎宝宝的昼夜规律性更强。一般说来，音乐胎教的方法主要有以下几种。

哼歌谐振法

准妈妈可以每天哼几首歌曲给胎宝宝听，可以是摇篮曲，也可以是抒情的音乐。歌唱时，应该保持愉悦的心情，倾注自己的感情，通过歌声的和谐振动，使胎宝宝有一种“世界真美好”的感觉，从而获得情感和感觉上的满足。

音乐熏陶法

准妈妈在每天的音乐胎教中，能够欣赏到许多优美的音乐，从而产生许多美好的联想，仿佛进入了美妙的童话世界，而这种感受可以通过准妈妈的神经系统使胎宝宝感觉到。

器物灌输法

准妈妈可以将耳机放在自己的腹部，播放一些适合胎宝宝的乐曲，这样也能够收到良好的胎教效果。不过要记住，不要播放过于激烈的音乐，音量也要适中。

母教子“唱”法

尽管胎宝宝拥有一定的听觉，可是毕竟还不能够唱，这时候准妈妈可以想象自己腹中的小宝宝会唱歌。然后从最基本的音符开始，教胎宝宝一些简单的乐谱，这样反复地教唱，有可能使胎宝宝拥有最初的音乐记忆。

孕6月胎教

腆着大肚皮，和宝宝进行“互动”功课

第21周

准妈妈与胎宝宝的变化

准妈妈：作为准妈妈的你因为体重的增加呼吸开始变得急促起来，而且由于孕激素的作用，准妈妈的手指、脚趾和全身关节韧带变得肿胀，行动有点迟缓和笨重，这是正常的，不要担心。双腿水肿可能会加重，要避免长时间站立。

胎宝宝：从现在起，胎宝宝发育更快。他在身体发育的同时，也逐步变得有意识、有感觉、有反应了。如果他正在睡梦中，过大的声音会把他吵醒；当他醒着时，听到了喜欢的音乐，也会做出反应。为了适应子宫外的生活，宝宝开始用胸部做呼吸运动了。

本周胎教重点

这一周胎宝宝的听觉发育逐渐成熟，再加上大脑沟回增多而且基本定型，所以美妙怡人的音乐胎教是本周最佳的胎教方案。音乐胎教能帮助准妈妈改善不良情绪，产生美好的心境，并把这种信息传递给胎宝宝，给腹中的胎宝宝留下和谐而又深刻的印象。

此外，胎宝宝已经能很好地感应到准妈妈的各种爱抚和情感，本周可以再穿插一下其他胎教内容，如教胎宝宝认字母，讲故事以及做手工等，从而满足准妈妈和胎宝宝全方位的需要。

情绪胎教：如果感到幸福

音乐是准妈妈与胎宝宝沟通的另一种语言，运用音乐可以对肚子里的小人儿起到很好的胎教效果。无比幸福的准妈妈，通过音乐这种独特的语言把幸福的拍手歌传递给胎宝宝，胎宝宝肯定也会跟着一起“拍拍手”、“跺跺脚”、“伸伸腰”的。

如果感到幸福你就拍拍手，如果感到幸福你就拍拍手，如果感到幸福就快快拍拍手呀，看哪大家一齐拍拍手。

如果感到幸福你就跺跺脚，如果感到幸福你就跺跺脚，如果感到幸福就快快跺跺脚呀，看哪大家一齐跺跺脚。

如果感到幸福你就伸伸腰，如果感到幸福你就伸伸腰，如果感到幸福就快快伸伸腰呀，看哪大家一齐伸伸腰。

如果感到幸福你就挤挤眼儿，如果感到幸福你就挤挤眼儿，如果感到幸福就快快挤挤眼儿呀，看哪大家一齐挤挤眼儿。

如果感到幸福你就拍拍肩，如果感到幸福你就拍拍肩，如果感到幸福就快快拍拍肩呀，看哪大家一齐拍拍肩。

抚摸胎教：轻轻拍打你的宝宝

这个阶段是胎动最为明显的时候，因此准妈妈可以专门针对这个特点，对胎宝宝进行适当拍打。一般情况下，胎宝宝需要有8～12小时的睡眠时间，因此若在饭后的1～2个小时对胎宝宝进行轻轻拍打，就可以明显感觉到胎动，胎宝宝的手脚也会随着准妈妈的动作而出现不同的反应。

具体做法是：准妈妈先找一个舒服姿势坐下来或者躺下来，然后有节奏地拍打肚子，用心感觉胎宝宝的反应。一般情况下，重复几次之后，胎宝宝就会有反射动作了。此外，还可以用两三拍的节奏轻拍腹部，你轻拍两下，胎宝宝会在你拍的地方回踢两下；你轻拍三下，胎宝宝就会回踢三下。

拍打式的抚摸胎教会使胎动更加明显，证明胎宝宝比较健康。当然，也有的胎宝宝不爱动，准妈妈也不要着急，耐心即可。

运动胎教：做做瑜伽吧（1）

怀孕中期的准妈妈练习瑜伽有哪些合适的招式呢?

准妈妈莲花坐式

做法：

- 端坐地上，做深呼吸；
- 双腿弯曲，脚掌相对，脚跟靠近会阴处，腰背挺直，双手拇指食指结成圆，另三指伸直，置于双膝上方，做深呼吸；
- 还原，调息。

注意事项：

做莲花坐式时，双脚可交叉盘坐，亦可放松不盘腿，采用最舒适的坐法，这是瑜伽的基本坐法——静坐的姿势。要坐得好，必须不为身体的不适所困扰，因此勿勉强自己将双腿盘坐，同时意念要集中在呼吸上。

效果：

动作配合着深呼吸来进行，可获得精神和肉体的统一，亦可获得心灵的安宁，解除压力与紧张。

准妈妈猫式

做法：

- 跪坐，做深呼吸；
- 跪正，臀部和膝盖垂直。两手放在膝盖的前方，手掌和膝盖平行，头抬高，脸朝上，吸气时腰部有凹陷感；
- 呼气，腰部提高，头内缩，跟着深呼吸来回让腰部上下摆动数回；
- 还原，调息。

注意事项：

在摆动腰部的动作中一定要缓慢，同时呼吸一定要顺畅，才不会造成头昏现象，练习时意念可放在腰部。

效果：

柔软肩膀及腰部，减轻腰酸背痛，解除腰部疲劳，促进脊椎两旁血液循环。

语言胎教：读《我要笑遍世界》

读一下奥格·曼狄诺的《我要笑遍世界》吧，文章是很好的语言胎教内容，相信也能起到调节情绪的作用。

我要笑遍世界

奥格·曼狄诺

我要笑遍世界。

只有人类才会笑。树木受伤时会流“血”，禽兽会因痛苦和饥饿而哭嚎哀鸣，然而，只有我才具备笑的天赋，可以随时开怀大笑。从今往后，我要培养笑的习惯。

笑有助于消化，笑能减轻压力，笑是长寿的秘方。现在我终于掌握了它。

我要笑遍世界。

我笑自己，因为自视甚高的人往往显得滑稽。千万不能跌进这个精神陷阱。虽说我是造物主最伟大的奇迹，我不也是沧海一粟吗？我真的知道自己从哪里来，到哪里去吗？我现在所关心的事情，十年后看来，不会显得愚蠢吗？为什么我要让现在发生的微不足道的琐事烦扰我？在这漫漫的历史长河中，能留下多少日落的记忆呢？

我要笑遍世界。

当我受到别人的冒犯时，当我遇到不如意的事情时，我只会流泪诅咒，却怎么笑得出来？有一句至理名言，我要反复练习，直到它们深入我的骨髓，让我永远保持良好的心境；这句话，传自远古时代，它们将陪我渡过难关，使我的生活保持平衡。这句至理名言就是：这一切都会过去。

音乐胎教：欣赏《红楼梦组曲》

该组曲由脍炙人口的83版电视连续剧《红楼梦》的配乐改编而来，是专为音乐会演奏的版本。这首曲子是《红楼梦》十二曲的总结，具体分为枉凝眉、叹香菱、晴雯曲、好了歌、分骨肉、葬花吟等。

曲子时而意味幽长，时而画龙点睛，会给人留下挥之不去的情思。悠扬婉转，绵绵情意，听着音乐不由得想起《红楼梦》中美丽的人儿、美好的情思以及令人赏心悦目的画面，内心变得纯净而美好。这么好的曲子只聆听可不够，不妨下载《枉凝眉》的歌词吧，试试唱出来，中国人的美学情怀都在这一刻展现出来了！

如果准妈妈爱看83版《红楼梦》，还可以在旋律的起伏中回忆一下你喜欢的情节，或者想象电视剧中一些美好的画面，不仅是不错的冥想方法，对胎宝宝也是很好的美学培养哦。

行为胎教：利用彩色卡片教宝宝

彩色卡片就是用彩笔在白纸上写文字和数字的卡片。准妈妈用它来做胎教素材，要注意以下原则。

- 准妈妈在教胎宝宝学习文字或数字时要循序渐进，首先以汉语拼音a、o、e或数字1、2、3开始，每天不要超过5个。如果准爸爸准妈妈想从小培养胎儿的外语天赋，也可教胎宝宝26个英语字母，先教大写、小写，然后是简单的单词。

- 在教胎宝宝学习时，准妈妈要投入真挚的感情，充满耐心，切忌急躁、敷衍了事。

- 准妈妈不要只简单看卡片教，若想让其在胎宝宝头脑中留下鲜明的印象，还要联想身旁的各种具体事物。比如“1”或“2”对胎儿来说，是极为枯燥的数字。但如果以“竖起来的铅笔”“一根电线杆”或“浮在水面上的小鸭子”来描述，或者将数字物化，如1个苹果、1只猫、2个盘子，学习起来就会妙趣横生。

准爸课堂：了解准妈妈练习瑜伽的注意事项

准妈妈练习瑜伽是很好的运动胎教，但练习时有些细节一定要注意。如果准妈妈自己没有注意到这些细节，准爸爸陪伴左右定要及时提醒噢！

- 初学者练习时有头晕及全身酸痛是正常的现象。
- 学习中不可勉强施行，另外勿操之过急。
- 施行动作时要缓慢而平稳。
- 不和他人比较，循序渐进，只要今天比昨天有进步就好。
- 用心学、勤快练，进步速、效果佳。
- 饭后2小时内避免练习瑜伽，练习瑜伽后1小时尽量避免进食。但因人而异，若是特殊体质，则需视身体情况适当调整。
- 练习前先施行暖身操或拜日式，以热身，避免造成运动伤害。
- 保持心情轻松、愉悦。

瑜伽适合于正常的怀孕女性，不过在练习之前最好先征求医师及专业老师的意见。练习之前最好对瑜伽常识有一些了解，一定要在医生的指导下，了解哪些是不适合做的，哪些是禁区。

第22周

准妈妈与胎宝宝的变化

准妈妈：除了妊娠纹，另一种在孕期你可能会注意到的皮肤变化，是在脸、脖子、胸的上部和胳膊上，可能出现一些微红凸起的、带有细小分支的小块。这是一种被称为蛛形血管瘤的东西，是由孕期增高的雌激素引起的。但是准妈妈不要担心，这种变化通常会在生产后自然消失。

胎宝宝：现在的胎宝宝脸上皱巴巴、红红的，头上、脸上布满了胎毛。眉毛和眼睑已清晰可辨，小手指已长出娇嫩的指甲。他正在制造一种黑黑的、黏糊糊的物质，这就是胎粪。它会暂时寄居在宝宝的肠内，在宝宝出生后的几个小时内，它会被排出去。

本周胎教重点

同样是十月怀胎，一朝分娩，有的宝宝出生后又乖巧又爱笑，有的宝宝却烦躁不安、吵闹不休，其实宝宝的性格跟胎教也有一定的关系。

随着胎宝宝的一天天长大，他和准妈妈的心灵感应也会日渐明显，准妈妈的情绪胎教仍是很重要的一个环节，经常观看喜剧电影和幽默的书籍，可以帮助准妈妈调节情绪，忘掉不愉快的事。同时，多笑笑还有助于舒缓神经。

事实证明，准妈妈如果能在怀孕期间拥有良好的环境和心态，并且能坚持对腹中的宝宝进行适当的胎教，那么宝宝出生后，拥有乐观开朗性格和健全人格的可能性就会增加。

情绪胎教：童言童语逗人乐

准妈妈来读几个让你捧腹的有关可爱宝宝的笑话吧！

为什么不行

小男孩问和他一起玩耍的小女孩："等你长大了，愿意和我结婚吗？""哎呀，那可不行。"小女孩说。"为啥？""在我们家，只有自己家的人才能结婚。你看，爸爸娶了妈妈，奶奶嫁给爷爷，叔叔和婶婶结婚，都是这样的。"

又是谁

儿子翻看影集，好奇地问母亲："妈妈，和你站在一起照相的年轻人是谁？头发黑黑、挺结实的这个。""傻宝宝，那是你爸爸。""是爸爸？那么现在和我们住在一起的秃头大胖子又是谁呢？"

语言胎教：读《无论你的生活如何卑微》

和胎宝宝共读这篇文章，会让准妈妈对生命有全新的认识！

无论你的生活如何卑微（节选）

亨利·大卫·梭罗

无论你的生活如何卑微，要正视它，生活下去；不要躲避它，也不要恶语相加。你的生活不像你本人那么糟糕。你最富有的时候，你的生活看上去倒是最贫穷的。

吹毛求疵的人即便在天堂也能挑出瑕疵。要热爱你的生活，尽管生活一贫如洗。即使身处贫民院，你也可能享受一段愉快、兴奋、辉煌的时光。西斜的落日映照在贫民院窗户上的余晖，与照射在富贵人家的豪宅上一样光芒万丈；门前的积雪一样在早春消融。我只看到，一个气定神闲的人在那里可以过着自得其乐的生活，抱着振奋乐观的思想，如同居住在皇宫里一般……犯不着千辛万苦以求获得新东西，无论是衣服还是朋友。把旧的翻新，回到它们中去。万事万物没有变，是我们在变。

运动胎教：做做瑜伽吧（2）

通过前面瑜伽招式的练习，准妈妈是否已经体验到了瑜伽对身体的益处呢，现在我们再来学习两个姿势吧！

抬腿休息式

做法：

- 准备一张椅子，躺在椅子旁的地板上，做深呼吸；
- 双小腿举高置于椅子上，双腿微开，双手放身旁，此时要完全放松，停留数十秒以上；
- 还原，调息。

注意事项：

准备的椅子，椅脚不可太高，如果太高则无法让准妈妈的腿部完全放松，此动作在放松做深呼吸时，意念可由脚尖开始，配合着呼吸慢慢放松，去感受经由脚踝、小腿、膝盖到大腿直到骨盆、臀部都放松的感觉。

效果：

可预防产妇腿部水肿，促进下肢血液循环；预防静脉曲张，消除腿部的疲惫感。同时可完全放松腰部，来解放腰部因怀孕的重量负荷所产生的疲劳。

准妈妈后视式

做法：

- 跪坐，做深呼吸；
- 慢慢让臀部坐在两小腿内侧的地板上，吸气，上身缓慢转向左边，左手抓左膝外侧，右手则尽量往后方挪动到极限，停留数秒，呼气；
- 还原，调息，换方向再做一次。

注意事项：

当身体做扭转时，要转到极限后再停留，如此对腰部及腿部、手部的刺激才能有功效，练习时上半身尽量放松。

效果：

可刺激脊椎、矫正脊椎的弯曲，强化背部和腰部关节，调整中枢神经与交感神经，刺激肝脏、肾脏功能，促进血液循环。

美学胎教：鉴赏名画吧

鉴赏名画不但可以开阔自己的视野，而且能启迪心智、陶冶情操、领悟人生，并且对于宝宝以后的艺术感有很大的培养作用，建议准妈妈花一些时间来鉴赏名画。

可选择的范围十分广泛，只要符合美学胎教原则的作品都可以拿来欣赏，风景、人物、静物、亲情、爱情、家庭生活……特别是可以选择一些需要深入理解其背景和含义的题材画、故事画，从多方面提高美术欣赏的水平。也可以选择一些母子题材的作品，或者选择描绘可爱儿童的作品以及家庭生活的温馨画卷。

拿《西斯廷圣母像》举例，这是拉斐尔最为成功的一副圣母像，温柔美丽的圣母踏着云朵渐入我们的视线，圣子的眼神中有孩童的懵懂清澈，却又不乏睿智，画面下方的小天使童稚可爱——这一切会使观赏者的心灵仿佛受到洗涤、净化和提升。

音乐胎教：《梁祝小提琴协奏曲》

梁山伯与祝英台是家喻户晓的民间故事，而这首协奏曲以越剧中的曲调为素材，综合采用交响乐与我国民间戏曲音乐的表现手法，依照剧情发展精心构思布局，采用奏鸣曲式结构，单乐章，有小标题。以“十八相送”“英台抗婚”“坟前化蝶”等为主要内容。全曲绵长而悠远，是一曲非常值得聆听的古典乐曲。

建议准妈妈再梳理一下故事的脉络，和音乐尽量对应起来，然后静静聆听，并冥想故事的情节和画面，宝宝会感觉你在给他讲故事。凄美的故事，唯美的曲子，肯定会让准妈妈心生感动，并对生命的美好理解更深，这些通过想象传达给胎宝宝后，胎宝宝也会朦胧地感知世界的美好哦。

“幸孕草”启智小TIPS

建议选择宝宝有胎动的时候开始音乐胎教，因为这个时候宝宝处于清醒状态，正在子宫里面玩耍，对外界的声音也比较敏感好奇。

行为胎教：与胎宝宝做游戏

妊娠22周左右准妈妈们能感觉出胎宝宝在活动了。这时准妈妈可以在腹部轻轻地爱抚、触压、推动胎宝宝，让胎宝宝在母体内快乐地“散步”“游戏”和“做体操”，以促进胎宝宝肌肉的发育；并经过神经末梢传送到大脑，促进胎宝宝的发育成熟。

具体做法：准妈妈仰卧，尽量让腹部松弛，然后双手捧抚胎宝宝，用手指轻压轻起。如能定时定量地同胎宝宝做这种“游戏”，胎宝宝就会做出反应。胎宝宝如果不高兴了，他就会顿足，准妈妈就应停止这种“游戏”。在开始一段时间里，胎宝宝只对准妈妈同他“游戏”作出呼应，过了几周后，胎宝宝一接触准妈妈的手就会主动要求“游戏”。这种锻炼有益于宝宝出生后拥有更加健康的体魄和聪明的头脑。

准爸胎教：为了准妈妈的快乐而奋斗

作为准爸爸，千万不要觉得胎教很深奥，事实上它是非常简单的。准爸爸胎教最大的任务，就是为了准妈妈的快乐而奋斗，想尽一切办法让准妈妈开心，让怀孕的妻子能够始终保持一个良好的身心状态。

准爸爸应该明白，准妈妈是和胎宝宝 “母子连心”的，他们之间的情绪变化，会对彼此产生影响。

为此，准爸爸除了在生活上给予准妈妈绝对的关心与体贴之外，还可以适时地跟准妈妈开一开玩笑，说一说幽默风趣的笑话，等等，让准妈妈的感情更加丰富。除此之外，准爸爸还可以让准妈妈经常与亲朋好友相聚，让准妈妈参与社交活动，陪准妈妈做她喜欢的事情，比如看电影、听越剧、短途旅游，等等。

当准妈妈情绪不好的时候，准爸爸还要善于开导她、鼓励她，想尽一办法让准妈妈快乐起来。如果你希望自己将来的宝宝是一个乐观积极、朝气蓬勃的人，那么一定要为准妈妈的快乐而奋斗。因为只有让准妈妈经常处于快乐的状态，才会让胎宝宝更容易感受到快乐，从而变得乐观起来。

第23周

准妈妈与胎宝宝的变化

准妈妈：体重在稳定增加，大约每周增重300克，共已增重5~8千克。阴道分泌物增加了，这是正常的，不用担心。要注意个人卫生，因为泌尿道平滑肌松弛，膀胱感染的危险性增高了。

胎宝宝：看起来已经很像一个微缩版的宝宝了。但皮下脂肪尚未形成，皮肤依然红红的、皱巴巴的。嘴唇、眉毛和眼睫毛已清晰可见，视网膜也已形成，具备了微弱的视觉。胰腺及激素的分泌正处于稳定的发育过程中。此时乳牙的牙坯也开始发育了。

本周胎教重点

胎宝宝长在妈妈的肚子里面，他是有知觉的，妈妈的一举一动都对他有影响，情绪也是如此。情绪忧郁的准妈妈往往缺乏活力，神情处于懒散状态，心情压抑，体内血液中调节情绪和大脑各种功能的物质含量偏低，直接影响到胎宝宝的正常发育。所以避免焦虑不安，是胎教的重要任务。

准妈妈心情不好时，不妨看一些温暖的电影，像《阿甘正传》《天使爱美丽》《当幸福来敲门》等，它们能够让我们重新审视生活，看过之后，你会发现生活原来隐藏着这么多的美好，心情也会随之爽朗起来。

情绪胎教：多想想宝宝可爱的小模样

中国古代有“欲子美如，数视碧玉”的说法，现代的科学记忆想象力也是这样的一种方式。一些专家认为，在孕期，准妈妈设想的宝宝形象在某种程度上跟出生后的宝宝相似，因此，准妈妈经常设想自己宝宝的可爱模样，是很有益处的。中国古代人曾这样总结过：看珠宝玉器，欣赏美妙的图画，可以使宝宝有美感；优美的音乐可以融化人心；看军人列队，听雄壮的音乐，可以增加秩序感。总之，所有准妈妈的感受都会影响到胎宝宝，胎宝宝的情商和心智方面的发展，更要依赖准妈妈自身文化素质、道德情操的提高。

一般来讲，准妈妈可以将自己的想象通过语言、动作等形式传给胎宝宝，并坚持下去。例如可以告诉胎宝宝“眼睛要长得大大的，眼睫毛要长得长长的……”在临睡前可以与胎宝宝交流，愉快又亲切的情感交流，有助于培养胎宝宝的情感。

美学胎教：画青蛙简笔画

今天准妈妈画个非常简单的小青蛙。可以边画边把下面的儿歌说给胎宝宝听。

准妈妈还可以给青蛙涂上颜色，加一张荷叶，再加几颗露珠，一个可爱而生动的小青蛙就跃然纸上啦。

先画一个圆鸡蛋，再画二个小圆圈。
看好位置再下笔，画出四个小曲线。
加上弯弯两条腿，小小指爪像王冠。
再把眼睛补齐全，一只青蛙就画完。

运动胎教：做做瑜伽吧（3）

瑜伽的练习贵在坚持。现在我们来学习孕中期瑜伽的另外两个姿势。融会贯通，坚持锻炼你才会收到意想不到的效果。

吉祥式

做法：

- 坐正，做深呼吸；
- 两脚合掌，脚跟靠近会阴处，挺直腰背，停留数秒，做深呼吸；
- 还原，放松双腿，调息。

注意事项：

双手抓住双脚板，停留时，尽量感觉腰脊挺直，同时将肛门闭紧，膝盖也应尽力压在地板上。

效果：

可调整骨盆，使髋关节柔软健壮，刺激肛门强化其功能，多练习有利顺产。因分娩时产妇需要柔软度极佳的骨盆，帮助胎儿顺利出生，所以适当的伸展骨盆关节及肌肉，可使生产时骨盆能够扩张至极限，这样胎儿便能轻松通过产道。

天线式

做法：

- 跪坐，腰背挺直；
- 吸气时两手左右打开；
- 呼气时上身后仰，停留数秒，做深呼吸；
- 还原，调息。

注意事项：

动作完成后，尽量地扩胸做深呼吸，意念可放于胸前1/3处。

效果：

可促进血液循环，通过扩胸来增加氧气的吸入以促进新陈代谢，并可解除忧郁及胸中郁闷，使心情愉悦，神清气爽，精神安宁。

语言胎教：读《我的人生追求》

建议准妈妈读一下罗素的《我的人生追求》，相信会带给你莫大的精神鼓舞！

我的人生追求（节选）

伯特兰·罗素

我对爱寻寻觅觅，首先因为爱给我带来莫大的欣喜，它令我如此心醉神迷，以至为了这种爱的片刻欢娱，我常常宁愿抛却我的余生。

……

我以同样的激情追求知识。我渴望了解人们的心灵。我渴望知道满天星辰为何闪烁发光。我竭力去参透毕达哥拉斯发现的主宰世事变化的力量。在这一方面，我略有收获，但是收获并不大。

爱与知识，尽其可能将我引向天堂。但是，怜悯总是又将我带回人世间。惨痛的哭号在我心中回荡。忍饥挨饿的儿童，备受压迫者欺凌的受害者，被子女们视作可憎的负担的无助老人，以及孤独、贫困、痛苦的整个世界，都在愚弄着人类生活的本来面目。我渴望能减轻这些邪恶，但是我力不从心，而我自己也受尽苦难。

这就是我的人生。我觉得自己不枉此生，如有机会，我会欣然再过一生。

营养胎教：荤肉素菜互搭配

为了宝宝正常发育和自身健康，准妈妈在多吃素食的同时，不要抛弃荤食，要适当食用鲜鱼、瘦肉、鲜蛋、小虾、牛奶等含牛磺酸的荤食。

平时我们提倡多吃素食，但对准妈妈来说如果全吃素食则不利。荤食大多含有一定的牛磺酸，人体自身亦能合成少量的牛磺酸，因而正常人的饮食不会缺乏牛磺酸。但对准妈妈来说，由于需要牛磺酸的量比平时增大，人体本身合成牛磺酸的能力又有限，如果全吃素食，必然造成牛磺酸缺乏，使胎儿视力受损。

另外，只吃素食不利于脂溶性维生素的吸收。维生素A、维生素E和维生素D等需要有脂肪的协助才能被人体吸收。

音乐胎教：《天使爱美丽》主题配乐

电影《天使爱美丽》的主题配乐，出自法国前卫音乐家扬·提尔森。他才华横溢，以抽象化的作曲风格为世人所了解，擅长在乐曲中运用多种乐器。

扬·提尔森把我们带入了一个奇思妙想的世界，犹如飘荡在春日的秋千上，让人充满了一种无法言喻的幸福感。音乐古典优雅，诠释着古老而时尚的巴黎风情；而丰富的层次感又给我们带来了全新的听觉享受，清凉得如同祛痱的花露水，提神又醒脑。

法国音乐的小清新能帮助准妈妈迅速找到巴黎圣母院门廊上的那些浮雕，既浪漫又不失奢华，它能直接进入准妈妈的内心深处，并让准妈妈感受灵魂的小小震憾。这段音乐用来做胎教的话，建议静静聆听，它可以帮助准妈妈快速调整精神状态，回到舒缓与放松的情绪里。

准爸课堂：放慢生活的节奏

你真的必须将生活的节奏放慢一点，因为你曾答应过她随时在她和孩子的身边。

如果你是一个酷爱摩托车、蹦极和滑翔的精力旺盛的年轻准爸爸，放弃这些极富挑战性的爱好可能让你感到很矛盾，那怎么办呢？去发现一些少一点危险的类似的活动。最好这些活动可以让全家人都参与：比如四轮驱动的机动车，可供四人野营的帐篷（或多余的蚊帐），也可以是一条小小的独木舟。不要把你的家庭成员拒绝在户外活动之外，只是要选择更适合她们的方式来一起享受生活。

当然，这里面很难掌握平衡——如何能够既不舍弃男人们的钟爱又要照顾家庭的情况呢？和你的妻子共同讨论你要放弃的项目（你会因此而得到回报）以及你不准备放弃的项目（会使你的感觉更加良好）。这样，就可以完成二人世界到三口之家的顺利过渡啦！

第24周

准妈妈与胎宝宝的变化

准妈妈：身体变得更笨拙了，身体重心更加前移了。因为腹部越来越沉重，为保持平衡，需要腰部肌肉持续向后用力，腰腿痛因而更加明显。有些准妈妈这时会感到眼睛不适，也会容易感到疲惫，这是比较典型的孕期反应。

胎宝宝：大约已有600克了。现在的他已经开始为储备皮下脂肪做准备了。除了听力有所发展外，呼吸系统也正在发育。尽管还是在不断吞咽羊水，但是通常并不会排出大便。

胎教重点

胎宝宝的状态越来越稳定了，准妈妈除了自身做一些舒缓的运动之外，也要帮胎宝宝做运动。继续坚持和胎宝宝“做游戏”，加强对胎宝宝的运动训练。胎宝宝一旦习惯这种游戏的话，在你抚摸或回应他的动作时，他都会有明显反应。

另外，因为胎宝宝的听力进一步发展，所以和胎宝宝之间的对话一定要坚持下去。西方心理学家通过实验证明，胎宝宝对母亲声音、母语、熟悉的语言等有偏好倾向，出生之后妈妈的声音更能让宝宝安静下来。

情绪胎教：切莫胡乱猜想

宝宝在妈妈的肚子里一天天长大，慢慢的他会在妈妈的腹中来回乱动。随着这个小淘气乱踢乱动，妈妈就会产生各种各样的猜测：宝宝长得什么样？皮肤是白还是黑？会长得很漂亮吗？当然想得最多的就是宝宝的性别问题，诸如此类负面的问题很多，长期的这种猜测心理容易给准妈妈造成一种心理上的压力。准妈妈会想：宝宝的性别会如愿吗？不如愿怎么办？

准妈妈要有意识地多接触一些美好的事物，多产生一些美好的想法，多做一些有益的活动。要想象宝宝美丽与聪明、活泼与开朗，想象宝宝在阳光下健康成长，想象宝宝是那么可爱逗人，他在眨着眼睛和你嬉戏。聪颖的宝宝需要在美好的愿望中逐渐长大。

"幸孕草"启智小TIPS

猜想也不一定是坏事，关键是要想一些正面的事情，想一些积极的、美好的事情。不能胡思乱想。

抚摸胎教：帮胎宝宝做体操

现在胎宝宝的活动是相对丰富的，他会表现出吞羊水、眯起眼睛、握紧拳头、转动身体、伸展四肢和翻筋斗等活动。另外，在受到刺激之后，他也会做出多种反应，只是此时准妈妈还不能很明显地感觉出来。所以，这个时候，准妈妈不仅要从心灵上与胎宝宝进行沟通、交流感情，更要抚摸胎宝宝，帮助胎宝宝来做"体操"。

帮胎宝宝做体操，一般选择早晨和晚上来进行，每次时间不要太长，5～10分钟即可。抚摸的方法一定要得当：让准妈妈平躺在床上，全身尽量放松，在腹部较为松弛的情况下，用一个手指轻轻地按一下胎宝宝然后再抬起。

这个阶段帮胎宝宝做体操，若准妈妈感觉不到胎宝宝有回应，那么不要以为胎宝宝对此没有什么反应而放弃行动。只要坚持进行，准妈妈就可以感觉到胎宝宝的明显回应了。

美学胎教：捏泥塑

泥塑艺术是中国一种古老而常见的民间艺术。它以泥土为原料，用手工捏制成形，或素或彩，以人物、动物为主。

泥塑的基本用料——泥土需精心准备，一般选用带些黏性又细腻的土，经过捶打、摔、揉，有时还要在泥土里加些棉絮、纸或蜂蜜。

现代城市中，有很多手工吧，会提供泥塑或制陶场地及原料，准妈妈可以偶尔参与一下，享受手工泥塑的快乐。

泥塑有“三分塑，七分彩”之说，只要你心里想着可爱的宝宝，保持着一颗快乐之心，就一定能做出属于自己的美丽作品。拿回家后摆在床头，这样，你的家里就又多了一件艺术品，它将陪你快快乐乐地度过孕期。

语言胎教：告诉胎宝宝一天的生活

把你一天的生活描述给宝宝听吧！如早晨起来，先对胎宝宝说一声“早上好”，告诉他早晨已经到来了。打开窗帘，啊，太阳升起来了，阳光洒满大地，这时你可以告诉宝宝：“今天是一个晴朗的好天气。”你也可以解释每天习以为常的行为，如为何洗脸、刷牙，肥皂为什么起泡沫，吹风机为什么能把头发吹干……总之，你可以把生活中的一切都对胎儿叙述。通过和胎宝宝一起感受一天的生活，感受妈妈的思考和行动，母子之间的感情纽带会更牢固，并且有助于培养胎宝宝对母亲的信赖感，以及打下对外界感受力和思考力的基础。

音乐胎教：欣赏《水上音乐》

胎宝宝很喜欢有节奏的东西，并且不怕重复，这种爱好会贯穿他的整个童年，甚至影响一生。优美的音韵会给胎宝宝的大脑留下美好的记忆，使他朦胧地感知世界的美好与和谐，并把“爱”深深刻在脑海里。

今天准妈妈和胎宝宝一起欣赏一曲亨德尔的《水上音乐》吧。

《水上音乐》是亨德尔访问伦敦时，为英国王室而作。当时，在泰晤士河上夜游，是皇家喜爱的夏季活动。在国王乘坐的船旁通常会有音乐家的船随行，为国王演奏音乐。有趣的是，这首《水上音乐》还巧妙地利用声音在水面的折射，使得乐队的音响效果更为出色。

胎教影院：观看《阿甘正传》

《阿甘正传》讲述了一个天生弱智者阿甘的传奇一生。

> 阿甘出生在二战结束后不久，美国南方亚拉巴马州一个闭塞的小镇上。他先天弱智，而他的妈妈是一个性格坚强的女性，她要让儿子和其他正常人一样生活，她常鼓励阿甘“傻人有傻福”，要他自强不息。上帝也并没有遗弃阿甘，他不但赐予阿甘一双疾步如飞的“飞毛腿”，还赐给他一个单纯正直、不存半点邪念的头脑。在上学的校车里，阿甘与金发小女孩珍妮相遇，从此，在妈妈和珍妮的爱护下，阿甘开始了他一生不停的奔跑……

这是一部让人感触很深的电影。阿甘在影片中被塑造成了美德的化身：诚实、守信、认真、勇敢而重视感情，对人只知道付出而不求回报，也从不介意别人拒绝他，他只是豁达、坦荡地面对生活。这样的一个人，会让人万分感动。欣赏这样一部电影，准妈妈可以带给胎宝宝勇敢和坚强的信念，同时也带给他正直、善良、纯真的性格和品行。

准爸课堂：如何应对准妈妈的“坏脾气”

正如准爸爸想象的那样，准妈妈从怀孕开始，就经常会发生一系列火山爆发般的荷尔蒙反应。

很多准妈妈都有过这样的体会，那就是心中会生出莫名的愤怒情绪，看什么都不顺眼，别人说什么总喜欢反驳。当然最终的“受害者”还是我们可怜的准爸爸们。其实，在古希腊的文字中，“荷尔蒙”就是“奋起活动”的意思。这就难怪准妈妈会那样脾气古怪了。

准妈妈为什么会有如此大的“坏脾气”呢？这肯定与腹中的胎宝宝有关。由于母子相互联系，准妈妈可能会感受到各种莫名的情绪，比如恐惧、担心、兴奋、喜悦，等等，真是百感交集啊！难怪准妈妈会突然开心地笑起来了，又突然大声地哭泣了。

当准妈妈情绪不稳定的时候，准爸爸的表现就至关重要了。尽管准爸爸也许同样的焦虑，可是准爸爸的肚子里毕竟没有装满烈性的“荷尔蒙”。因此准爸爸应该让自己变得更加冷静和自信，要成为准妈妈心灵和精神上的依托。

在怀孕期间，准妈妈的身体和心理都发生了巨大的变化。由于体重一个劲地往上升，她可能会觉得自己不再漂亮，不再有吸引力了。这时候，准爸爸就应该细心地捕捉她的感觉，用一些赞美的言辞让她恢复自信，如果能够直接给她一个拥抱，效果可能会更好一些。

当然，夫妻间的争执是再正常不过的事情了，也许前一分钟你们还相敬如宾，后一分就开始争论不休了。面对这样的情形，准爸爸当然应该压制住自己的火气，不要和准妈妈理论，或者争吵，就当这些不愉快成为生活中的调味品吧！相信准爸爸能够很快让准妈妈平静下来的。

孕7月胎教

“挺”进7月，多做一些爱意浓浓的亲子游戏

第25周

准妈妈与胎宝宝的变化

准妈妈：体重和肚子同步增大，因不断增长的大肚子对腰腿部位的牵拉而有局部疼痛的现象。有的准妈妈的腹部和乳房上的妊娠纹更加明显，暗红的颜色也在逐渐加重，好像皮肤要被撑裂了似的。其实不用担心，产后这些妊娠纹会逐渐变淡。

胎宝宝：体重稳定增加，皮肤很薄而且有不少皱纹，几乎没有皮下脂肪，全身覆盖着一层细细的绒毛。从本周开始，胎宝宝的大部分内脏器官（心脏除外）的发育也趋向成熟。

本周胎教重点

现在的胎宝宝已经有光感了，此时对胎宝宝进行光感训练，不仅可以促进胎宝宝对光线的灵敏反应及视觉功能的健康发育，而且有益于出生后动作行为的发育成长。

注意：光感训练要遵照胎宝宝的生活规律，要在他胎动明显的时候做，不要在胎宝宝睡觉时进行光照胎教，以免扰乱了胎宝宝的生物钟。

运动胎教：工作间小运动

孕中期是准妈妈感觉比较舒适的阶段，所以准妈妈在量力而行的前提下完全可以正常工作。但是工作时注意同一姿势切勿维持太久，以免血液不流畅，造成宫缩。准妈妈在工作期间可以做一些小运动。

- 踝关节运动：准妈妈坐在椅子上，一条腿放在另一条腿上面，下面那条腿的脚平踏地面，上面那条腿缓缓活动踝关节数次，然后将足背向下伸直，使膝关节、踝关节和足背连成一条直线。两条腿交替练习上述动作。
- 足尖运动：准妈妈坐在椅子上，两足踏平地面，足尖尽力上翘，翘起后再放下，反复多次，注意足尖上翘时，脚掌不要离地。

语言胎教：讲讲绕口令

读一读下面几首有趣的绕口令吧，会给你的孕期生活增添些欢笑，也是将来很好的早教题材噢！

手指头

一个指头拉勾勾，
两个指头捡豆豆，
三个指头系扣扣，
四个指头提兜兜，
五个指头合一拢，
攥成拳头有劲头。
请你爱护你的手，
保护十个手指头。

数一数

山头立着一只虎，
林中跑着一只鹿。
路上走来一只猪，
草中藏着一只兔。
洞里出来一只鼠，
一二三四五，
虎鹿猪兔鼠。

营养胎教：最佳食谱推荐

素烧三元

【材料】

莴笋300克，胡萝卜、白萝卜各200克，葱节、姜片各15克，花生油适量，水淀粉、盐、香油各少许。

【制法】

* 将莴笋、胡萝卜、白萝卜去皮洗净，削成球，各15个，用开水焯透捞出。
* 炒锅上火，放花生油，烧热后放入葱节、姜片炸至金黄色时捞出，再加水、莴笋、胡萝卜、白萝卜，见开后，文火煨熟，放盐和水淀粉，收汁，淋香油，即成。

【推荐理由】

此菜颜色包含绿、红、白三色，非常美观，而且吃起来清脆爽口。莴笋有清热化痰、通便等作用；胡萝卜健脾补虚、行气消食；白萝卜下气化痰，止咳，健脾胃，助消化。准妈妈多吃此菜能强身健体，增加食欲，帮助消化，防治便秘。

牛肉末炒芹菜

【材料】

牛肉50克，芹菜200克，酱油、淀粉、料酒、葱、姜、盐、植物油各适量。

【制法】

* 将牛肉去筋膜洗净，切碎；用酱油、淀粉、料酒调汁拌好；将芹菜择好，洗净切碎，用开水烫过；葱去皮洗净切葱花；姜洗净切末。
* 锅置火上，放植物油烧热，先下葱、姜煸炒，再下牛肉末，用旺火快炒，取出待用。
* 锅中留余油烧热，下芹菜快炒，加盐炒匀，然后放入炒过的牛肉末，再用旺火快炒，并加入剩余的酱油和料酒，搅拌几下即成。

【推荐理由】此菜含钙丰富。牛肉具有益气补血、强筋健骨的作用，准妈妈常食可增加钙、磷、铁的摄入，防止小腿抽筋，还有利胎儿的发育。

抚摸胎教：继续给予宝宝爱的抚摸

准妈妈可以伴着美好的音乐，按照前面讲述的方法，给胎宝宝做抚摸胎教。可以按照从上到下、从左到右的次序，轻轻地在腹部做抚摸的动作。开始的时候，先用中指和食指轻轻并反复地触压胎宝宝，之后双手稍微握成拳头，轻轻叩击腹部。胎宝宝会马上用轻微的胎动来反应，但有时需要过一阵子，甚至过几天才有反应，准妈妈不要急，这是正常的现象。如果以前做抚摸的时候胎宝宝都有反应，但这个时候没有反应了，准妈妈就要赶紧联系医生，查看原因。

胎宝宝已经足够大了，准妈妈的腹壁越来越薄，因此抚摸的话不宜时间过长，每天2~3次即可。另外，抚摸和触压胎宝宝的时候，要注意动作轻柔，避免用力。

音乐胎教：欣赏《春江花月夜》

《春江花月夜》全曲由清脆嘹亮的古筝滚指连重奏法起奏开始，形象的模拟鼓声由慢渐快；接着引出具有江南风格的音乐主题，抒情，优美，婉转如歌；曲尾的大鼓滚奏音形，描绘出夕阳西下，泛舟江上，游船箫鼓齐鸣的动人情景。

配上李清照的词——如梦令，那感觉一定美到极致，所以，准妈妈可以试试在音乐的伴奏下吟诵这首词。如果觉得麻烦，就让准爸爸朗诵吧。另外，如果准妈妈有更多的时间，可以尝试在播放这段音乐的时候，闭上眼睛，想象音乐的画面。在唯美的中国古典音乐里，铺开一幅中国水墨画卷，无论是渔舟唱晚，池塘小荷，还是轻帆远水……想象自由地舒展吧！这对日后宝宝感受你的心灵至关重要哦！

光照胎教：照向宝宝的第一束光

光照胎教法是通过对胎宝宝进行刺激，训练胎宝宝的视觉功能，帮助其形成昼夜周期规律的胎教法。从怀孕7个月开始，准妈妈每天可以紧贴腹壁，用手电筒照射胎头部位。

每次照射的时间不要太长，3～5分钟为宜，并记录下宝宝的反应。

晚上8～9点或者9～10点是胎动活跃的时间，比较适合光照胎教。但不能在胎宝宝睡觉时进行，会影响其正常的生理周期。

光照视觉训练可促进视觉发育，增加视觉范围，同时有助于强化昼夜周期，即晚上睡觉，白天觉醒，并可促进动作行为的发展，但切忌用强光。

准爸课堂：和胎宝宝无话不谈

准爸爸可以和胎宝宝分享自己的心事，想说什么都可以，他都会很喜欢听的。

你可以告诉他现在离预产期还有多少天，你有多么盼望他的出生，你现在正在为他的出生做哪些准备，等等。

你还可以告诉他，你现在正在做什么，你今天吃了什么东西，今天的天气是怎样的，你现在事业发展怎么样，办公室有什么开心的事，亲戚家的小宝宝又做了什么无厘头的事，等等。

你的所有想法，还有生活中的琐事都可以和胎宝宝讲一讲，这样说一说，唠一唠，还可以帮助准妈妈缓解紧张的情绪呢！

第26周

准妈妈与胎宝宝的变化

准妈妈：最近睡眠是不是开始变差了？还经常做一些噩梦，这是对即将承担母亲的重任感到忧虑的反应，不过这是一种普遍现象，准妈妈要放宽心态，为胎宝宝的健康发育保持良好的情绪。

现在准妈妈的子宫高度已经到了脐上一至二横指，从耻骨联合量起约26厘米。部分妊娠纹较多的准妈妈，可通过按摩和使用滋润乳液来进行预防和缓解。

胎宝宝：这周比上周重了将近200克，在接下来的时间，胎宝宝会逐渐积累脂肪，以便将来能提供更多的能量和热量，去面对外界的温度。正因为有了脂肪，所以胎宝宝的皮肤开始变得光滑了，不再是皱皱的。如果去做三维彩超，可能会发现胎宝宝很不配合，他开始“怕羞”了，会躲避强光照射了。

本周胎教重点

准妈妈高质量的睡眠不仅有助于迅速恢复身体机能，调节好各方面的代谢能力，还可以分泌一种促进胎宝宝发育的激素。因此改善睡眠质量是现在的胎教重点。准妈妈睡眠时采用左侧卧的姿势，可以保证向胎宝宝顺利地输送血液和氧气；腰部不适时，垫个枕头；垫高双脚或者在腿部夹一个小靠枕等，都会让准妈妈舒适，对胎宝宝的发育也有利。

情绪胎教：童言童语逗人乐

准妈妈们来读几个让你捧腹的有关可爱宝宝的笑话吧！

还没变完

一天，我和丈夫开玩笑，说，“你真变态。”

一会，快吃饭了，我问女儿，“你爸爸怎么还不出来？”

女儿说：“爸爸正变着呢，还没变完呢！”

他就是不脱鞋

“儿子，你到肉店老板那儿去一趟，看他有没有猪蹄。”

“怎么样，有没有哇？”

“不知道，我等了好长时间，可他就是不脱鞋。”

来不及了

在一所幼儿园的一个很大的班级里，老师让小朋友们问问题，

大家一个问完接下一个，有个小朋友一直把手举在空中，不过当轮到他时，他却把手放下了。老师问他：“怎么了，你等了这么久，为什么轮到你讲，你却把手放下了？”

小孩回答说：“来不及了，已经湿了。”

语言胎教：英语胎教进行时

有人调查发现，在胎儿期接受了英语启蒙教育的宝宝，在学校学习英语与未接受教育者相比更轻松一些。宝宝的发音会好很多，比那些父母精通两种语言的宝宝们还要好。如果接受了产前英语启蒙教育之后，继续接受正规教育的话，那么这个在母腹中就开始上学的宝宝，其前途不可限量。若希望自己的宝宝将来成为精通外语的人才，最好在胎儿期给宝宝进行英语启蒙教育，并作为胎教的一个内容。从怀孕后7个月开始至胎宝宝出生之前的这段时期，是准妈妈进行英语胎教的黄金时间哟！

准妈妈可以和肚子里的胎宝宝一起“学”。建议平时可以看些卡通英语视频，学得既正宗又有趣，还可以播放一些儿童英文歌曲给腹中的胎宝宝听。准妈妈可将自己看见、听见的事情，以简单的英语对胎儿说话。

营养胎教：爱美准妈的防晒食物

随着天气的变暖，户外活动的增多和紫外线的增强，防晒成了女性必做的功课，爱美的准妈妈当然不会落后啦。如果你担心防晒产品对胎宝宝产生不利影响，那就来试试用饮食解决孕期防晒吧！

营养专家告诉我们，有一类食物感光性较强，如果大量摄入则会降低皮肤的抗晒能力，加速皮肤变黑。比较常见的感光食物有柠檬、橘子、香菜、芹菜、胡萝卜等。

富含维生素C的水果

维生素C可以说是永远的美肤圣品。番石榴、奇异果、草莓、圣女果等都富含维生素C。

豆制品类

大豆中的异黄酮素是一种植物性雌激素，可以代替一部分雌性激素的作用，帮助对抗老化。豆制品还具有抗氧化能力，是女性维持光泽细嫩皮肤不可缺少的一类食物。

坚果类

植物油多半富含维生素E，帮助抗氧化和消除伤害皮肤细胞的自由基。高维生素E的食物还包括小麦胚芽及各类坚果。

谷类

老话说“吃得愈粗、皮肤愈细”，全谷类含有大量B族维生素及维生素E，都是帮皮肤增强抵抗力及复原能力的重要营养素。

鱼肉

经研究发现，一周吃三次鱼可减轻紫外线对皮肤的伤害。长期吃鱼，可以为人们提供一种类似于防晒霜的自然保护，还有增白皮肤的作用。

音乐胎教：欣赏马头琴曲《大草原》

马头琴是蒙古族人民特有的一种乐器。马头琴表现力丰富，善于演奏抒情乐曲，据说有个不给小驼羔吃奶的母骆驼，听到了感情深沉的马头琴声，竟然感动得掉下了眼泪去哺育小驼羔。

《大草原》是作曲家张千一为电视连续剧《成吉思汗》创作的主题歌。优美、庞大的管弦乐背景，衬托取材于蒙古族传统民歌的旋律。马头琴内敛、深情的音质，仿佛是从天边而来，带着对成吉思汗的敬仰和对草原深深的爱恋。

闭上眼睛，想象你骑着一匹骏马，在蓝天白云下，奔驰在一望无际的草原上，闻着身边青草的清香……是不是感到心情愉悦，心胸开阔？这种美景每个人都很喜欢，胎宝宝也不例外。

意念胎教：静坐调息想宝宝

经常幻想胎宝宝的模样会使准妈妈的心情平和，也可使胎宝宝向理想的方向发展。

具体的操作方法如下：

- 静坐练习：准妈妈可选择安静的时间采用盘坐的姿势。其做法是以左右两脚交叉置于左右两腿上，足心朝天。双手掌心向上，置于两脚上。怀孕中后期，可以张开双腿，挺直腰板儿坐下，也可以在床上练习，只要自己觉得舒服就可以了。
- 调息：准妈妈盘腿而坐，双手放在膝盖处，手心向上，拇指与食指相接成圆形，其余手指自然放松，调整自己的呼吸，每次吸气和呼气时默默数数。如果精神没有集中就重新开始。重要的是过程，不要过分关注结果。
- 幻想宝宝：准妈妈将手放在腹部，借助手向胎宝宝传递力量。在脑海中想象胎宝宝的模样。会长得更像谁一些呢？宝宝在做什么呢？踢腿、伸手、还是吹泡泡？哪个部位在快速发育中呢？

胎教影院：《罗马假日》

本电影讲述一位欧洲某国的公主和一个美国记者在意大利罗马一天之内发生的浪漫爱情故事。某国王室的安妮公主作为王位继承人将访问欧洲的各大城市，消息一经传出就引起了极大的轰动。欧洲之行的最后一站是罗马，安妮公主非常想尽情地饱览一下当地的优美风光，于是，她骗过侍从，偷偷溜了出来。然而没逛多久，她就在广场附近喷水池边的一条长椅上睡着了。美国新闻社的穷记者乔·布莱德里恰好经过这里，于是一段浪漫故事就此开始……

《罗马假日》中赫本饰演的不自由的公主给人留下了诸多的感慨，这让许多人经常怀念她，怀念那个纯净美丽的公主。在欣赏影片的过程中，同样身为女性的准妈妈一定也会为片中纯洁却又无奈的爱情所感动并感慨，心中升起暖暖的爱的感情。

准爸课堂：适应妻子爱的转移

妻子怀孕了，升职为准爸爸的你，心里的喜悦是无法言表的，但面对妻子爱的转移，你有心理准备吗？

胎宝宝无疑是甜蜜爱情中名符其实的“小三儿”。二人世界的幸福生活，即将因为小宝宝的出生而改变，其中最为突出的就是妻子对丈夫爱的转移。过去温柔体贴的妻子似乎对丈夫关心不够了，丈夫的饮食起居过问得少了，过去经常说的情话减少了，甚至对性生活也有些淡漠了，还有可能动不动为了那个小家伙让丈夫成为受气包，如此等等。

作为一位准爸爸，对此要有充分的思想准备，要充分理解妻子，以宽容豁达的心态对待妻子的爱转移。因为她依然将自己所有的爱奉献于这个家庭，只不过是将这种爱一分为二而已。即使她将大部分的爱转移到小宝宝身上，也是完全可以理解的。

母亲对孩子的爱是无私的，父亲对孩子的爱是博大的。相信，所有准爸爸最终都会适应角色转变，为妻子为孩子承担起保驾护航的重任。

第27周

准妈妈与胎宝宝的变化

准妈妈：本周，准妈妈的肚子明显鼓起来了，而且这时候能够感觉到强烈的胎动。此外，这个时期，准妈妈的血压可能会略有上升，不过不用担心，只要其他指标都正常，那就没什么问题。

胎宝宝：已经有可以看得到的短短胎发了，男孩的睾丸尚未降下来，女孩的小阴唇已开始发育。他在妈妈的肚子里不断地动来动去，好像只有用这种方式才能宣告他的存在一样。另外，他的气管和肺部还未发育成熟，但是呼吸动作仍在继续。

本周胎教重点

这段时期，准妈妈要继续给胎宝宝讲故事、听音乐。有趣的故事和好听的音乐可以使准妈妈和胎宝宝心情愉快，对胎宝宝将来的语言能力和音乐能力的发展也非常有意义。

同时，夫妻感情融洽是胎教和优生的重要因素。在美满幸福的家庭中，胎宝宝会安然舒适地在母腹内顺利成长，出生后往往聪明健美。为了胎宝宝，准妈妈和准爸爸要一起努力！

运动胎教：减压操缓解不适

孕中期的准妈妈随着腹部和胸部的变大，会开始经常有局部酸痛的感觉，特别是颈部和背部。一些轻柔的伸展运动则能够缓解这种不适，促进血液循环。

- 前胸和肩膀运动：坐在椅子上保持双脚平放在地面上，两肩打开向后。将两手交叉放到头部后面，手肘弯曲，手掌向前，挺胸。这个动作可以伸展你的脊椎和腹部的肌肉，保持30秒。

- 臀部、大腿和小腿肌肉运动：站在离椅背大约一臂的距离，用手抓住椅背。左脚在前右脚在后，呈弓步姿势，脚趾向前，弯曲左膝，保持右膝伸直。缩紧臀部，直到感觉你的臀部、大腿和小腿后侧肌肉正在适度拉伸。保持这个姿势30秒，然后换另一侧练习。

营养胎教：保证营养的具体方法

准妈妈营养胎教的关键就在于怎样为胎宝宝建立优质的“营养基地”。

多吃易于消化的食物

准妈妈应该选用易于消化、清淡、在胃内存留时间短的食物，如大米粥、小米粥、烤面包、馒头等，以减少呕吐的发生。

少食多餐

准妈妈恶心呕吐严重的时间多在早晨起床时或者傍晚。对此，准妈妈可采取少食多餐的方法，不必拘泥于正常的进餐时间，想吃就吃，但要细嚼慢咽。尤其要多吃含蛋白质和维生素多的食物如乳酪、牛奶、水果等。早上起床前先喝一杯白开水，再将食物吃下去，稍躺一会再起来，可减轻恶心与呕吐。

烹调多样

根据准妈妈的口味和妊娠反应情况，选用烹调方法。对喜酸、嗜辣者，烹调中可适当增加调料，以引起准妈妈食欲。呕吐脱水者，要多食水果、蔬菜，以补充水分、维生素和无机盐。热食气味大，妊娠呕吐者会比较敏感，可以适当食用冷食或晾凉再食，以防呕吐。

美学胎教：体验魔术的变幻

电视上魔术表演是不是让人感觉很神秘呢，现在准妈妈就来领略一下魔术的奥妙！

手绢变蛋

手拿一条手绢，两面示众无秘密。然后把两手合起，揉着手绢，把手绢揉成一团后，对着两手吹口气，说声“变”，展开双手时，手中捏着一个鸡蛋。

揭秘：

蛋是用乳白色塑料特制的空心蛋，一头有个圆洞，表演时假装揉手捐，悄悄用手指把手绢塞进蛋洞里。然后用大拇指按住洞，再给观众看。（注意：手绢要选用丝绸的，又轻又薄，容易塞进洞中）

破扇变好扇

拿出一把破成3部分的破纸扇，说：“这么热的天，我得让它变成好扇子呀！”然后折起来在空中挥舞几下，朝扇子吹口气说：“变！”打开，果然完好如新，高兴地扇着。

揭秘：

表演前抽掉两根扇骨，在两片扇页上涂上一层黄蜡。黄蜡有黏性，用力一握就能黏上，但是要轻轻扇，以免又破。

听话的木头人

手拿一个穿着绳子的小木人，说道：“我的木人真听话，让它往下就往下。”然后左手握着绳的上端，左脚踩住下端，说：“木人下来”，“木人站住”，随着口令，木人时而往下、时而停住，很听话。

揭秘：

木人穿绳的孔并不是直的，而是锯齿形的。绳子绷紧时，木人停；绳松时，木人落。

音乐胎教：欣赏《渔樵问答》

《渔樵问答》会让准妈妈享受安逸的时光。这是一首古琴曲，描述的是一个渔夫和一个樵夫聊天的情景，充满了自然的趣味。

你可以选择在上午听这首别有意趣的曲子。在吃过早餐之后，如果你不急着上班，就在阳台或院子里慢慢地踱着步，打开音响或随身带着耳机，听听渔夫和樵夫的“对话”。或是在黄昏，一首曲子可以轻松地将你带入惬意的田园意境。

《渔樵问答》一曲是几千年文化的沉淀。“青山依旧在，几度夕阳红”，尘世间一切芜杂，在渔、樵的问答中烟消云散。乐曲开始曲调悠然自得，表现出一种飘逸洒脱的格调，上下句的呼应造成渔樵对答的情趣、主题音调的变化发展，并不断加入新的音调，刻画出隐士豪放不羁、潇洒自得的情怀。使人仿佛看到高山巍巍，听到樵夫咚咚的伐木声。

意念胎教：感受美丽的四季

大自然是什么样的？为什么有时候暖和？有时候寒冷？胎宝宝现在略有感觉。到了下个月，他就能感知冷和热了，你可以把关于四季的童谣念给他听，让他对四季有个初步的印象。

（一）

春天到了什么叫，叫得什么咪咪笑？春天到了燕子叫，叫得桃花咪咪笑。夏天到了什么叫，叫得什么脸发烧？夏天到了知了叫，叫得石榴脸发烧。秋天到了什么叫，叫得什么香气飘？秋天到了大雁叫，叫得桂花香气飘。冬天到了什么叫，叫得什么雪里俏？冬天到了北风叫，叫得梅花雪里俏。

（二）

春天里，东风多，小燕子，搭新窝。夏天里，南风热，红太阳，像团火。秋天里，西风吹，大雁飞．黄叶飘。冬天里，北风刮，小雪花，纷纷下。

行为胎教：拍套美丽的大肚照吧

看着自己“挺拔”的大肚子，是不是特幸福？这可是人生中很骄傲的时刻，一定要将它记录下来，以后就可以和你的宝宝一起分享孕时的快乐和美丽了。

那么这个光荣的任务，自然要由准爸爸担任了。找一个阳光明媚的天气，拿起手中的照相机或者摄影机，给最亲爱的老婆拍一套“大肚子”写真吧，轻按快门的那一刻，将你的爱和幸福全部记录下来。

准爸课堂：给胎宝宝唱拍手歌

在准妈妈放松的时候，准爸爸不妨哼唱一下小时候熟悉的儿歌，和胎宝宝一起享受这愉快的时光吧。

拍手歌

（版本1）你拍一，我拍一，一个小孩穿花衣。你拍二，我拍二，两个小孩梳小辫儿。你拍三，我拍三，三个小孩去爬山。你拍四，我拍四，四个小孩写大字。你拍五，我拍五，五个小孩敲大鼓。你拍六，我拍六，六个小孩吃石榴。你拍七，我拍七，七个小孩坐飞机。你拍八，我拍八，八个小孩吹喇叭。你拍九，我拍九，九个小孩交朋友。你拍十，我拍十，十个小孩站得直。

（版本2）你拍一，我拍一，一只孔雀穿花衣；你拍二，我拍二，两只袋鼠抱口袋；你拍三，我拍三，三个小羊学爬山；你拍四，我拍四，四只麻雀偷番茄；你拍五，我拍五，五只猫咪捉老鼠；你拍六，我拍六，六只喜鹊吃石榴；你拍七，我拍七，七只小鹿找妈妈；你拍八，我拍八，八个小熊找爸爸；你拍九，我拍九，九只小猴手拉手；你拍十，我拍十，十只小猪吃甜食。

第28周

准妈妈与胎宝宝的变化

准妈妈：可以感觉到胎宝宝的迅速生长，子宫底已上升到脐上二至三横指。性格活泼的胎宝宝在准妈妈的肚子里动得越来越频繁，以致准妈妈的腹壁此起彼伏，好像是肚皮在“跳舞”。

70%的准妈妈会发现自己长了妊娠纹，但不必紧张，分娩后会渐渐变淡，有的甚至会消失。由于身体新陈代谢消耗氧气量加大，活动后易气喘吁吁。腹部向前挺，身体重心移到腹部下方，走路更要注意平衡。

胎宝宝：眼睛能睁开也能闭上了，形成了自己的睡眠周期，而且还会做梦。当他醒着的时候会自己嬉戏、踢踢腿、伸伸腰，甚至会把自己的大拇指或其他手指放到嘴里去吸吮。大脑活动非常活跃，大脑皮层表面开始出现一些特有的沟回，脑组织快速增长。

本周胎教重点

随着胎宝宝感官功能的完善，准妈妈可以和胎宝宝进行更多的语言交流，胎宝宝接受的语言刺激越多，越有利于将来的智力发展。这一时期除了汉语的交流之外，还可以增加一些外语的刺激。为了启蒙胎宝宝外语信号系统的发展，准妈妈可以朗读一些外语小短文，或是播放一些外文歌曲给胎宝宝听。要坚持以形成反复固定的刺激，这样才有实际效果。

情绪胎教：学会积极的自我暗示

良好的自我暗示是一种心理疗法。那些处于激动或者失眠、紧张状态的准妈妈，使用一些使人平静、缓和及放松的自我暗示，能调节情绪，产生良好的心理效果。由于生理反应，准妈妈的情绪起伏较大，孕早期、临近分娩时尤其如此。准妈妈对自己进行暗示，可以消除自身的不安心理。如“孕期反应是正常的，感觉虽然难受，但为了宝宝，没有什么了不起，反应很快会消失”“我太惊慌失措了，不过我能克服它”。学会自我暗示不但能起到自我解脱、自我调节、自我安抚的作用，还能使准妈妈的心理状态趋向平稳，意识和思维活动趋向缓和，从而安全健康地度过妊娠期。

行为胎教：如何缓解腰部疼痛

孕妇怎样才能缓解腰痛之苦呢？看看下面的方法吧！

- 躺下时：孕妇若为侧卧位，需把双腿一前一后弯曲起来。若为平躺位，可以先把双腿弯曲，支撑起骨盆，然后轻轻扭动骨盆，直到调整腰部舒适地紧贴床面为止。

- 起床时：最好不要由平躺位直接抬起上身，孕妇应该先侧身，用手帮助支起上身。

- 坐着时：整个臀部放在座位的中心，不要只把一半的臀部放在座位边上。坐下后，轻轻扭动腰部，将身体的重心从脊柱调整到臀部。另外，桌子和椅子的高度应该匹配，当你挺直背部时，桌子应位于肚脐以上、乳房以下。

- 走路时：孕妇应双眼平视前方，把脊柱挺直，并且身体重心要放在脚跟上，让脚跟至脚尖逐步落地。上楼梯时，为保持脊柱依然挺直，上半身应向前倾斜一些，眼睛看上面的第三至第四节台阶。

语言胎教：读一读《三字经》

宝宝咿呀学语时，大人们喜欢让宝宝背诵经典的启蒙读物——《三字经》，那么，何不将这件有意义的事提前到胎儿期呢？

三字经（原文节选）

人之初，性本善。性相近，习相远。苟不教，性乃迁。教之道，贵以专。昔孟母，择邻处。子不学，断机杼。窦燕山，有义方。教五子，名俱扬。养不教，父之过。教不严，师之惰。子不学，非所宜。幼不学，老何为。玉不琢，不成器。人不学，不知义。为人子，方少时。亲师友，习礼仪。香九龄，能温席。孝于亲，所当执。融四岁，能让梨。弟于长，宜先知。首孝悌，次见闻。知某数，识某文。一而十，十而百。百而千，千而万。三才者，天地人。三光者，日月星。三纲者，君臣义。父子亲，夫妇顺。曰春夏，曰秋冬。此四时，运不穷。曰南北，曰西东。此四方，应乎中。曰水火，木金土。此五行，本乎数。十干者，甲至癸。十二支，子至亥。曰黄道，日所躔。曰赤道，当中权。赤道下，温暖极。我中华，在东北。曰江河，曰淮济。此四渎，水之纪。曰岱华，嵩恒衡。此五岳，山之名。曰士农，曰工商。此四民，国之良。曰仁义，礼智信。此五常，不容紊。地所生，有草木。此植物，遍水陆。有虫鱼，有鸟兽。此动物，能飞走。稻粱菽，麦黍稷。此六谷，人所食。马牛羊，鸡犬豕。此六畜，人所饲。曰喜怒，曰哀惧。爱恶欲，七情具。青赤黄，及白黑。此五色，目所识。酸苦甘，及辛咸。此五味，口所含。膻焦香，及腥朽。此五臭，鼻所嗅。匏土革，木石金。丝与竹，乃八音。曰平上，曰去入。此四声，宜调协。高曾祖，父而身。身而子，子而孙。自子孙，至玄曾。乃九族，人之伦。父子恩，夫妇从。兄则友，弟则恭。长幼序，友与朋。君则敬，臣则忠。此十义，人所同。

美学胎教：学做小风铃

在孕期用巧心思给肚子里的胎宝宝做一些你平时没有时间做的手工，能够通过信息传递的方式，促进胎宝宝大脑发育。因为手指的动作精细、灵敏，可以促进大脑皮层相应部位的生理活动，提高人的思维能力。准妈妈在制作小风铃的过程中，还能静下心来充分放松心情。

用料：废弃光盘、绳子，小铃档、蝴蝶结等小装饰。

制作：准备光盘数张，把每张光盘两头各烫一个孔。然后用绳子把光盘一张接一张穿在一起。在底下系一个小铃挡，上面装饰一个蝴蝶结，就变成了一个别致的风铃。

你可以将这个漂亮的小风铃保存好，将来挂在小宝宝的床头，叮叮当当的，小宝宝肯定会很喜欢。

营养胎教：科学补钙有窍门

胎宝宝骨骼和牙齿的钙化在母体内已经开始，出生时全部20个乳牙已经形成。早期胚胎的钙很少，妊娠后期有多量钙的蓄积。母体中等程度或短时间缺钙对胎宝宝无影响。钙可以从母体骨骼中移至胎体。但是如果母体严重缺钙，或时间较长，胎宝宝就不能正常发育和骨化。那准妈妈如何补钙呢？

吃含钙高的食物

牛奶、酸奶、奶酪、芝麻粉、杏仁、酸柚、骨粉、绿色宽叶蔬菜、豆类（尤其是大豆）等。

掌握多获取钙的生活窍门

把骨头或鸡蛋壳放在醋或柠檬汁中浸泡几小时，然后将汁放进汤或其他食物中；用骨头做汤时加入少许醋、柠檬或番茄；把鸡蛋壳磨成粉混合在食物中；把玉米浸泡在酸柚中；每天尽量晒至少15分钟的太阳，记住，不只是出门就可以啦，太阳一定要晒在皮肤上。

音乐胎教：欣赏《诸神之诗》

这首曲子的作者姬神是日本电子音乐界的大师，他的音乐具有“治愈”的功能。姬神用音乐的权杖为现代人祈祷，用纯粹的电子合成器，表达着人类最原始的赞颂。他的音乐，总是充满了优美动人的旋律，充满了感性的抒情性。音乐中虔诚的赞颂伴随着优美动人的旋律，能够抚平准妈妈心中的烦躁，就像一泓清泉潺潺地流过心田，让准妈妈体会到宁静、虔诚、感恩。另外，如果你是姬神的忠实粉丝的话，也可以找一下姬神的专辑，在分娩的时候也许就有一首能够用来减轻阵痛。《诸神之诗》这首曲子，不仅可以让准妈妈心情更加平和，还可以让她充满感恩之心，感悟现在的幸福生活，感觉天使宝宝的到来，这种特有的氛围让胎宝宝很是喜欢。

准爸课堂：协助妻子数胎动

胎动是准妈妈同胎宝宝在感觉上的一种早期联系。母体主观感觉的胎动，是胎宝宝发育存活的标志之一。所以，丈夫帮助妻子数胎动，是监护胎宝宝发育和健康状况的手段之一，也是家庭生活中的母—子—父“三角感情”关系开始逐渐形成的表现。一般地说，正常胎动持续在20～30次/12小时，异常的在20次/12小时以下。

数胎动的方法

- 丈夫将两手掌放在妻子的腹壁上，可感觉到胎宝宝有伸手、蹬腿样活动。
- 采用胎宝宝家庭监护仪，将探头放在妻子的腹部，通过耳机鉴定，从发现有胎动开始，最好每天早晨、午后、晚上各数一次，每次数1小时，然后将3小时的胎动次数相加乘以4就可以代表12小时的胎动次数了。如果每天不能数3次，则至少每天数1小时，即于晚上20时以后数1小时。

孕8月胎教

宝宝快速长大，反应能力进一步增强

第29周

准妈妈与胎宝宝的变化

准妈妈：从怀孕29周到怀孕40周，理论上被称为孕晚期。大多数准妈妈在这一阶段将增重5千克左右。这个阶段也可能更长一些，延长到42周。如果妊娠超过42周，一般都会实行催产，以免胎宝宝发生其他危险。不规则的宫缩在这一阶段也时有发生，你会觉得肚子偶尔会一阵阵地发硬发紧，这是正常的。走路多一些或身体疲劳时更易发生，因此要注意休息，不要走太远的路或长时间站立。

胎宝宝：现在的胎宝宝已经会睁开眼睛，并把头转向准妈妈子宫壁外透射进来的光源，这就是胎宝宝的“向光性”。胎宝宝的皮下脂肪已初步形成，皱皱的皮肤也变得平滑了。

本周胎教重点

进入第29周后，胎教素材要更加丰富多彩，不仅要绘声绘色地为胎宝宝讲故事，听好听的音乐，也要讲解音乐的创作背景和主题，如果准妈妈对音乐有研究，还可以讲讲配器、韵律，让胎宝宝的知识架构更全面。如果有条件，每天为胎宝宝放一些旋律优美的英文歌曲，或者英文儿歌，加强对外语启蒙的力度，在他的记忆还是一张白纸的时候，给他与众不同的礼物，让他以后走得更稳、更快。

情绪胎教：两招让心情转忧为乐

下面为准妈妈提供2种自我宣泄，保持快乐的好方法。

谈天说地愉悦心情

孕期很容易出现情绪波动，所以准妈妈要增强心理承受能力，学会控制自己的情绪，与丈夫、亲人、邻居、同事谈天说地，多多交流。既能够保持和谐的人际关系，还有助于保持良好的情绪。同时，准妈妈如果能经常与情绪积极乐观的朋友交流，他的乐观态度和情绪会给你带来很多正面的影响，让你也充分感受到快乐和乐观积极的情绪。

逛街购物转移烦恼

都说“血拼”是女人发泄情绪的好方法，准妈妈也不例外。当心情不快、倍感沮丧的时候，准妈妈不妨逛街去！买几件新衣服，或享受一顿美食，也可给未出世的宝宝买些可爱的小物件，这些都会给生活带来新鲜感，改变沮丧的心情。当然，逛街购物最好选择人少的时间段且结伴而行，开心的同时也要注意安全哦！

运动胎教：要坚持散步

有很多准妈妈在临产前不愿外出，不去散步，这样不对，只要身体可以，准妈妈在临产前还要坚持散步，这对分娩大有帮助。当然，这个时候身体沉重，参加体育活动困难，散步可起到锻炼身体的作用。

- 准妈妈肌肉的力量通过散步得到加强，同时还可以帮助骨盆运动，这都有助于减轻准妈妈分娩时的疼痛。
- 准妈妈散步可改善脚部的血液循环，并可促进全身的血液循环，使胎宝宝血液供应更充足，使准妈妈身体更健康。
- 准妈妈通过散步，可刺激脚下的诸多穴位，而调理脏腑功能，可帮助准妈妈健身祛病，对减轻脚部和下肢浮肿也有利。
- 准妈妈散步可安定神经，增加肺部换气功能，帮助消化、吸收和排泄。
- 准妈妈散步到室外，可吸收新鲜空气，有利母子健康。

美学胎教：欣赏风景画

展现大自然美丽风光的风景画，是美学胎教的最好素材之一。在欣赏美丽风景的同时，还可以给准妈妈带来愉快的心理享受。

比如，英国具有独创性的风景画家康斯坦布尔的名作《干草车》，画中蔚蓝的天空，广袤的原野，清澈的河水，冒出炊烟的小屋……让我们仿佛闻到了夏季田间那潮湿的草木气息，悠然神往那恬静安适的田园生活。

再比如，俄罗斯巡回画派画家列维坦的代表作之一《三月》，它表现了大自然从冬眠中苏醒时的早春景象。阳光充满了整个画面，雪水从房檐滴落下来，路边正在融化的积雪显得有些耀眼，画面明亮、洁净、清新，让人精神振奋。

营养胎教：孕晚期多吃点什么

妊娠晚期，胎宝宝体重增加最快，并要在体内储存一定量的营养物质为出生后宝宝独立生活做好准备。所以要求准妈妈在此期间食物要更丰富，质量要更好。

此时可多吃核桃、葵花籽、黑芝麻、花生仁等。这类食物不饱和脂肪酸和锌的含量比较丰富，可减少皮肤病的发病率，锌还能促进胎宝宝生长发育。为防止准妈妈和宝宝贫血，准妈妈在怀孕晚期要多吃含铁、维生素B、叶酸丰富的食物，如肝、蛋黄、黑木耳、紫菜、海带、豆制品、青菜等。牛奶、水果、核桃还可以使宝宝皮肤细腻白嫩。

通过饮食可能会矫正遗传的缺陷，如父母身体矮小，则在孕期多吃含钙及维生素D丰富的食物，如牛奶、肝、虾皮、鱼汤、骨头汤、豆制品等，可使胎宝宝发育快，有利出生后长高。

音乐胎教：欣赏《蓝色的多瑙河》

《蓝色的多瑙河》圆舞曲是著名的音乐家小约翰•施特劳斯的代表作之一。在乐曲的开始，准妈妈听到的是小提琴舒缓的乐声，就像黎明时分轻轻吹过多瑙河的微风；接着，圆号吹出一个充满希望的音调，仿佛晨曦落在宁静的多瑙河上，黎明就这样来了。音乐生机盎然，安谧宁静。第二部分是序引的小高潮，这个由木管乐器演奏的活泼清新的旋律，配以典型的圆舞曲律动，如河水拍岸，生机勃勃，使人振奋。准妈妈可以边听音乐边想象蓝色多瑙河美好的意境，想得越真切，腹中的宝宝越容易感受到。

这首乐曲就像一首美丽的诗歌，准妈妈可以把在音乐中感受到的美通过诗歌传递给胎宝宝。

你多愁善感，你年轻，美丽，温顺好心肠，犹如矿中的金子闪闪发光，真情就在那儿苏醒，在多瑙河旁，美丽的蓝色的多瑙河旁。

香甜的鲜花吐芳，抚慰我心中的阴影和创伤，不毛的灌木丛中花儿依然开放，夜莺歌喉婉转，在多瑙河旁，美丽的蓝色的多瑙河旁。

准爸胎教：和胎宝宝对话的原则

对话的内容不限，可以问候，可以聊天，可以讲故事，朗诵诗词，唱歌等，但应以简单、轻松、明快为原则。

每天就寝前可以由准爸爸通过准妈妈的腹部轻轻地抚摸腹中的胎宝宝，并进行对话："哦，小宝宝，爸爸来啦，这是小脚丫，这是小手，让爸爸摸摸。啊！会蹬腿了，再来一个……再见。"胎宝宝特别喜欢父亲的声音，因为男性的声音低沉、浑厚。心理学家特别指出，让父亲多对胎宝宝讲话，不仅增加夫妻间的恩爱，共享天伦之乐，还能将父母的爱传到胎宝宝那里，这对胎宝宝的情感发育有很大的好处。

与胎宝宝对话，最好每次都以相同的词句开头和结尾，以加深记忆，这样循环发展，不断强化，效果会很好。

第30周

准妈妈与胎宝宝的变化

准妈妈：会感到身体越发沉重，肚子大得看不到脚面，行动越来越吃力，因此更要多加小心。有些准妈妈会出现妊娠高血压、贫血、静脉曲张等症状，应及时就医。进入孕晚期，白带增多，要注意保持外阴清洁卫生。孕晚期胎宝宝的营养需求达到了最高峰，这时准妈妈需要摄入充足的蛋白质、维生素C、B族维生素和铁。

胎宝宝：现在胎宝宝约1.5千克，长约37厘米。如果是男宝宝，睾丸正在向阴囊下降，如果是女宝宝，阴蒂已很明显。这周胎宝宝眼睛可以自由开闭，能看到子宫中的景象，能辨认和跟踪光源。大脑的发育也非常迅速。皮下脂肪继续增长。胎宝宝的骨骼、肌肉和肺部发育正日趋成熟。

本周胎教重点

现在胎宝宝取得的进步都是前期胎教的结果。准妈妈在这个过程中起到了至关重要的作用，这段时间，付出的爱、耐心和时间都将换来回报，那就是你的宝宝很出色。越到后期，胎教的形式越应该多样化，因为父母与宝宝之间已经建立了深厚的感情基础，与他的交流日益成为一种习惯，胎宝宝对这些有益的信息和刺激，已形成条件反射，在无形中，增进了胎宝宝的思维能力发展。

运动胎教：学做矫正胎位的运动法

怀孕8个月以后，如果准妈妈的胎位不正就要赶紧纠正了。一般来讲，纠正胎位有以下两种方法，无论采取哪一种方法，都要遵循1天做1次，1次做3分钟的原则。在做胎位纠正的过程中，准妈妈要避免持续睡在同一边，要经常性地换着方向睡。

- 胸膝运动。胸膝运动要求准妈妈俯卧，双肩朝下，抬高臀部，将胸部和膝盖的部分贴近地面。
- 拱形运动。拱形运动是要把棉被叠起来，让自己的身体呈现拱形躺在棉被上。

坚持做这两项运动，慢慢地就可以把不正确的胎位给矫正过来。如果做过一段时间之后，还没有效果或者做完后身体觉得有问题，就要借助于医生的帮助来矫正。

语言胎教：《小蝌蚪找妈妈》

这个故事准妈妈可能在小学课本中学到过，现在就请你绘声绘色地讲给胎宝宝听吧。

暖和的春天来了，池塘里的冰融化了，柳树长出了绿色的叶子。

青蛙妈妈在泥洞里睡了一个冬天，也醒来了。她从泥洞里慢慢地爬出来，伸了伸腿，扑通一声，跳进池塘里，在碧绿的水草上，生下了许多黑黑的、圆圆的卵。

春风吹着，阳光照着，池塘里的水越来越暖和了，青蛙妈妈生下的卵，慢慢地活动起来，变成一群大脑袋、长尾巴的小蝌蚪。

小蝌蚪在水里游来游去，非常快乐。

……

青蛙扑通一声跳进水里，带着小蝌蚪一块儿游玩去了。

后来小蝌蚪长大了，变成了小青蛙。小青蛙常常跳到岸上捉虫吃，还快活地唱着："呱呱呱，呱呱呱，我们长大啦！我们长大啦！我们会捉虫，捉尽了害虫，保护庄稼。"

营养胎教：最佳食谱推荐

火腿冬瓜汤

【材料】

火腿肉50克，冬瓜250克，植物油、味精、葱花各适量。

【制法】

* 将冬瓜去皮、去瓤洗净，切片。将火腿切成薄片。
* 把炒锅置火上，放油烧热，下葱花炸香，放入适量清水，煮沸后下冬瓜片，煮至酥软，加火腿片、盐，继续煮3-5分钟，放味精，盛入汤碗内即成。

【推荐理由】

火腿冬瓜汤味道鲜香，还可以清热解毒，利水消肿，生津止渴，润肺化痰，解暑。对水肿、脚气、胀满、喘咳、暑热烦闷等病症有一定疗效。尤其适合妊娠期水肿的准妈妈食用。

牛肉萝卜汤

【材料】

牛肉150克，白萝卜200克，香菜末、姜末、小苏打、淀粉、香油、盐、鸡精各适量。

【制法】

* 将牛肉洗净，切成薄片，放入碗中，加小苏打、少许盐、姜末和淀粉拌均匀，使之入味；白萝卜洗净，切成薄片。
* 用大火将水烧开，放入白萝卜片煮开，煮至白萝卜透明后下牛肉片搅散，再开锅即关火，加盐、香油和鸡精调味，撒入香菜末即可。

【推荐理由】

白萝卜含有粗纤维，具有促进消化、增强食欲、加快胃肠蠕动和止咳化痰的作用。牛肉含有丰富蛋白质、矿物质和B族维生素（烟酸、维生素B_1和维生素B_2），牛肉蛋白质所含的人体必需氨基酸很多，所以它的营养价值很高。牛肉还是人体每天所需铁质的最佳来源。孕期准妈妈吃牛肉有健脾益肾、补气养血和强筋健骨等功效。

美学胎教：巧妙处理，还你完美肤色

由于准妈妈的黑色素代谢缓慢，面部大多会长黑斑。尤其是怀孕的中后期，准妈妈的皮肤变得敏感，对紫外线的抵抗力更弱，容易在额头和两颊出现黄褐斑。没有准妈妈愿意让亲朋好友看到自己的容颜失彩，到底怎么办才好呢？

- 处理黄褐斑和蜘蛛斑的最好方法就是用不含汞和维甲酸的肤色遮瑕膏加以掩饰，比如一些药妆品牌。
- 在出门会客前，可使用一些纯矿物质、不含油质的哑光散粉，来遮盖脸上的痘痘，如果皮肤油性很大，可以考虑用吸油纸，并注意及时补妆。
- 即使在冬天，出门时也一定要记得涂上防晒霜，并戴好遮阳帽、太阳镜，打遮阳伞。

音乐胎教：*You raise me up*

You raise me up的原唱Brian Kennedy是一位拥有性感而纯净的天籁嗓音的男人。他出生于贝尔法斯特，被称为“最佳爱尔兰男歌手”。

Secret Garden（神秘园）是这首歌曲的创作者，这首歌也的确是典型Secret Garden的风格：那浑厚的男声能让人彻底沉迷，间奏的风笛更是让人沉浸在音乐之中；作为少有的励志和感恩音乐，最后的合唱气势磅礴，坚定有力。

准妈妈可以在听的同时慢慢跟着音乐哼唱，或者让准爸爸唱给你听。这首歌曲会让准妈妈心怀感恩，内心宽广，心态积极向上，而妈妈孕期的性格或多或少会遗传给宝宝，因此准妈妈这种宽容淡然的情绪，对宝宝情绪培养很有好处。而且此时准妈妈的内分泌系统分泌的激素能调节生理平衡，给宝宝提供很好的发育环境。

准爸课堂：为母子选择合适的书看

每个人都会被一些优美的言语、引人入胜的文学作品所吸引，因为从中我们可以感受到大自然母亲般的胸怀，从书中对人世间一切美好事物的描写中体会到世界的温馨。这不仅可以使准妈妈本身得以充实、丰富，同时熏陶了腹中的宝宝，而且还会促进宝宝健康成长。

那么，准妈妈都适合看什么书呢?

孕产期读物或育儿书籍

由于初为人母，很多妈妈不知道如何面对即将出生的宝宝，也不知道在孕产期都有哪些注意事项。相关内容的书籍，能让准妈妈从中找到很多关于育儿方面的知识，其可以帮助准妈妈顺利、愉快地度过孕产期，做好当妈妈的准备。

优美的文学作品

优美的文学作品是最好不过的选择了，里面优美的语言，脱俗的意境可以培养准妈妈良好的情操，还可以刺激胎宝宝大脑发育。研究表明，孕期阅读优美散文的妈妈，宝宝的大脑发育程度要优于其他胎宝宝。

令人心情愉悦的书籍

除了孕产期读物和文学作品外，准妈妈还可以看一些平时自己喜欢，能令自己身心愉悦的书籍。如果喜欢建筑，就读一些建筑类的作品；喜欢时尚，就多读时尚读物；喜欢幽默，就可以多看些令人捧腹的幽默故事或笑话。因人而异，只要能让准妈妈感到快乐和满足的书籍，都适合阅读。

第31周

准妈妈与胎宝宝的变化

准妈妈：会感到呼吸越发困难，喘不上气来。子宫底已上升到了横膈膜下，吃下食物后总是觉得胃里不舒服，因此也影响了食欲。这时最好少吃多餐，以减轻胃部的不适。可能会像孕早期一样频繁地去上厕所，因为子宫不断长大，膀胱被挤得更小了。

胎宝宝：现在胎宝宝的肺部和消化系统已基本接近成熟，体重增加迅速。但随着胎宝宝增大，他在子宫内的活动空间将越来越小了，胎动也有所减少。这周胎宝宝的眼睛时开时闭，能够辨别明暗，跟踪光源。小家伙皮下脂肪更加丰富，皱纹减少，看起来更像初生婴儿了。他喝进去的羊水已经可以经过膀胱排泄在羊水中，这是在为出生后解小便的功能进行锻炼。

本周胎教重点

准妈妈此时应该更加全面的认识到音乐对胎宝宝智能发展的重要性，伴随着优美的音乐旋律，胎宝宝会在妈妈的肚子里产生舒缓的有节奏的胎动，宝宝情绪高昂，绽放笑容，这些都会对胎宝宝的智力发展起到积极的作用。

同时，孕晚期的胎宝宝更喜欢有韵律的声音刺激。所以这时候准妈妈可以随时给你的宝宝朗读一些幽默小笑话或琅琅上口、节奏抑扬顿挫的文学作品，在宝宝还未出生就打下良好的语言基础。

情绪胎教：童言童语逗人乐

准妈妈来读几个让你捧腹的有关可爱宝宝的笑话吧！

那个大胆小鬼

一个电闪雷鸣，暴雨倾盆的夏夜，年轻的母亲哄她的小男孩上床睡觉。就在她准备关灯离开的时候，小男孩用颤抖的声音问："妈妈，今天晚上你能在这里陪我睡觉吗？"

妈妈微笑着拥抱了一下儿子，安慰了他一会儿，回答说："不行，宝宝，妈妈要去爸爸的房间里睡觉。"小男孩不吭声了，过了一会儿，小声地嚷嚷："那个大胆小鬼。"

头发上面是什么

父亲教儿子，当教到"天"字时，为了加深宝宝的印象，他就问："你头顶上是什么？"

儿子想了想说："头发。"

"头发上面呢？"

"屋顶。"

"屋顶上面呢？"

"瓦片。"

父亲火了，一拍桌子："笨蛋，你好好看看，上面到底还有什么？？

儿子吓得"哇"地哭了："还有……还有小鸟在飞……"

营养胎教：治疗水肿的小食谱

- 将大米2两、绿豆1两淘净，加水适量，煮至快熟烂时，加入洗净、切碎的鲜猪肝2两，待猪肝熟透后即可食用，不宜加盐。隔日1次，连服5～7次。
- 取重250克的活鲤鱼1条，去内脏，加黑木耳30克及适量水、油、盐煮熟吃，每隔5天吃1次。
- 取黑豆、大蒜、红糖各1两，放火锅内，加水适量，用小火煮至黑豆熟透后即可服用，每日1次，连用5～7次。
- 取糯米糠、小麦芽各等量，磨成粉末做成团子，蒸熟食之，每天吃3～5个，连食7天。

语言胎教：唱动物数字歌

将来你会发现，宝宝对动物有着特别的兴趣，用动物来让小宝宝熟悉数字，他们会更容易接受。因此，现在不妨将一些动物卡片作为胎教素材，同时，基于胎宝宝了不起的听力，给他绘声绘色地读一读童谣，再描述一下小动物们都长什么样子。

一只小猪肥又壮，一盆食儿全吃光。两只蜜蜂采蜜忙，两朵鲜花把头昂。三只小兔来吃饭，三个萝卜他们尝。四只小猫做游戏，四个皮球拍得响。五只母鸡咯咯嗒，五个鸡蛋大家尝。六只青蛙捉害虫，六条虫子进肚囊。七条春蚕吐丝忙，七个茧房亮堂堂。八只蚂蚁在搬家，八粒白米搬进仓。九只小鸭来游水，九条小鱼水中藏。十只小鸟爱劳动，十个小窝搭得棒！

美学胎教：十字绣

十字绣是一种古老的民族刺绣，具有悠久的历史。由于各国文化不尽相同，随着时间的推移，十字绣在各国的发展也都形成了各自不同的风格，无论是绣线、面料的颜色还是材质、图案，都别具匠心，所以是很好的美学胎教内容。准妈妈闲暇之余绣绣十字绣，比如卡套、钥匙扣或者靠枕，不仅简单实用，还能平静心境。

准妈妈在挑选十字绣时，应该选择质量好的十字绣：绣图正规，说明详细，而且不容易掉色。

音乐胎教：欣赏《糖果仙子》

《糖果仙子》是世界著名的芭蕾舞剧《胡桃夹子》中第二幕的舞曲。这首曲子的背景是在一个圣诞节的晚上，剧中的小女孩梦见自己的圣诞礼物——胡桃夹子正在和老鼠大军战斗，就在老鼠大军将要胜利的时候，小女孩拿起自己的拖鞋向老鼠扔了过去，因此打败了老鼠军队。这时候，胡桃夹子变成了一位英俊的小王子。王子为了答谢小女孩的救命之恩，就带她去到一个由各种糖果做成的“糖果王国”的宫殿中，享受各种美味可口的糖果。而《糖果仙子》正是小仙子们为了欢迎小女孩所跳的舞蹈……

准妈妈在享受音乐的同时，也可以在脑海中想象一下美丽的仙子们跳舞的情形，那应该是多么的美啊！然后再将这些画面与自己的胎宝宝联系在一起，想象一下宝宝的样子，将这份糖果般甜蜜的感觉也传递给腹中的胎宝宝。

意念胎教：在音乐中畅想

一般人在欣赏音乐的时候，往往只满足于感官的欣赏，也就是说，仅仅满足于悦耳动听、轻松愉快。其实只有这些是不够的，音乐是一门艺术，作为一种艺术享受，它需要加入丰富的感情色彩。

在听觉器官接受音乐的同时，根据不同的乐曲在人们心理上、情感上产生的不同反应，可以引起不同的联想，诗情画意的景象会翩然而至，在头脑中形成一幅幅具体的形象。例如，蓝天、白云和草地上奔跑的山羊；高山、峻岭和山谷中静静流淌的小河；夜幕下，月亮时隐时现；摇篮旁，幸福慈爱看着宝宝的母亲。这些都是我们所说的“感情色彩”。显然，这种感情与单纯的感官享受相比，效果更好，更适合给胎宝宝做胎教。

准爸课堂：给妻子最细微的呵护

准爸爸在孕晚期对准妈妈的呵护关键在一些细节噢！

帮她洗脚、剪脚指甲

怀孕8个月，准妈妈的肚子会大到看不见自己的脚，这就会使一些需要弯腰去做的事变得难以实施了，比如洗脚和剪脚指甲。

准爸爸每天准备好一盆热水，帮妻子舒舒服服泡个脚，再帮她擦干，定期修剪脚指甲，既解决了妻子面临的难题，又能让妻子倍感欣慰，何乐而不为呢？

帮她穿衣、系鞋带

有些准妈妈装，特别是准妈妈裙都是在背后有个拉链。行动越来越“笨”的准妈妈想要自己拉好拉链还是挺吃力的，系鞋带也同样有难度。

体贴的准爸爸这时如能主动上前帮妻子的忙，一定会让她心情大好。关键是要主动，别总是等着妻子要求你做这做那。

一起走路时搀扶她

准爸爸有力的臂膀是妻子此时最大的靠山，随时随地搀她一把，让她因为有你而感觉到安全、舒适，在一生中的任何时刻你们都应该这样相持相扶。

她翻身时助她一臂之力

到孕晚期，准妈妈睡觉可不是件舒服的事。翻身变得越发有难度，要么是身子先过去，再把肚子挪过去；要么是肚子先过去，身子再跟过去；甚至干脆翻不过去。这时，身边再有个只顾自己呼呼大睡，对妻子的困难一无所知的准爸爸，那份心情可想而知。

所以，这一时期的准爸爸就要牺牲一点自己的睡眠了，警醒一些，多留意身边的妻子，适时帮她翻个身，别让她今后提起这件事就有的说。

第32周

准妈妈与胎宝宝的变化

准妈妈：由于胎宝宝的快速发育，准妈妈会感到明显的下腹坠胀。这时一定要坚持每2周一次的体检，如果有头痛、恶心、腹痛、发烧等症状，一定要及时去医院检查。

胎宝宝：32周的胎宝宝身长约44厘米，体重约1.8kg。此时胎宝宝的各个器官继续发育完善，肺和胃肠功能已接近成熟，已具备呼吸能力，能分泌消化液，近成熟。除此之外，胎宝宝已经长出一头的胎发，但头发稀少，不过胎宝宝出生后头发的浓密稀疏并不取决于这时候头发的密疏。另外胎宝宝的指甲已经长到了指尖。虽然他继续坚持练习睁眼、闭眼，但每天有90%~95%的时间是在睡眠中度过的。

本周胎教重点

继续加强语言训练，让胎宝宝更熟悉爸爸妈妈的声音。另外，此阶段要增加胎宝宝对美的感受力，培养宝宝去审视生活中的美，多带宝宝去欣赏美好的事物，配合着语言的讲解，加强宝宝对美的理解，让宝宝拥有一双善于发现美的眼睛和一颗敏锐捕捉美的心。很多民间的传统艺术是很好的美学胎教内容，比如苏杭的刺绣、河北的皮影……

情绪胎教：听《幸福在哪里》

这首儿歌节奏很轻快，曲子很唯美。听到这首欢快节奏的乐曲，妈妈的情绪肯定会无比喜悦，并陶醉其中。

幸福在哪里呀，朋友呀告诉你：它不在柳荫下，也不在温室里。它在辛勤的工作中，它在艰苦的劳动里。

啊！幸福，就在你晶莹的汗水里。啊！幸福，就在你晶莹的汗水里。幸福在哪里呀，朋友呀告诉你：它不在月光下，也不在睡梦里，它在辛勤的耕耘中，它在知识的宝库里。

啊！幸福，就在你闪光的智慧里。啊！幸福，就在你闪光的智慧里，就在你闪光的智慧里。

运动胎教：练习“扎马步”

现在，准妈妈每天仍要坚持一定的运动量，不仅可以促进胎宝宝的大脑发育，也非常有利于顺利生产。今天我们来练习一种扎马步的动作。虽然动作简单，但对于锻炼腿部肌肉却有显著效果，准妈妈现在就开始练习吧！

练习步骤

- 先做基本站立式，在感到舒适的情况下将两腿分开，两脚尖指向外侧。两手十指相交，两臂轻松地下垂。
- 弯曲两膝，慢慢将身躯向下降低。降低约30厘米后，伸直双腿恢复挺身直立的姿势。
- 再一次弯曲两膝，把身体降得比第一次还要略低一些，然后恢复挺身直立的姿势。重复6～12次。

“幸孕草”启智小TIPS

随着妊娠月份的增加，做这个练习的时候可以靠着墙或者前面放把椅子，把手搭在椅背上。同时注意臀部不要低于膝关节。

语言胎教：早操歌

有空闲时，为了让孕期运动更加快乐，可以回忆一下上学时学过的广播体操。做操时，准妈妈还可以想一些好听的童谣，一定能增添不少乐趣。

太阳公公起得早，太阳公公起得早，它怕宝宝睡懒觉，爬上窗口瞧一瞧，咦？宝宝不见了，宝宝正在院子里，一二一二做早操。

大公鸡，喔喔叫，外面的世界真美妙，
小朋友们排好队，大家快快来做操，
间隔距离要保持，大家都要准备好。
小海鸥，真勇敢，飞得高来飞得远，
我们学习小海鸥，不怕辛苦不怕难。
小花猫，喵喵叫，摇摇脑袋舔舔毛，
养成卫生好习惯，做个健康的乖宝宝。
企鹅弟弟站一排，走起路来摇又摆，
互帮互助最团结，聪明伶俐人人爱。
小猴子，真顽皮，望望东来望望西，
遵守规则不胡闹，快快乐乐做游戏。
大象伯伯慢慢走，伸伸鼻子扬扬头，
见到老人问个好，大家夸我有礼貌。
小青蛙，呱呱叫，妈妈、妈妈不见了，
我们一起帮助它，找到妈妈哈哈笑。
小黄莺，高声叫，小朋友们齐欢笑，
天天锻炼身体棒，我们的世界真美好。

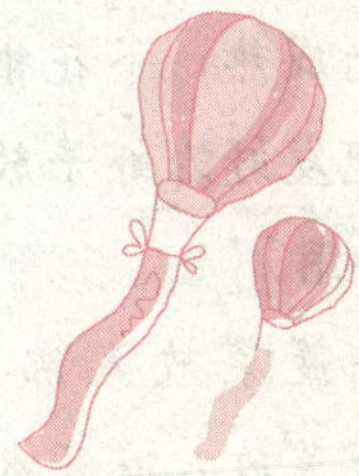

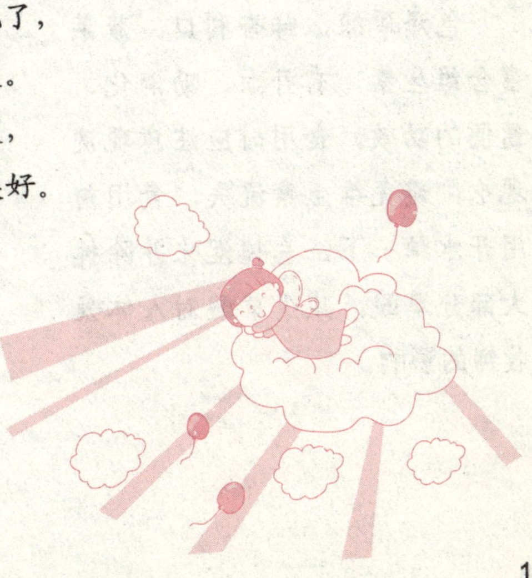

营养胎教：最佳食谱推荐

炝虾子菠菜

【材料】

菠菜500克，水发虾子5克，花生油10毫升、香油、盐、味精、花椒各适量。

【制法】

- 将菠菜择洗干净，切段。
- 炒锅上火，放入花生油使其烧至七成热，下花椒炸香后捞出，再把发好的虾子放入油锅中氽一下备用。
- 将菠菜放入沸水锅内略焯，把菠菜放入凉开水后捞出，挤干水分，放入盘内，加入盐、味精、香油和炸好的虾子花椒油，拌匀即成。

【推荐理由】

色泽翠绿，鲜香利口。菠菜富含维生素，有补血、助消化、通便的功效。食用时应注意现洗现吃，避免维生素流失；食用前用开水焯一下，去掉涩味并除掉大部分草酸，减少草酸对人体吸收钙的影响。

雪里蕻烧豆腐

【材料】

水豆腐300克，雪里蕻50克，植物油、酱油、白糖、味精、鲜汤、淀粉、葱花、香油各适量。

【制法】

- 豆腐切成小长方条，摆在盘中。雪里蕻洗净后用热水烫一下，切成碎末。
- 将切好的豆腐上屉蒸5～10分钟取出，去净水分。炒锅加植物油，油热时投入葱花炝锅，然后把雪里蕻炒片刻，添鲜汤，加酱油、白糖，再把豆腐从盘中轻轻推入炒锅中，待汤沸后，用文火再煨烧一会儿，加味精，调好口味，用淀粉勾芡，点香油即可食用。出锅时要轻轻装，以保持豆腐条形状整齐。

【推荐理由】

软滑鲜嫩，清淡爽口，滋味甚美。

音乐胎教：欣赏《四季》

除了用语言给胎宝宝描述美丽的四季，准妈妈也可以给胎宝宝听一曲美妙的古典音乐，同样是描述四季美丽的景色。

这首曲子与其他曲子一样，是供你和胎宝宝选择的，你可以选在春风拂面的清晨，也可以选择在夕阳西下的美丽黄昏。静静地用心听着音乐，与胎宝宝一起静静地感受。

《四季》的标题分别为《春》《夏》《秋》《冬》，其中以《春》的第一乐章（快板）最为著名，音乐展开轻快愉悦的旋律，使人联想到春天的郁郁葱葱；《夏》则出乎意料之外，表现出的夏天略显疲乏；《秋》描写的是收获季节中，农民们饮酒作乐、庆祝丰收的快活景象，曲调欢快活泼；《冬》描写人们走在冰上滑稽的姿态，以及由炉火旁眺望窗外雪景等情景，最后作曲家维瓦尔第以“这是冬天，但这样的冬天带来欢乐”。

准爸课堂：掌握对胎宝宝有用的招呼用语

准爸爸别忘了和胎宝宝打招呼，这会让胎宝宝在腹中就能体会到爸爸浓浓的爱意，下面介绍一些对胎宝宝有用的招呼用语。

一般用语

“宝宝”“你好”“早安”“再见”“你早，宝宝”“晚安，我的宝宝”等。

复杂一些的用语

起床时：“早上好！可爱的小宝宝”等。

吃饭时：“小宝宝，吃饭喽，看看今天爸爸为你们娘儿俩准备了什么好吃的”等。

开门回家时：“我们回家啦，小宝宝”等。

下班时：“乖乖，爸爸回来了”等。

带情节的用语

“小宝宝，现在是早晨，天气晴朗，一会儿爸爸去上班了，你跟着妈妈要听话，下班爸爸再给你讲故事。”

“今天是星期天，是休息日，爸妈带你去公园，呼吸新鲜空气，好吗？”

孕9月胎教

预见幸福的曙光，宝宝就要出生啦

第33周

准妈妈与胎宝宝的变化

准妈妈：可能会感到骨盆和耻骨联合处酸疼不适，有的准妈妈还会感到手指和脚趾的关节胀痛，全身的关节和韧带逐渐松弛，腰痛加重。这些现象标志着胎宝宝在逐渐下降，是在为分娩做准备。不规则宫缩的次数增多，腹部经常阵发性地变硬变紧。外阴变得柔软而肿胀。

胎宝宝：皮下脂肪较以前大为增加，皱纹减少，身体开始变得圆润。呼吸系统、消化系统的发育已近成熟。有的已长出了一头胎发。指甲已长到指尖，但一般不会超过指尖。

如果是男孩，睾丸很可能已经从腹腔降入了阴囊，如果是女孩，她的大阴唇已明显隆起，这说明胎宝宝的生殖器官发育接近成熟。

本周胎教重点

越到快要冲刺的时候，准妈妈是不是越有点不安和紧张呢？从胎教的角度来说，准妈妈始终如一地保持一种平和、从容的心态，直接关系到胎儿的健康成长。这个时期，是造就宝宝良好性格的关健时期，这一切都有赖于准妈妈的好心情。

情绪胎教：期待也是一种美好

尽管怀孕让你的肚子变大，脸蛋没以前漂亮了，还要经历分娩之痛，可是在你的内心深处，感受到的还是更多的爱与幸福，你会为自己拥有这样的经历而感到自豪的。

十月怀胎，本来就是一个漫长的过程，同时也充满了期待、渴望、焦虑和美好的憧憬。仿佛自己还是一个赤脚的小天使，无论白天和黑夜，随心所欲地做着美梦，在梦里，有一只美丽的小精灵张开洁白的翅膀飞入你的怀抱，变成了你的婴儿。

10个月的历程充满了温情，你又重新有了一双眼睛，去认识了身边的人，即使有人外表冷漠，可能在冰冷的外表下却掩藏着暖人的温馨。当然，身边的人大多还是微笑的，温暖的，像春天的阳光照进你的心田。你会渐渐发现，与人交流与沟通，真的很好！

你还会惊讶地发现，自己在不知不觉中，竟然拥有了一种平静、淡定的生活态度，这不是你曾经想要拥有的东西吗？

运动胎教：锻炼胸部肌肉

锻炼胸部肌肉，打开胸腔，可以使准妈妈充分地感受到呼吸，为腹中小宝宝提供充足的氧气，还可以促进乳腺分泌，释放紧张的情绪。

练习步骤

- 采用跪坐姿势，注意保持上半身挺立。两臂向旁侧平伸，手心朝前，与肩平行。
- 深吸气的同时双手臂尽力向后张开，略仰头部，眼睛向上看。保持均匀呼吸。
- 呼气，双臂回到身体两侧，再慢慢收拢至胸前，掌心相碰，略低头，调整气息，彻底放松胸腔。

语言胎教：朗诵《再别康桥》

徐志摩的《再别康桥》是一首优美的抒情诗。它的语言清新秀丽，节奏轻柔委婉，和谐自然，伴随着情感的起伏跳跃，犹如一曲悦耳舒缓的散板，轻盈婉转，轻轻地沁入你的心脾，滋润你的心田。

再别康桥

徐志摩

轻轻的我走了，
正如我轻轻的来；
我轻轻的招手，
作别西天的云彩。
那河畔的金柳，
是夕阳中的新娘；
波光里的艳影，
在我的心头荡漾。
软泥上的青荇，
油油的在水底招摇；
在康河的柔波里，
我甘心做一条水草！
那榆荫下的一潭，
不是清泉，
是天上虹；
揉碎在浮藻间，
沉淀着彩虹似的梦。
寻梦？撑一支长篙，
向青草更青处漫溯；
满载一船星辉，
在星辉斑斓里放歌。
但我不能放歌，
悄悄是别离的笙箫；
夏虫也为我沉默，
沉默是今晚的康桥！
悄悄的我走了，
正如我悄悄的来；
我挥一挥衣袖，
不带走一片云彩。

美学胎教：欣赏名画《洗澡》

这幅名为《洗澡》的画作是卡萨特19世纪90年代最好的作品，她用丰富柔和的色调让人感受到母爱的温情柔意。

作品中，将母亲的身子和手臂在画面上拉长，并把背景色彩从墙壁的暗红过渡到母亲的条纹再到地板的红棕，如此完美的衔接使色调在情绪表现中融为一体。母亲的右手握着孩子的右脚，孩子的左手按在母亲膝盖处；两人的头轻轻地挨着，母亲的右手又和孩子的右脚挨在一起。

这种色彩的呼应加上情景交融，在刻画女孩的可爱、母亲的亲昵动作的同时，更加深了对母爱的烘托。

营养胎教：最佳食谱推荐

排骨冬瓜汤

【材料】

猪排骨250克，冬瓜500克，盐、味精、胡椒粉、葱花各适量。

【制法】

* 将猪排骨洗净，剁成小块，随温水下锅后煮去血水，捞出备用。
* 把冬瓜去皮、去瓤以后洗净，切成与排骨大小相同的块。
* 把锅放在火上，放入排骨，加清水烧开后，转文火炖烂。在排骨炖至八成烂的时候，下冬瓜炖熟，加入味精、盐、胡椒粉，撒入葱花，盛入大的汤碗内即成。

【推荐理由】

此菜鲜香味美，清淡利口，含有丰富的蛋白质、脂肪、钙、维生素C及人体必需的锌、钾、硒等微量元素。冬瓜味甘淡、性凉，有清热、利水、化痰、降胃火等功效，并能抑制因胃火旺引起的贪食。

蘑菇炖豆腐

【材料】

嫩豆腐500克，鲜蘑菇50克，熟竹笋片25克，素汤汁适量，酱油、香油、盐、味精各适量。

【制法】

* 将嫩豆腐切成小块，用沸水焯后，捞出待用。注意时间不宜长，火开后立即捞出，以免老化。
* 把鲜蘑菇削去根部黑污，洗净，放入沸水中焯1分钟，捞出，用清水漂凉，切成片。
* 在砂锅内放入豆腐、笋片、鲜蘑菇片、盐和素汤汁（浸没豆腐为准），用中火烧沸后，移至小火上炖约12分钟，加入酱油、味精，淋上香油即成。

【推荐理由】

此菜含有蛋白质、脂肪、糖、钙、磷、铁、锌、铜等营养成分。豆腐味甘、性凉，具有宽中和脾，生津润燥，清热解毒的功效。营养较为全面，可满足胚胎成形对各种营养素的需求。

音乐胎教：欣赏《小狗圆舞曲》

《小狗圆舞曲》是肖邦在1846年创作的一首曲子，也是肖邦写过的最简单、最通俗、最流行的一首。

肖邦一生创作了很多首钢琴圆舞曲，而这首《小狗圆舞曲》尤其特别。它主要描写了一只喜欢追着自己尾巴打转玩耍的小狗，这也正是它名字的由来。《小狗圆舞曲》的篇幅短小而简练，又有人称它为《一分钟圆舞曲》，这当然是一种很夸张的说法。这首舞曲一共分为三段，其中前后两段遥相呼应，构成作品的主要旋律。

第一段的速度比较快，音乐十分流畅、婉转，给人一种活泼可爱的感觉，就像真的有一只小狗一边在旋转，一边在咬自己的尾巴。

中间一段显得特别抒情，歌唱性很强，也很深情，给人一种清新自然、怡人心脾的感觉。尽管只有短短的4个小节，可是旋律的层次感很强，富有表现力，显得很有格调。

最后一段是第一段的延伸与回应，它主要通过装饰来加强旋律的表现力，使原本就富有歌唱性的音乐变得更加生动、有趣。

准爸课堂：胎教以适度为原则

有些妈妈反映在对胎宝宝进行音乐胎教后，虽然出生后的宝宝显得聪明活泼，但是精力旺盛、总是不爱睡觉。在向专家询问具体的胎教方法后才了解到：原来准妈妈每天有空就把胎教器放置在腹部，胎教器不断刺激着胎宝宝。这极有可能干扰到胎宝宝的生物钟，从而出现胎宝宝出生后不爱睡觉、精力旺盛的情况。

所以，在对胎宝宝做胎教训练的时候，准爸爸一定要注意提醒准妈妈，各种胎教方法都要适量和适度。虽然胎教能够促进胎宝宝的身体和智力发育，但毕竟他还只是在母体中的一个未完全成形的小家伙，不能把他当做成熟的宝宝来对待。胎教要以适度、适量为原则，这样才能培育出健康聪慧的宝宝，如果过度过量了，将会对宝宝的智力发育和生活作息产生不良影响。

第34周

准妈妈与胎宝宝的变化

准妈妈：可能会发现脚、脸、手肿得比以前更明显了，特别是在温暖的季节或者在每天的傍晚，肿胀程度会有所加重。即使如此，也不要限制水分的摄入量，因为自身和胎宝宝都需要大量的水分。

胎宝宝：现在已经为分娩做好了准备：身体整个倒了过来，变成了头朝下的姿势，头部已经进入骨盆。不过此时姿势尚未完全固定，还有可能发生变化，需要密切关注。头骨现在还很柔软，而且每两块头骨之间还留有空隙，在分娩时经过对头部的挤压，胎宝宝便可通过狭窄的产道。

本周胎教重点

准妈妈就快要见到宝宝了，产期的临近是让准妈妈期盼和紧张的事情。不要过分担心，调整好心态，储备好精力，为分娩时刻做好准备。准妈妈要在心里这样暗示：我的宝宝已经经过严格的产检了，他一定是个非常健康的宝宝！

这种积极乐观的情绪不仅能产生有益物质，让准妈妈的身体处于最佳状态，还益于胎盘的血液循环供给，促使胎宝宝稳定地生长发育。而且，可以使胎宝宝的活动缓和而有规律，促进器官组织继续发育，尤其是脑组织的发育。

情绪胎教：童言童语逗人乐

准妈妈们来读几个让你捧腹的有关可爱宝宝的笑话吧！

写的快

老师留的家庭作业：写10行拼音字母。宝宝说："姥姥，我想想跳格写。"姥姥说："不行。"宝宝接着装可怜的样子央求道："就跳一个格。"姥姥问："为什么想跳格写呢？"宝宝很干脆地回答："写的快呀！"

把根挖掉

女儿看到爸爸天天刮胡子，就问："你为什么每天都刮胡子呢。"

爸爸说："胡子和韭菜一样，一天不刮就会长起来。"

女儿认真地说："把胡子的根挖出来不就得了。"

运动胎教：拉玛泽呼吸法（1）

从现在开始，你可以和丈夫一起练习拉玛泽呼吸法，它能帮助你缓解分娩时的疼痛。

胸式呼吸时间：初步阶段

此阶段为子宫收缩初期，收缩程度较轻，每次收缩时间30～50秒钟，间隔5～20分钟收缩一次，此时子宫颈开口2～3厘米。

步骤

- 完全放松。
- 眼睛注视一定点。
- 由鼻孔吸气，由口呼气，腹部保持放松。
- 每分钟6～9次吸气及呼气，每次呼吸速度平稳，吸入及呼出量保持均匀。
- 每天练5次，每次1分钟。

浅而慢加速呼吸时间：加速阶段

此阶段是分娩中最久、最辛苦的阶段。子宫2～4分钟收缩一次，每次约60秒，子宫开口4～8厘米。

步骤

- 完全放松。
- 眼睛注视一定点。
- 由鼻孔吸气，由口呼气。
- 随子宫收缩的增强而加速呼吸，随子宫收缩减慢而减缓呼吸。
- 每天至少练5次，每次1分钟。

音乐胎教：欣赏《快乐的农夫》

如果你已经厌倦了都市的快节奏生活，不如找一个时间，在这首田园风情的曲子中，去感受一下宁静的乡村生活吧!

《快乐的农夫》就像它的名字一样，清爽而活泼，充满了田园趣味，为我们展开一幅生动的田园画卷——农夫扛着锄头，笑眯眯地在田间劳动，大声地聊天。

准妈妈在听这首曲子的时候，可以环顾四周，将所有的绿色都想象成田野里的庄稼，并轻声地给胎宝宝讲述你所看到的一切，这将与胎教音乐中的基调不谋而合。

《快乐的农夫》选自舒曼的《儿童钢琴曲集》，它还有一很特别的名字叫《为喜欢钢琴的小朋友而作的圣诞曲》。在舒曼的通讯录上有这样一段话："在创作这些作品的时候，似乎觉得自己开始了另一种全新的生活，这是父母在回忆自己的童年生活，专门为自己的宝宝而写的，同时也具有先知的预感，为宝宝向往着未来而写的。"

行为胎教：为胎宝宝树立好榜样

宝宝的习惯非常容易受到母亲行为的影响。有一位准妈妈自从女儿出生后，就发现女儿的生活非常有规律，早上6点半醒来，晚上10点左右睡觉，白天很少哭闹，吃饭、睡觉都很按时。上幼儿园以后，对新的环境适应很快，说话、走路都比别的宝宝要早。如果有人问她宝宝的生活为什么这么有规律，她便讲述自己在怀孕时很注重胎教，自己当时的生活就非常有规律。

调查发现，早起型准妈妈生下来的宝宝，一生下来就有早起的习惯，而晚睡型准妈妈所生的宝宝，也同样有晚睡的习惯。这充分说明，宝宝的睡眠类型是由胚胎形成数月之后准妈妈来决定的，也就是胎宝宝在出生前就与准妈妈存在着无形的"感应"。因此，要想让自己的宝宝有良好的生活习惯和性格，准妈妈就要从自身做起，在胎宝宝时期就做出一个榜样来，在饮食起居等各个方面都保持规律协调。

营养胎教：最佳食谱推荐

韭菜炒虾仁

【材料】

虾仁300克，嫩韭菜150克，花生油、香油、酱油、盐、味精、料酒、葱、姜、高汤各适量。

【制法】

- 虾仁洗净，沥干水分。
- 韭菜择洗干净，沥干水分，切段；葱择洗干净，切丝；姜去皮洗净，切丝。
- 炒锅上火，放花生油烧热，下葱、姜丝炝锅，炸出香味后放入虾仁煸炒2～3分钟，烹料酒，加酱油、盐、高汤稍炒，放入韭菜，急火炒4～5分钟，淋入香油，加味精炒均，盛入盘中即成。
- 注意放入韭菜后一定要用旺火快速翻炒。韭菜不要炒得太烂，以免影响颜色和味道。

【推荐理由】

此菜含有丰富的胡萝卜素，维生素C及钙、磷、铁等多种营养素，是人们“尝春”的时鲜菜品，可以满足胎宝宝对维生素和矿物质的需求。

鸡脯扒小白菜

【材料】

小白菜500克，熟鸡脯半个，花生油、盐、味精、料酒、牛奶、水淀粉、葱花、鸡汤各适量。

【制法】

- 将小白菜去根，洗净，每棵劈成4瓣，切成长段（注意让菜心相连，不能散乱），用开水焯透，捞出用凉水过凉，理齐放入盘内，沥去水分。注意用开水焯小白菜时不要焯得太烂，应该在开水中转两圈立即捞出。热鸡脯肉切成小块。
- 炒锅上火，放入花生油烧热，下葱花炝锅，烹料酒，加入鸡汤和盐，放入鸡脯和小白菜（顺着放），用旺火烧开，加入味精、牛奶，用水淀粉勾芡，盛入盘内即成。

【推荐理由】

此菜含有丰富的蛋白质、钙、磷、铁、胡萝卜素、尼克酸和维生素C，有利于胎宝宝继续生长发育，而且清淡可口，鲜嫩爽滑，适合孕期准妈妈的口味。

意念胎教：孕晚期的冥想

准妈妈平时应该努力使自己保持平和的心态。休息的时候，可以进行冥想胎教，与腹中的宝宝就即将到来的分娩一事进行对话。下面介绍一些孕晚期冥想胎教时准妈妈可以冥想的内容。

我是这个无比珍贵的宝宝的妈妈。

我确信：我的宝宝的诞生是我人生中无比的幸福。我周身都洋溢着母爱之光。

我现在是一个宝宝最引以为傲的妈妈。

因为爱，人生中的任何事情我都能做到。

宝宝的诞生将使我和丈夫之间的爱情更加深厚。我能给宝宝的最珍贵的礼物就是我的爱。

我拥有在这个世上最珍贵的人——我的宝宝。我的心里充满着爱。

我的宝宝是我人生中最心爱的存在。

准爸课堂：正确对待妻子外表的变化

自从妻子怀孕之后，准爸爸就会发现，妻子的身体发生了很大的改变。她的头发不再有光泽了，脸更圆了，嘴唇更厚了，臀部也更丰满了。每当她从镜子里端详自己，看着自己一点一点的变化，心里都会产生一些害怕的感觉。

这时候，准爸爸就应该出马了。要经常赞美她，不过要实事求是地赞美。一般说来，女人对于自己的身体很了解，她知道自己哪里漂亮，哪里不够完美。问题是一些孕妇会自卑地认为自己所有的地方都变得不好了，千万不要让你的妻子有这种想法。准爸爸可以告诉她，她看起来是多么的美丽动人。如果她还是不相信自己的话，准爸爸可以从后面抱住她，吻她的颈部或者通过一些你们刚谈恋爱时的细小举动来改变她的想法。这样，她就能够渐渐接受自己身体的一些变化了。

第35周

准妈妈与胎宝宝的变化

准妈妈：随着胎宝宝不断增大，逐渐下降进入骨盆，此时可能会觉得腹坠腰酸，骨盆后部的肌肉和韧带变得麻木，甚至有一种牵拉式的疼痛，使行动变得更为艰难。在有的准妈妈身上，这种现象可能逐渐加重，并将持续到分娩以后，如果实在难以忍受，可以向医生求助。

胎宝宝：越长越胖了，变得圆滚滚的。此时胎宝宝肺部发育已基本完成，但中枢神经系统尚未完全发育成熟。35周时，听力已充分发育。如果在此时出生，存活的可能性为99%。

本周胎教重点

音乐的神奇作用在于有时能更迅速、直接地引起大脑的反应，旋律、音调、节奏这些元素的变化组合刺激着大脑神经系统的潜能。除了继续听音乐，准妈妈还可以经常给胎宝宝唱歌，以促进胎宝宝的大脑发育，还能更好地传递你对他的爱。

胎宝宝大脑思维已经发展到接近新生儿了，这时候坚持语言胎教，对促进宝宝的语言能力发展和智力潜能发展会事半功倍。

情绪胎教：笑看产房里的准爸爸

产房里，准爸爸在妻子分娩的那一刻，会做什么呢？我们一起来看看这些“天才”爸爸们的表现吧！

有个准爸爸在宝宝马上就要生出来的那一刻，三下五除二脱光了自己的衣服。在他看来，宝宝是什么都没穿就来到这个世界上的，所以他也应该赤裸裸地迎接宝宝，和宝宝“坦诚相见”。医护人员当时忙于接生，还不知情，当护士把光溜溜的宝宝递到光溜溜的父亲手中时，吓了一跳。那所医院后来特意规定不允许陪产人员在产房里脱光衣服，以免影响医护人员的情绪。

还有一位准爸爸将家里的祖传宝剑带到了产房，准备用它来切断儿子的脐带，据说这么做可以增长宝宝的英雄气概，此子将来必定前途无量。可医生坚决阻止了他的做法，因为无法保证祖传宝剑能够像产房里的剪刀一样彻底消毒，一旦由此引起宝宝感染，再多的英雄气概也救不了宝宝的命。

还有一个宝宝生下来时，助产士递给新爸爸一把剪刀让他剪断宝宝的脐带，这个爸爸还没有从生产的震惊中缓过劲来，不敢也不想去碰宝宝身上的东西。于是那个医生说：“是他妈妈把他生到我们这个世界上的，现在你把他们母子剪开，使他成为一个独立的生命。两者同等重要、缺一不可，对吗？”新爸爸才回过神来，拿起剪子，非常郑重地完成了这一光荣使命。

“幸孕草”启智小TIPS

陪产过程中，丈夫能体会到妻子的痛苦与艰辛，而妻子能得到丈夫的鼓励，两人之间的感情会得到升华。

运动胎教：拉玛泽呼吸法（2）

我们继续来练习拉玛泽呼吸法接下来的段落！

浅的呼吸时间：转变阶段

此阶段子宫收缩强烈、且频率高。收缩时间为60～90秒，每30~90秒收缩一次。子宫口开8～10厘米。

步骤

- 完全放松。
- 眼睛专注于一点。
- 微张嘴巴（发出“嘻嘻嘻”的声音）。
- 保持高位呼吸，在喉咙处发声。
- 呼吸速度依子宫收缩强度调整。
- 呼气、吸气要平衡，以免换气过度。
- 连续4～6个快速呼吸，再大力呼气，重复至收缩结束。
- 每天至少练5次，每次1分钟。

闭气用力运动

时间：子宫颈口全开（10厘米）。

此阶段的长短取决于你是否会用力，因此要在子宫收缩时用力，停止收缩时休息。

步骤

- 平躺地板上，两脚抬高放椅子上或沙发上，臂部尽量移到椅子边缘，两膝弯曲，两腿分开，手握住椅子的脚。
- 大口吸气后憋气，往下用力。
- 头略抬起向肚脐看，下巴向前缩。
- 尽可能憋气 20～30秒，呼气后马上再憋气用力直到收缩结束。

语言胎教：读诗歌《孩童之道》

我们的宝宝会有什么想法？他为什么来这个世界，泰戈尔给出了无数个美丽的答案。准妈妈带着小小的胎宝宝一起欣赏吧。

孩童之道

只要宝宝愿意，他此刻便可飞上天去。他所以不离开我们，并不是没有缘故。

他爱把他的头倚在妈妈的胸间，他即使是一刻不见她，也是不行的。宝宝知道各式各样的聪明话，虽然世间的人很少懂得这些话的意义。他所以不想说，并不是没有缘故。

他所要做的一件事，就是要学习从妈妈的嘴唇里说出来的话。那就是他所以看来这样天真的缘故。

宝宝有成堆的黄金与珠子，但他到这个世界上来，却像一个乞丐。他所以这样假装了来，并不是没有缘故。

这个可爱的小小的裸着身体的乞丐，所以假装着完全无助的样子，便是想要乞求妈妈的爱的财富。

宝宝在纤小的新月的世界里，是一切束缚都没有的。他所以放弃了他的自由，并不是没有缘故。

他知道有无穷的快乐藏在妈妈的心的小小一隅里，被妈妈亲爱的手臂所拥抱，其甜美远胜过自由。

宝宝永不知道如何哭泣。他所住的是完全的乐土。他所以要流泪，并不是没有缘故。

虽然他用了可爱的脸儿上的微笑，引逗得他妈妈的热切的心向着他，然而他的因为细故而发的小小的哭声，却编成了怜与爱的双重约束的带子。

——选自泰戈尔的诗集《新月集》

营养胎教：最佳食谱推荐

雪菜肉丝汤面

【材料】

面条200克，猪肉丝100克，雪菜50克，花生油、酱油、味精、盐、料酒、葱花、姜末、鲜汤各适量。

【制法】

* 雪菜洗净，放入盆内，加清水浸泡3～4小时，浸出浓咸味，使之变淡，捞出挤干水分，切成碎末；肉丝洗净，放入碗内，加料酒拌匀；把大部分酱油、盐、味精分别放入两个碗内。

* 锅置火上，放花生油烧至七成热，下葱花、姜末炝锅，炒出香味后，放入肉丝煸炒2～3分钟，至肉丝变色，再放入雪菜末翻炒几下，烹入料酒，加入余下的酱油、盐、味精，开锅后拌匀盛出。

* 锅置火上，放入水，烧开下入面条，用筷子挑散，再开后稍煮，见面条发涨、呈玉白色、浮起，点少许冷水1～2次，再煮3～4分钟，面条即熟。分别挑入两个盛调料的碗内，舀入制好的鲜汤，再把炒好的雪菜肉丝均匀地覆盖在面条上即成。

【推荐理由】

此汤能补充钙质，可以防止孕后期由于缺钙引起的小腿抽筋。

鲫鱼炖蛋

【材料】

鲫鱼2条（约500克），鸡蛋4个，生姜丝、盐、植物油各适量。

【制法】

* 将鲜活鲫鱼除去鳞和鳃，掏去内脏，清洗干净，在鱼身两侧划上几道斜刀花。

* 把煲洗净，置炉火上，放入清水适量，旺火烧开，下入鲫鱼及盐5克，烧1分钟左右，连汤盛入碗内。

* 将鸡蛋打入碗内，加清水125克，盐1克，搅匀，上笼蒸凝固时取出。随即将鲫鱼放上，浇入煮鱼原汤，撒上姜丝，淋上植物油，再放入蒸笼里上火蒸5～10分钟，即可取出食用。

【推荐理由】

此菜鱼肉鲜嫩，汤清味浓。具有生精养血，补益脏腑的功效。

音乐胎教：欣赏《雨滴》

现在，准妈妈来听一听这首由肖邦于1828年创作的用音乐来描绘雨滴的曲子。当准妈妈和胎宝宝一起听完这首曲子之后，准妈妈还可以给胎宝宝讲述一下，自己记忆中的下雨的场景，并且和他一起期盼一场雨的到来。

乐曲的开始部分写得十分抒情，在静静地雨滴声中夹杂着吟唱般的旋律，仿佛一首来自遥远田园的牧歌。中间的部分又显得十分奇特，仿佛把人们带入了一个奇幻的神秘境界，好像有一群人在庄严的赞歌中缓缓前行，就把此当成是他们向小宝宝唱赞歌吧！最后又是一段抒情的音乐，在静谧中能够感觉到世间万物的美好。结尾部分有一种深远的意味，音乐的旋律渐渐消失了，雨声也慢慢地停了下去，可是在准妈妈和胎宝宝的心中，那些旋律还在久久地盘桓。

准爸课堂：热爱宝宝，呵护妻子

一位妈妈这样描述道："胎宝宝和准爸爸有一种很奇妙的关系！当他在我的肚子里动个不停的时候，我怎么抚摩都不能让他安静下来。可只要他爸爸把手放在我的肚子上，就好像有了一种神奇的力量，小家伙立马不动了，这也许就是孩子和父亲之间的那种天然亲密关系吧！"

现代科学研究表明，新生命在孕育过程中绝不仅仅是准妈妈的事情，与准爸爸也关系密切。怀孕的日子里，准爸爸与准妈妈朝夕相处，是她最亲密的爱人。老公一句体贴的话语，一个关怀的动作，都能抚慰准妈妈焦虑的心情，对胎宝宝也是一种良性刺激。在日本、欧美等发达国家，年轻的准爸爸们加入准妈妈的日常胎教活动已渐成一种时尚和风气。

如果，你希望宝宝将来健康活泼，聪明伶俐；如果，你希望将来和宝宝融洽相处，那么从现在开始，从小事开始，全心全意地去爱你的妻子，去爱你的宝宝，让那个即将出世的小生命知道你是多么地在乎他、关心他吧！

第36周

准妈妈与胎宝宝的变化

准妈妈：现在准妈妈的体重达到高峰，已较孕前增重11～12千克，肚子已经相当沉重了，所以更要注意自身安全，不要滑倒。从现在开始应该每周做一次产前检查了。胃痛、消化不良、呼吸困难等症状可能会加剧，还会出现心慌、气喘的现象。由于子宫压迫膀胱，排尿的次数会明显增加。

胎宝宝：指甲又长了，两个肾脏都已经发育完全，肝脏也已经能够处理一些废物。胎宝宝已经会做梦了，虽然没有人知道他都做了些什么梦，但是他的大脑活动确实越来越活跃了。不过到现在为止，胎宝宝大动作越来越少了。

本周胎教重点

现在已经是第9个月月末了，胎宝宝对声音的敏感度更强了，所以此时对胎宝宝多进行一些语言刺激，效果会更明显！既然之前就已经开始进行英语训练了，那么这个时候英语训练依然要坚持，准妈妈可以经常用英语和胎宝宝打招呼，给胎宝宝听一些英语歌谣，或者看一些自己喜欢的英语原声电影，这些都会是很好的英语训练方法。

情绪胎教：童言童语逗人乐

到了怀孕的最后阶段，准妈妈更是要多找理由让自己开心，童言童语逗人乐，把这些笑话也读给准爸爸和好朋友们听吧，分享会让快乐加倍的。

执着

父亲哄5岁的小宝宝上床睡觉后，然后做自己的工作。宝宝："爸爸，你能给我一杯水吗？"

爸爸："爸爸在工作，自己去拿。"

过了一会儿，宝宝又说："爸爸，我要喝水。"爸爸："我不是跟你说了吗？自己去拿。"

又过了一会儿，宝宝又说："爸爸，我要喝水。"

这一次，爸爸生气了："你自己能拿，为什么总是叫我？你再叫我可要打你了！"

这一次宝宝大约安静了5分钟，然后他又说：

"爸爸，你来打我的时候，能给我带一杯水来吗？"

马戏团

宝宝："爸爸，我来演马戏团里的大狗熊吧。"爸爸："那我干什么呢？"

宝宝："你演那个陪狗熊玩的叔叔，不断地把好吃的塞到我的嘴里。"

行为胎教：清新的森林浴

如果有机会走出喧嚣的城市，去葱郁的森林中走一走，一边呼吸新鲜的空气，一边停下来享受清新的森林浴，可以让准妈妈和胎宝宝更加的健康。

当准妈妈行走在茂密的森林中时，会立刻感觉神清气爽，仿佛将现代都市里的繁华与喧嚣都抛到了九霄云外。事实上，这是因为人体内堆积的代谢废物被排出体外，血液变得更清洁的缘故。另外，树木还能够释放氧气和负离子，它们能够促进准妈妈的新陈代谢，预防感冒、头痛、高血压等症状。

准妈妈在进行森林浴的时候，要注意休息，不要让自己的身体太过疲惫。每次森林浴的时间，最好控制在1小时左右。

语言胎教：读《春》

今天，准妈妈做一回朗诵演员，给胎宝宝朗诵一段朱自清的散文《春》吧。

春（节选）

朱自清

盼望着，盼望着，东风来了，春天的脚步近了。

一切都像刚睡醒的样子，欣欣然张开了眼。山朗润起来了，水涨起来了，太阳的脸红起来了。

小草偷偷地从土里钻出来，嫩嫩的，绿绿的。园子里，田野里，瞧去，一大片一大片满是的。坐着，躺着，打两个滚，踢几脚球，赛几趟跑，捉几回迷藏。风轻悄悄的，草软绵绵的。

……

天上风筝渐渐多了，地上宝宝也多了。城里乡下，家家户户，老老小小，也赶趟儿似的，一个个都出来了。舒活舒活筋骨，抖擞抖擞精神，各做各的一份事去了。“一年之计在于春”，刚起头儿，有的是工夫，有的是希望。

春天像刚落地的娃娃，从头到脚都是新的，它生长着。春天像小姑娘，花枝招展的，笑着，走着。

春天像健壮的青年，有铁一般的胳膊和腰脚，领着我们上前去。

音乐胎教：欣赏《牧歌》

如果你想给胎宝宝听些悠扬的旋律，选这首《牧歌》是没错的。它会在很短的时间内，把你们带入天高地阔的草原，让蓝色和绿色瞬间将你们包围。

你在听这首曲子或哼唱这首曲子时，脑海中可以想象一望无际的草原，绿得让人忍不住想多呼吸几口清新的空气。天空蓝蓝的，又高又远，云朵却是洁白的，在草原上投下清晰的影子。

这首蒙古族长调民歌，曲调开阔悠长，节奏自由，音调高亢，展现了美丽、壮阔的草原景象。

营养胎教：最佳食谱推荐

红枣黑豆炖鲤鱼

【材料】

鲤鱼1条（约500克），红枣10粒，黑豆20克。

【制法】

- 将鲤鱼洗净，去鳞、去鳃、去肠脏。
- 黑豆放锅中炒至豆壳裂开，洗净。
- 红枣去核，洗净。
- 将鲤鱼、黑豆、红枣放入炖盅里并加入适量水，盖好，炖3小时即成。

【推荐理由】

鲤鱼有补中益气、利水通乳的功效，黑豆有治脚气、水肿的功效，大枣也有治疗全身浮肿的作用。此菜对妊娠手足水肿或患有寒冷症、手足冰冷者有效，可预防准妈妈发生水肿。

香肠炒油菜

【材料】

香肠50克，油菜200克，盐、酱油、植物油、味精、姜末、葱花各适量。

【制法】

- 将香肠切成薄片；将油菜洗净切成短段，梗、叶分置。
- 锅置火上，放植物油烧热，下姜末、葱花煸炒，然后放油菜梗炒，再下油菜叶炒至半熟，倒入切好的香肠，并加入酱油、盐、味精，用旺火快炒几下，即成。

【推荐理由】

此菜富含钙、铁、维生素C，还富含维生素B_1、维生素B_2、胡萝卜素及蛋白质、脂肪、磷等，准妈妈常食能防病强身。

准爸课堂：为准妈妈准备好待产包

接下来的日子，准妈妈可能随时都会分娩，所以准爸爸要提前准备好准妈妈的待产包，以免到时候手忙脚乱遗漏东西。

- 棉袜至少一双，生产完毕后第二天就可以穿上。
- 一身出院穿的衣服；出院时戴的帽子可以用分娩时戴的帽子，防风而且不太热。
- 吸管：一定要买上部可以弯曲的那种。刚分娩后的几小时只能在床上躺着，用这样的吸管很方便。
- 面巾纸：产后非常能出汗，也可以准备几条吸汗的毛巾。
- 产后卫生巾：建议最多准备一包——医院发的应该就足够了。
- 一次性内裤：建议至少准备一包，产后恶露比较多，会污染衣服，所以穿一次性的会比较方便，医院小卖部往往也有卖的。
- 饭盒：一定准备微波炉适用的，建议至少准备2个。
- 零食与水果：产后排气后可以补充身体能量，比如小蛋糕、苹果、桃子……

- 钱、医疗保险手册、生育服务证、身份证、户口本。
- 文件袋：医院会发各种单据，用文件袋装起来不会遗失。

除了这些妈妈必备的用品，准爸爸也不要忘了带上自己的洗漱用品，还有消磨时间的东西，产房外的等待一点也不轻松。当然照相机和摄像机也要带上，准备记录这一伟大的时刻。

孕10月胎教

调整好情绪，迎接小天使的降临吧

第37周

准妈妈与胎宝宝的变化

准妈妈：准妈妈是不是感觉下腹部的压力越来越大，突出的肚子逐渐下坠？这就是通常所说的胎宝宝入盆，即胎头降入骨盆，是在为分娩做准备。子宫底的位置逐渐下降，这样准妈妈的肺部和胃部都会觉得松快一些，呼吸和进食也比前一段时间舒畅了，食欲因此也有所好转。但是行动却日益艰难。

胎宝宝：现在到了怀孕的最后阶段，胎宝宝正以每天20~30克的速度继续增长体重。到这周末胎宝宝就可以称为足月儿了（38~42周的宝宝都称为足月儿），这意味着，胎宝宝随时可能降临人间，母子很快就要见面了！

本周胎教重点

听听音乐吧，依旧坐在老地方，找到自己舒适的姿势。或者读读书，继续为他讲他听了很多遍的故事……总而言之，不要因为临近分娩停止你对他良好信息的传递，越是到最后，越不能松懈。

情绪胎教：减轻产前焦虑的锦囊妙计

妊娠最后阶段，准妈妈常表现为心理依赖性强，希望寻求保护，引起他人重视。这种反应并非娇气，而是一种正常的心理反应。丈夫可在晚间为妻子轻抚腹部，一方面是与尚未谋面的宝宝交流，另一方面又减轻了妻子的不适，使妻子依赖心理得到满足，焦虑情绪得到改善。身边的“过来人”最好能现身说法，让准妈妈了解生产的全过程，做到心中有数。

准妈妈自己也要注意身心调节。

- 要纠正对生产的不正确认识。生育能力是女性与生俱来的能力，生产也是正常的生理现象，绝大多数女性都能顺利自然地完成。如果万一存在胎位不正、骨盆狭窄等问题，现代的医疗技术也能采取剖宫产的方式顺利地将宝宝取出，最大限度地保证母婴安全。
- 准妈妈应学习相关知识，增加对自身的了解，增强生育健康宝宝的自信心。
- 和一些妈妈们交流一下，讨教一些经验。
- 临产前做一些有利健康的活动，如编织、绘画、唱歌、散步等，不要闭门在家，整日躺在床上，进而胡思乱想。

运动胎教：做好乳房护理

为了产后能正常哺乳，孕妇在孕晚期间要适当地给乳房“做做运动”。

乳房平坦或凹陷者可每日两次进行伸展和牵拉练习。

- 伸展法：将两手拇指放乳头根部向两侧伸展，上下左右转动，每次3～5分钟。
- 牵拉法：用拇指和食指牵拉乳头，每次20～30下。

每日用温水擦洗乳头一次，每次擦30~40下，擦洗时不要用力过猛。经常擦洗乳头能增强乳头皮肤的韧性，可防止产后乳头皮肤破裂。

每天两次进行乳房按摩，促进乳房的发育。按摩的方法是：孕妇取坐位，用双手手掌在乳房周围轻轻按摩1~3分钟，然后用5个手指轻轻抓揉乳房10~20次。

语言胎教：读美文《青虫变蝴蝶》

宝宝，你就要降临了，从一个胎宝宝到小宝宝，这也是一个破茧成蝶的过程，妈妈期待你像蝴蝶那样悄悄地飞入咱家的窗台。

青虫变蝴蝶

冬爷爷刚走，春姑娘就来了。

春姑娘头上戴着用红花、白花、黄花编成的帽子，身上穿着绿色的衣裳，打扮得可漂亮了。她看见树枝上挂着一个黄色的两头尖的小包包。哦！原来这个小包包是小青虫变的。

春姑娘看着这个土黄色的小尖包包，心里想：嗯，小青虫快要醒了。我呀，我要把这个世界变个样儿，让小青虫醒来的时候，觉得很奇怪！于是，春姑娘轻轻地对小草说：“小草呀，小草！我要把世界变得更美丽，让小青虫醒来的时候，觉得很奇怪。小草，你帮帮忙吧！”

……

春姑娘东瞧瞧，西看看，有一只蝴蝶在花丛里飞来飞去，这只蝴蝶多漂亮啊！她翅膀上好像镶着各种颜色的珠子，太阳一照，珠子还会闪闪发光呢。小草，花儿和树看见了这只蝴蝶，也惊叹地说：“啧！多漂亮的一位小姑娘啊！她是谁呀？”

春姑娘笑了：“你们不认识她吗？她就是挂在树上的那个小尖包包里的小青虫变的，她的名字叫‘蝴蝶’啊！”

营养胎教：最佳食谱推荐

柿椒炒嫩玉米

【材料】

嫩玉米粒300克，红绿柿椒50克，花生油、盐、白糖、味精各适量。

【制法】

* 将玉米粒洗净；红绿柿椒去蒂去籽洗净，切成小丁。
* 炒锅置于火上，放入花生油，烧至七成热时，下玉米粒和盐，炒2～3分钟，加清水少许，再炒2～3分钟，放入柿椒丁翻炒片刻，再加白糖、味精翻炒，盛入盘内即成。

【推荐理由】

此菜含维生素C、粗纤维，患有便秘的准妈妈食用，可缓解病情。

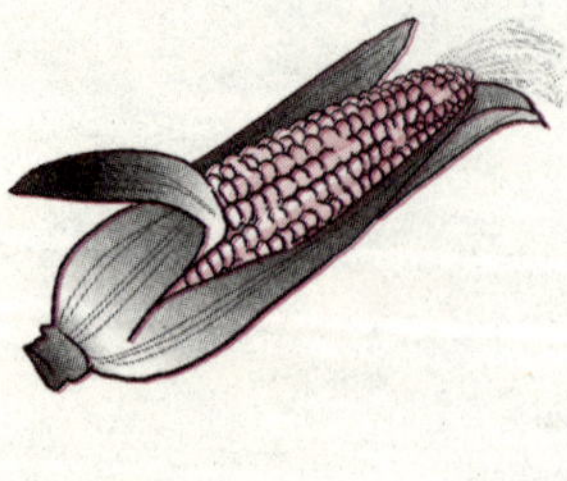

糖醋排骨

【材料】

猪排骨300克，冬笋10克，香菜梗5克，水发冬菇10克，淀粉、面粉、花生油、白糖、醋、酱油、绍酒、姜、高汤各适量。

【制法】

* 将排骨剁成段，洗净，控干水。放在大碗内，加酱油、绍酒，腌10分钟捞出，用面粉和10克淀粉拌匀。
* 将冬笋、冬菇洗净，切成丁；把香菜、姜洗净，切成末。
* 锅置火上，倒入花生油，烧至七成热时，将排骨一块一块地放入，炸至肉熟呈金黄色时捞出，控净油。
* 锅内留少许油，锅置火上，用姜末炝锅，把冬笋、冬菇、香菜放入，翻炒几下，加入高汤、白糖、醋、排骨。开锅后，用水淀粉勾芡，翻炒均匀，即可出锅。

【推荐理由】

排骨肉嫩香，酸甜可口，含有丰富的蛋白质、多种矿物质、维生素、碳水化合物、有机酸，对准妈妈的健康非常有利。

音乐胎教：欣赏《天鹅湖》

优雅的天鹅，永远是人们心目中美好的象征。《天鹅湖》被人们称做“永远的天鹅湖”，可见其在人们心目中的位置。柴可夫斯基无疑是古典舞剧最为杰出的大师之一，一部《天鹅湖》就已经是“旋律之王”最好的注解了。该曲被评价为“首次令舞蹈作品具有音乐灵魂”的曲子。

准妈妈可重点听一下《天鹅湖》中的《天鹅序曲》。序曲的一开头，双簧管吹出了柔和的曲调，引出故事的线索，那因受了魔法而变成天鹅的姑娘，温柔、动人，又有几分哀怨，柔美的天鹅主题正是表现出了这一切。音乐给想象插上翅膀，让你带领胎宝宝飞到天鹅湖畔，仿佛看到天鹅的动人身姿。

准爸课堂：和全家统一育儿理念

现在的中国社会，老人帮年轻父母带宝宝成为普遍现象。然而，随着这种现象的增多，因育儿理念的不同所产生的矛盾也越来越多。年轻父母很多都接受过良好的教育，他们比较认可现代的育婴理念；但老人毕竟是“过来人”，在养育孩子方面有很多传统经验。老少两代育婴观念的碰撞在所难免。

具体可能会出现哪些矛盾呢？比如：用尿布还是用纸尿裤？是早点进行排便训练还是晚一点？多大给宝宝辅食？宝宝要不要用抱被“绑起来”？是顺其自然还是要及时早教？是按需喂养还是定时喂养，等等。两代人由于生活背景、受教育情况等方面的不同，对待这些问题的观点可能存在很大的差别。这就需要准爸爸担起责任，出面及时沟通，做好两代人的润滑剂，以免宝宝出生后出现婆媳对抗的僵局。

万一不能统一观点，就应达成一致：求同存异，量体裁衣。双方不要轻易互相否定，要相互尊重和包容。只要有利于孩子身心健康，可以允许“百花齐放”。

第38周

准妈妈与胎宝宝的变化

准妈妈：准妈妈现在既盼望宝宝早日降生，又对分娩的疼痛有些恐惧。不过现在还是应该适当活动，充分休息，密切关注自己身体的变化，如有临产征兆，随时做好入院准备，同时熟悉产程，了解每一个阶段的身体变化，做到心中有数。

胎宝宝：胎头在骨盆腔内摇摆，不过周围有骨盆的骨架保护，很安全。这时头发已经约有1～3厘米。胎宝宝变成了漂亮的小娃娃。他身上原来覆盖着的一层细细的绒毛和大部分白色的胎脂已经逐渐脱落，这些物质及其他分泌物被胎宝宝随着羊水一起吞进肚子里，贮存在肠道中，变成黑色的胎便，在出生后的一两天内排出体外。

本周胎教重点

要学会平静地面对即将到来的分娩，不要过分期待，也不要过分焦虑，不要把分娩看作是很困难的事情，这是成为一位母亲必然要经受的历练。请相信，你已经做好了一切准备，宝宝一定会顺利降生。不要紧张、惶恐，如果实在紧张，就找到你最好的发泄方式释放一下，如深呼吸、找一个人倾诉或者到自然中去，让花草树木吸收你所有的顾虑，别让你的宝宝担心你，他比你的影子还要了解你，他能很快地捕捉到你的感情信息。

情绪胎教：童言童语逗人乐

准妈妈来读几个让你捧腹的有关可爱宝宝的笑话吧！

买楼娶个笨媳妇

宝宝在收集硬币，妈妈问宝宝："为什么收集硬币啊？"宝宝答："以后买楼房。"问："咱家不是有楼房嘛？"答："等我长大了，娶媳妇，我没有楼房就无家可归了。"问："你娶漂亮的媳妇，还是娶个聪明的媳妇啊？"答："我娶个笨的。"问："为什么呀？"答："她不懂的，我好告诉她。"

腹中宝宝

一位准妈妈正在路上行走，一个小女孩走过来问她："阿姨，你的肚子为什么这么大？"

"因为肚子里有了宝宝啊！"

"阿姨，你是怕麻烦吧？"

"啊？为什么？"

"你嫌宝宝抱着不方便，就把他放进肚子里了嘛！"

运动胎教：有助于顺产的辅助运动

为了更安全顺利地迎接小宝宝，准妈妈最好在预产期之前14天，开始练习分娩促进运动，这对顺产很有利！

青蛙姿势

下蹲，双腿分开与肩同宽，双手撑在地面上。臀部往上提，直到胳膊完全伸直。

马步姿势

手扶桌沿，双脚平稳站立，慢慢弯曲膝盖，骨盆下移，双腿膝盖自然分开直到完全屈膝。然后慢慢站起来，用脚力往上蹬，直到双腿及骨盆全部直立为止。重复数次。

腰部运动

用手扶椅背，慢吸气，同时手臂用力，脚尖立起，腰部挺直，使下腹部紧靠椅背。慢慢呼气，手臂放松，脚还原。早晚各做5～6次。

语言胎教：读《如果我是富豪》

准妈妈读卢梭的《如果我是富豪》，想象一下你若是富豪的感觉吧！

如果我是富豪（节选）

卢 梭

如果我是富豪，我不会到乡间为自己兴建一座城市，在穷乡僻壤筑起杜伊勒利宫。在一道林木葱茏、景色优美的山坡上我将拥有一间质朴的小屋，一间有着绿色挡风窗的小白屋。虽然屋顶铺上茅草在任何季节都是最惬意的，可是我更喜欢瓦片（而不是阴暗的青石片），因为瓦片比茅草干净，色调更加鲜明，因为我家乡的房子都是这样的，这能够帮助我忆起童年时代的幸福时光。我没有庭院，但有一个饲养家禽的小院子；我没有马厩，但有一个牛栏，里面饲养着奶牛，供给我喜爱的牛乳；我没有花园，但有一畦菜地，有一片如我所描绘的果园：树上的果子不必点数也不必采撷，供路人享用，我不会把果树贴墙种在房屋周围，使路人碰也不敢碰树上华美的果实。然而这小小的挥霍代价轻微，因为我幽静的房屋坐落在偏远的外省，那儿金钱是不多，但食物丰富，是个既富饶又穷困的地方。

美学胎教：买束花回家

准妈妈在孕期心情愉快是最重要的，今天可能不是节日，但在买菜的时候可以为自己买一束喜欢的鲜花。当你欣然接过这束鲜花时，也接过一份美丽的心情，同时也带给胎宝宝一份欣喜与愉悦。

鲜花犹如一位美丽的情感使者，无论你愉快还是失意，它都迎着阳光在小屋的一角灿烂开放，给孕期生活平添一份亮丽，将你的忧郁悄悄化去。它跳动的生命充满了青春活力，在平淡的日子里点缀一份心动，令你感受它无时不在的笑语。

鲜花是一首无声的歌，是一支优雅深情的舞，是一幅流淌着青春的画。它对生命没有苛求，只要些许清水，便会蓬勃轻快地展示它美丽的生命。

营养胎教：最佳食谱推荐

板栗烧鸡

【材料】

嫩鸡1只（约750克），板栗250克，花生油、酱油、白糖、绍酒、葱、姜各适量。

【制法】

* 将鸡洗净，剁成块，放在大碗内，加入酱油、绍酒，拌匀，腌10分钟。
* 将板栗逐个用刀斩一刀口，放入开水锅中煮透捞起，趁热剥去外壳和内衣。
* 将葱洗净，切成段。将姜洗净，切成片。
* 锅置火上，倒入花生油烧热，下鸡块和葱、姜，炒至水分将干时，加入酱油、白糖、绍酒和水（淹没鸡块），烧开后撇去浮沫，盖上锅盖，改用小火焖10分钟，加入板栗，继续焖至肉烂栗酥，再用旺火烧至汤汁浓稠时即成。

【推荐理由】

鸡肉酥烂，板栗绵软，香鲜味醇。本菜品含丰富的优质蛋白质、脂肪、维生素B_1、维生素B_2、尼克酸等多种矿物质，十分适合准妈妈食用。

氽丸子

【材料】

瘦猪肉150克，黄瓜半根，鸡蛋1个，盐、味精、香油、葱、姜、高汤各适量。

【制法】

* 将瘦猪肉剁成馅，再用刀背砸成细泥，把黄瓜洗干净，切成片，葱、姜洗净，切成末。
* 将肉馅加鸡蛋清抓匀，再加上高汤搅匀，放入葱末、姜末、盐，调匀。
* 锅内加清水，烧至五成热时，将肉泥逐个挤成丸子放入水内，氽熟后用漏勺捞起盛入碗内。锅内加盐，放入黄瓜片。开锅后将黄瓜片捞在装丸子的碗内。原汤烧开，撇去浮沫，放味精、香油，浇在丸子上即成。

【推荐理由】

本菜品汤清淡，丸鲜嫩。含有丰富的蛋白质，还含有多种矿物质和维生素。

音乐胎教：欣赏《摇篮曲》

《摇篮曲》洋溢着温暖安详的情绪，表现了母亲真挚的爱意。在万物都安静下来的夜晚，你和你的宝宝一起感受这爱的旋律。

这首《摇篮曲》的旋律清晰，你可以跟着它的主旋律轻声哼唱歌词。原曲的歌词为“安睡吧，小宝宝，夜色已低垂，床头满插玫瑰，陪伴你入睡。快安睡小宝宝，一直睡到天明，快安睡小宝宝，一直睡到天明”。你也可以跟着乐曲的节奏轻柔地拍打着腹部，像轻拍着宝宝入睡一样。

关于《摇篮曲》的传说：这是勃拉姆斯为祝贺法贝尔夫人第二个宝宝的出生而作的曲子。勃拉姆斯曾听过她演唱的一首圆舞曲，很感动，便作了这首平易可亲、感情真挚的摇篮曲送给法贝尔夫人和她的宝宝。

准爸课堂：宝宝，爸爸准备迎接你

经历十月怀胎，到最终冲刺的这一刻，准妈妈很容易出现情绪上的波动，见面的喜悦与分娩的忧虑交织在一起，喜怒无常也情有可原。准爸爸这个时候，就要冲上前去，拿出你“护花使者”的绝招，用你的“甜言蜜语剑”，将准妈妈的“愁思”斩掉。

能够让准妈妈高兴的每一件事情，准爸爸都要高高兴兴地去做。要记住，这时候的准妈妈十分辛苦，承受着生理和心理的巨大压力，你是他最大的精神支柱，你是最强大的准爸爸。

最重要的，准备好做一个好爸爸。给予你的宝宝最安全、最温暖的家庭；给予你的宝宝最优越、最稳定的教育环境；给予他最高尚、最优秀的修养；给予他最有希望、充满爱的未来……

“幸孕草”启智小TIPS

在孩子出生之前，建立自己的“老爸逻辑”，初步确定自己做父亲的立场是必要的。

第39周

准妈妈与胎宝宝的变化

准妈妈：到了这周，准妈妈要更加注意临产征兆，尤其是出现宫缩、破水、出血的情况，应该马上去医院就医。

胎宝宝：胎宝宝的体重还在增加。一般情况下男孩平均比女孩略重一些。胎宝宝的皮下脂肪在继续增长，身体各部分器官已发育完成，其中肺部将是最后一个成熟的器官。接下来的一段时间，血液和羊水会不断地把自己所含的重要物质——抗体，输送给胎宝宝，以增强宝宝的免疫力，避免胎宝宝受到疾病的侵害。

本周胎教重点

讲故事无疑是培养宝宝想象力和创造力的一个好办法。在宝宝出生之前的这两周，准妈妈可以多给胎宝宝讲一些情节独特的、富有想象力的小故事。有很多宝宝童话书都可以是很好的语言胎教素材，准妈妈可以给胎宝宝读一读。

为了减少痛苦和恐惧，将要临产的准妈妈们应该多看看关于生产过程的宣传片，多学习减少痛苦的临产动作、呼吸方式等，心理的意象给我们提供了一个实践的机会，让我们可以通过冥想让自己练习“生宝宝”。

情绪胎教：给宝宝当勇敢者的榜样

分娩的过程尽管对宝宝的一生来说非常短暂，但这短暂的过程却能影响到一个人的性格、脾气和气质。母亲子宫一阵阵地收缩，产道才可以一点点地被撑开，宝宝才可以被生下来。在这个过程中，母亲产道产生的阻力与子宫收缩帮助胎儿前进动力相互作用，给准妈妈带来了不适，这是很自然的现象，不必紧张和害怕。此时母亲的承受能力、勇敢的心理，也会传递给胎儿，成为胎儿性格形成的早期教育。

科学研究证明，宝宝的日常生活习惯在母亲的肚子中时就已经受到母亲本身习惯的影响，从而潜移默化地继承下来。也就是说，早在胎儿时期，生活习惯就已经形成了。因此，要想让自己的宝宝勇敢坚强，在分娩的过程中，准妈妈要表现的坚强，克服担忧和紧张，努力快速地让宝宝降生，给宝宝做一个勇敢者的榜样。

美学胎教：制作小相框

准妈妈可以做一串悬挂的精美小相框，等将来小宝宝出生后，把他的照片贴在相框上。看着自己宝宝的可爱模样，欣赏着自己的劳动成果，你肯定会非常开心的。准妈妈快参与进来，动动手吧。

准备材料

废弃光盘、双面胶、绳子以及蝴蝶结等小饰品。

制作步骤

- 单张光盘直接贴上照片，放在CD架或其他托架上，就是一个相框啦。
- 准备光盘数张，把每张光盘两头各烫一个孔。然后用绳子把光盘一张接一张穿在一起，也可以在光盘上装饰蝴蝶结等小饰品，一个独特的相框就好了。

语言胎教：读《信念是一粒种子》

讲讲下面的故事，看看肚中的宝宝是不是你战胜疼痛的信念种子呢？

有一年，一支英国探险队进入撒哈拉沙漠的某个地区，在茫茫的沙海里跋涉。阳光下，漫天飞舞的风沙像炒红的铁砂一般，扑打着探险队员的面孔。口渴似炙，心急如焚——大家的水都没了。这时，探险队长拿出一只水壶，说："这里还有一壶水，但穿越沙漠前，谁也不能喝。"

一壶水，成了穿越沙漠的信念之源，成了求生的寄托目标。水壶在队员手中传递，那沉甸甸的感觉使队员们濒临绝望的脸上，又露出坚定的神色。终于，探险队顽强地走出了沙漠，挣脱了死神之手。大家喜极而泣，用颤抖的手拧开那壶支撑他们的精神之水——缓缓流出来的，却是满满的一壶沙子！

炎炎烈日下，茫茫沙漠里，真正救了他们的，又哪里是那一壶沙子呢？他们执着的信念，已经如同一粒种子，在他们心底生根发芽，最终领着他们走出了"绝境"。

事实上，人生从来没有真正的绝境。无论遭受多少艰辛，无论经历多少苦难，只要一个人的心中还怀着一粒信念的种子，那么总有一天，他就能走出困境，让生命重新开花结果。

运动胎教：减轻分娩痛苦的辅助运动

这个运动从现在开始练习，每天练1～2次。准妈妈可以一边练习，一边想着胎宝宝娩出时的感受，这样效果会更好。

- 准妈妈仰卧，屈膝，双腿充分张开，脚后跟尽量靠近臀部。
- 抬起双腿并用双手抱住大腿，膝盖以下要放松，自然下垂。
- 大口吸气将胸部充满，然后轻轻呼气，如同解大便时的感觉那样慢慢向肛门运气并用力。运气的时候，下颚要抵在胸口上，后背紧紧贴在床上，用力的时候不能漏气，不能弓起后背，要充分用力慢慢呼气。

这个过程就是吸气——用力呼气——结束，共需要20秒钟左右。

营养胎教：最佳食谱推荐

什锦蛋羹

【材料】

鸡蛋2个，莴笋叶50克，海米5克，盐、番茄酱（或鲜番茄丁）、淀粉、植物油各适量。

【制法】

* 鸡蛋打碎，加盐，和大半杯凉开水搅匀，蒸8分钟左右。
* 炒锅上火，加植物油少许烧热，锅内放一杯清水，水开后放海米末、莴笋叶末、盐、番茄酱或番茄丁，再加淀粉勾芡成什锦汁。
* 将什锦汁倒在蛋羹上即可。

【推荐理由】

此菜做法简单，色彩鲜艳，味道鲜美，营养丰富。鸡蛋和绿色蔬菜的叶酸含量均较丰富。

马铃薯烧牛肉

【材料】

牛腩肉750克，马铃薯300克，酱油、植物油、盐、白糖、葱段、姜片、茴香、花椒各适量。

【制法】

* 将牛肉洗净，切块，放入开水锅内汆透捞出，同花椒、茴香放在一起。
* 将马铃薯洗净，去皮后切成滚刀块，放入八成热的植物油内，炸成金黄色后捞出沥油。
* 锅内留底油，下牛肉、花椒、茴香、葱段、姜片煸炒出味，加酱油、白糖、盐和水1000毫升，汤烧沸时撇去浮末，用文火炖约90分钟，最后下马铃薯再炖数分钟，待汁浓菜烂，把牛肉和马铃薯盛入盘内即成。

【推荐理由】

本菜品汁浓菜烂，香美可口，并含有丰富的蛋白质、脂肪、糖类、矿物质和维生素等多种营养素。马铃薯还含有大量的钾，是“高钾蔬菜”。

音乐胎教：欣赏《爱之梦》

这首《爱之梦》是由匈牙利作曲家李斯特所作，主旋律的表达是“爱吧，能爱多久就爱多久”，这也是准妈妈现在最想表达的：亲爱的宝宝，我爱你，能爱多久就爱多久。

让我们互道一声晚安
送走这匆匆的一天
值得怀念的请你珍藏
应该忘记的莫再留恋
迎接那崭新的明天
把握那美好的前程
珍惜你锦绣的人生
愿你走进甜甜的梦乡
祝你有个宁静的夜晚
晚安
再说一声
明天见

准爸课堂：提早安排好工作

宝宝来临的时候，很多准爸爸的工作可能十分繁忙，很多人还需要频繁地出差。但是在宝宝即将到来的这一段时间里，准爸爸还是尽量提前跟单位领导协调工作，把需要出差的工作安排给别人。或者安排好如果自己休产假不能来上班，谁能暂时地替代自己处理好工作。

毕竟宝宝出生是你一生中最重要的一件事情，错过这样的历史时刻实在是一种遗憾。而且，准爸爸陪产或者在产房外面等待，会给和疼痛奋战的准妈妈一个心理安慰和精神支持。不要不相信，如果一个女人生孩子的时候，丈夫不在身边，一辈子想起来都会委曲呢。所以，一定要尽全力克服困难，提前安排工作，调出时间与妻子共同迎接爱情的结晶噢！

提前向妻子保证，自己会和她一起经历整个过程。丈夫的一句“加油”会给妻子带来莫大的力量和勇气。或者在说这些话的时候，紧紧握住她的手或轻轻抚摸她的头，同时告诉妻子，她和孩子对自己的人生是多么的举足轻重。

第40周

准妈妈与胎宝宝的变化

准妈妈：生命中那个重大的时刻就要来临了。十月怀胎，一朝分娩，所有的辛苦即将结束，期待已久的小生命很快就要投入到妈妈温暖的怀抱中。现在医生可以根据胎宝宝和准妈妈的身体情况确定分娩方式，大多数准妈妈都能自己生下宝宝，即采用阴道分娩，这是最自然、最健康的分娩方式，也有利于宝宝的身心健康，不要因为怕疼而选择剖宫产。特殊产妇应听从医生的建议，选择更为合适的分娩方式。

胎宝宝：大多数的胎宝宝都将在这一周降生，但真正能准确地在预产日期出生的只有5%，因为在计算预产期时已包括了合理误差，提前2周或推迟2周都是正常的，不必过于着急。但如果推迟2周后还没有临产迹象，特别是胎动明显减少，应该尽快去医院，医生会采取相应措施，尽快使胎宝宝娩出。

本周胎教重点

虽然宝宝就要出生了，但是胎教还要继续坚持，准妈妈依然要多欣赏一些美的事物，并将这种美好的体验继续传递给胎宝宝，这会是胎宝宝所喜欢的内容。现在趁宝宝还没有出生，准妈妈可以多给他讲一讲出生之后的事情，帮助胎宝宝对自己即将要降临的世界有一个最初的朦胧的感知，使他将来能够尽快地熟悉周围的生活环境。

语言胎教：读《你是人间的四月天》

这是一代才女林徽因写给爱子梁从诫的一首诗。四月是一年中最美好的一个月，蕴含着春天的蓬勃力量。宝宝就是春天的星、嫩芽的鹅黄，是一树花开，是梁间燕子……是世界上所有美好的事物中最耀眼的那一个，可见，宝宝在母亲的眼中是多么的珍贵，母爱是多么的热烈。

你是人间的四月天

——一句爱的赞颂

我说你是人间的四月天；
笑音点亮了四面风；
轻灵，在春的光艳中交舞著变。

你是四月早天里的云烟，
黄昏吹着风的软，
星子在无意中闪，
细雨点洒在花前。

那轻，那娉婷，你是；
鲜妍百花的冠冕，你戴着；
你是天真，庄严；
你是夜夜的月圆。

雪化后那片鹅黄，你像；
新鲜初放芽的绿，你是；
柔嫩喜悦，
水光浮动着你梦中期待的白莲。

你是一树一树的花开，
是燕在梁间呢喃；
——你是爱，是暖，是希望，
你是人间的四月天！

美学胎教：好玩的手影游戏

胎宝宝已经学习了足够多的东西，准妈妈不妨和他做做有趣的手影游戏吧，这个游戏可以让他出生后更加聪明、机敏。

双兔

两只手做的手影，一只手做一只小兔，手法比较难，需要多加难练习。（双兔：两只小兔在一起，不打架不淘气。真是一对手兄弟，快快乐乐做游戏。）

刺猬

两只手完成刺猬的手影，做时要注意刺猬的头和刺的控制，可以做一些小动作增加这个手影的趣味性。（小刺猬真神气，浑身长满尖尖刺。遇到危险缩成团，气得坏蛋转圈圈）

鹦鹉

两只手完成的手影，表演时鹦鹉的头可以做一些动作。（鹦鹉：小鹦鹉，到我家，有礼貌，会说话）

啄木鸟

两只手做的手影，一只手做木头，一只手做啄木鸟，可以让啄木鸟做啄木的动作。（啄木鸟：啄木鸟，是医生，树有病，不用请，笃笃笃笃忙不停，会开刀来会捉虫）

行为胎教：了解小家伙出生后要做的事

宝宝马上就要出生了，面对宝宝出生后的一切，你一定会充满了惊讶。所以，在宝宝到来之前提前了解三口之家的新生活是非常必要的。跟你周围的爸爸妈妈们聊聊，提前了解在宝宝出生后，尤其是出生的前两个月你可能会面临的困惑，比如要不要将宝宝的手脚包起来，宝宝要穿多少才不会着凉，还有让宝宝用何种睡姿最好等。

提前了解这些情况之后，现在的每一天就都可以轻轻松松、踏踏实实的了。万事俱备，就等着胎宝宝“搬家”吧。

营养胎教：分娩当天饮食推荐

分娩当天吃的食物，应该选择能够快速消化、吸收的高糖或淀粉类食物，以快速补充体力。不宜吃油腻、蛋白质过多和需花太久时间消化的食物。

分娩中的饮食

在第一产程中，由于时间比较长，为了确保有足够的精力完成分娩，食物以半流质或软烂的食物为主，如鸡蛋挂面、蛋糕、面包、粥等。

进入第二产程时，由于子宫收缩频繁，疼痛加剧，消耗增加，此时应尽量在宫缩间歇摄入一些果汁、藕粉、红糖水等流质食物，以补充体力，帮助胎宝宝娩出。巧克力是很多营养学家和医生推崇的“助产大力士”。

民间有产时吃桂圆鸡蛋或桂圆汤增力气、补气血的风俗，其实是缺乏科学依据的。从中医角度来看，桂圆安胎，可抑制子宫收缩，会减慢分娩过程，还有可能促使产后出血，所以分娩时不宜多吃桂圆。

分娩后的饮食

分娩后的饮食应稀、软、清淡，以补充水分、易消化为主。可以先喝一些热牛奶、粥等。牛奶不仅可以补充水分，还可以补充新妈妈特别需要的钙。粥类甜香可口，有益于脾胃，新妈妈不妨多喝一些。

音乐胎教：欣赏《云雀》

海顿的《云雀》是一首可以唤起人的情感，帮助心灵回归的曲子。这个时期的准妈妈可以和胎宝宝共同欣赏这首曲子。

海顿对弦乐四重奏情有独钟，这首曲子就是由两把小提琴和一把中提琴、一把大提琴组合演奏的，四声部均衡搭配，恰似愉快的交谈。乐曲一开始，小提琴轻快的旋律令人想起云雀婉转的啼唱，高歌快乐的旋律，一直持续到终乐章，那么快活明朗……

作为一个婉转动听的曲子，《云雀》能让人从中体会到作者对生活和自然的热爱，听起来让人非常愉快，所以准妈妈在孕期可以多听听这首曲子。最好选择一个悠然自得的环境，临窗而坐，细细地倾听。如果窗外有美丽的自然风光就会更加完美，这样在听音乐的同时，准妈妈还可以看看窗外的美景，景色和音乐交相呼应，清新动人，美妙无边。在欢快淋漓的音乐中，准妈妈还可以自由地想象自己和胎宝宝置身于云雀鸣叫的森林中，欢快自由地畅游欣赏，愉悦的心情随之而来。

准爸课堂：和妻子一起“分娩”

准爸爸可以在准妈妈分娩的时候，陪伴左右。这样不但可以使准妈妈增加自然分娩的几率，而且可以缓解准妈妈分娩时的压力和阵痛。同时，对于宝宝的运动平衡、神经平衡、感觉统合等，也有很好的保护作用。

在准妈妈分娩的过程中，准爸爸应该默默地用行动来陪伴妻子，给她心理上的安慰。当然，准爸爸的任何举动，都不能够干扰到医生的正常操作，要用理性的态度来面对。

在和准妈妈一起“分娩”时，准爸爸可以把准妈妈的手握住，但是不要往下看，因为有的人可能会对生产场面留下深刻的印象，影响以后夫妻间的正常生活。这时候准爸爸要学会“自我保护”，也就是“性心理的保护”。

最后，小生命终于降临了，准爸爸一定要给宝宝留下一个良好的“第一印象”，赶快以欢迎的姿态来迎接小天使的到来吧！

早教启智篇

有一些父母认为，宝宝在3岁以前什么都不懂，只要让宝宝吃饱、穿暖就行了，根本不需要什么教育。事实上，婴儿时期是生命发展的基础阶段与关键期，对于宝宝来说，早期教育能够帮助他们在身体、大脑、智力、个性、人格、精神、心灵等方面打好基础，可以为宝宝赢得一个健康灿烂的未来！

0～3个月宝宝早教启智

打开懵懂的世界

1个月宝宝智能发育标准参考

分类	项目	训练方法	标准水平
大动作	俯卧片刻抬头	宝宝趴在床上，脸向下，双臂放在头两侧，前面用摇铃逗引其抬头	自行抬头，下颌离开床面2秒
精细动作	握笔杆一会儿即掉	宝宝仰卧，将笔杆放在其手中	可握笔杆2～3秒
认知能力	听声音用眼睛找声源	宝宝仰卧，在其一侧耳边摇铃	眼睛向声源方向移动
言语	会发细小喉音	宝宝仰卧清醒时，观察其发音	能发出除哭以外的任何一种细小柔和的声音
情绪与社会行为	与父母眼对眼注视	宝宝清醒时与父亲或母亲对视	对视时能发出除哭以外的任何一种细小柔和的声音
	逗引会微笑	宝宝仰卧，用语言、表情逗他，但不要用手触及他	有微笑等愉快反应

2个月宝宝智能发育标准参考

分类	项目	训练方法	标准水平
大动作	俯卧抬头与床面呈45°	宝宝俯卧，双手放在两侧，前面用玩具逗引	可自行抬头离床面，面部与床呈45°
	注视自己的手	宝宝仰卧，手臂能自由活动	手臂在眼前注视5秒以上
精细动作	把小手放进嘴里	宝宝仰卧，手臂能自由活动	主动将手放进嘴里
认知能力	追视玩具超过90°（过中央线）	宝宝仰卧，距眼20厘米摇动一红线球（直径10厘米），引起其注意，然后慢慢将球移动向头的一侧，再由一侧经过中央移向另一侧	眼或头随红球转动＞90°
言语	会发a、o、e等单个韵母	面对宝宝，用丰富的表情和亲切的语言逗引他	会发a、o、e等音
情绪与社会行为	笑出声音	用玩具或语言逗引宝宝，但是要接触其身体	能发出“咯咯”笑声
	“天真快乐”反应	宝宝仰卧，家长站在宝宝面前，不要逗引宝宝观察他的表现	见人能自动微笑、发声或挥手蹬脚，展现出快乐的神情

3个月宝宝智能发育标准参考

分类	项目	训练方法	标准水平
大动作	俯卧抬头与床面呈90°	宝宝俯卧，两臂放在头两侧，前面用玩具逗引	头抬离床并与床面呈90°
	头能竖直且平稳	抱直宝宝，观察其头竖直情况	竖直超过10秒钟
	俯卧前臂撑	宝宝俯卧，两臂放在头两侧，前面用玩具逗引	用张开的双手或前臂支撑身体，脸正视前方
	仰卧转为侧卧	宝宝仰卧在平板床上，用玩具在一侧逗引	不用帮助，自己能从仰卧翻成侧卧
精细动作	手握着手	宝宝仰卧，穿着宽松，使手臂能自由活动，观察两手在胸前的位置	两手在胸前接触、互握
	握住拨浪鼓半分钟	宝宝仰卧，将拨浪鼓或带细柄玩具塞入宝宝的手中	握住玩具半分钟
认知能力	眼随玩具移动180°	宝宝仰卧，距眼20厘米处摇红线球（直径10厘米）引起其注意，然后慢慢将球移到头的一侧，再由一侧经过中央移向另一侧（180°）	眼或头随红球转动180°
言语	与人“交谈”	宝宝仰卧，家长与其面对面，用丰富的表情和亲切的语言逗引宝宝发音	能“一问一答”的发出声音
情绪与社会行为	见妈妈高兴	宝宝见到母亲时，观察其是否有特殊表现，如发出声音、急切地看或挥动手脚表示愉快	能表现出对母亲的偏爱

动作能力训练

抚触天天做

目的：常给宝宝做抚触，可以使宝宝睡得熟、吃得多、体重增长快。

步骤：

* 在温暖的房间里（室温6℃～28℃），将宝宝平卧在床上，尽量脱去衣服、鞋袜、帽子，母亲双手洗净并保持温暖，给宝宝涂一些润肤油。
* 头部：在面和头额、顶部用圆圈式抚触；颈部可以从上到下抚摸。
* 前胸部：从右下到左上、再从左下到右上，依次进行。
* 腹部：按顺时针方向转动按揉。
* 上肢：握住上肢，从上到下进行按摩；手掌部用大拇指按顺时针方向按摩；然后逐个手指从指根到指端进行揉摸。
* 背、腰、腿部：沿背脊由上至下抚摸，再在两侧腰部用大拇指揉压10次。大腿、小腿部可以用手握住下肢，由上至下进行按摩。
* 脚底、脚趾部：在脚底心处用大拇指按压10次，然后逐个揉拉脚趾。

注意事项：抚触时，手法的力度要根据宝宝的感受做具体调整。做完之后，以宝宝的皮肤稍微发红为最佳。

蹬蹬自行车

目的：锻炼宝宝的腿部力量。

步骤：

* 让宝宝面朝天躺在地板上或者床上。
* 帮助他来回蹬两条腿，就像骑自行车一样。
* 大人拿一个会发出有趣声音的玩具放在宝宝的脚边，让宝宝踢到它，发出声音。

注意事项：帮助宝宝双腿做自行车运动的时候，速度不要太快，要控制在宝宝能够承受的范围内，这样才能够取得最好的效果。

早教专家观点聚焦

潜能开发要根据小宝宝身心机能发展规律和年龄特征，有的放矢、循序渐进地进行各种活动，促进其生长发育。

我爱被动操

目的：宝宝的全身活动操，特别是肢体被动运动，对发展宝宝的运动功能和姿势，锻炼肢体肌肉和关节功能有益，同时也是进行各项早教训练的准备活动。

步骤：

做完抚触即可开始宝宝被动操，具体方法如下。

预备姿势：宝宝仰卧，母亲双手握住宝宝的双手，把拇指放在宝宝手掌内，让宝宝握拳。

第一节：扩胸运动

- 两臂胸前交叉；
- 两臂左右分开；
- 两臂再次在胸前交叉；
- 还原。

第二节：屈肘运动

- 向上弯曲左臂肘关节；
- 还原；
- 向上弯曲右臂肘关节；
- 还原。

第三节：肩关节运动

- 握住宝宝左手由内向外作圆形的旋转肩关节动作；
- 握住宝宝右手做与左手相同的动作。

第四节：上肢运动

- 双手向外展平；
- 双手前平举，掌心相对，距离与肩同宽；
- 双手胸前交叉；
- 双手向上举过头，掌心向上，动作轻柔；
- 还原。

注意事项：关节是宝宝最容易感到疼的地方。我们要自如地转动宝宝的手腕、肘部和肩部的关节，不能施加任何压力。

下彩色雨了

目的：增强宝宝头颈转动的灵活度。

步骤：

* 爸爸妈妈先用胶带将几条彩色纸条粘贴在厚纸板上，完成之后，拿起厚纸板，让彩色纸条向下，这样就做成了美丽的彩色雨丝了。

* 爸爸妈妈坐在宝宝的头顶前方，让宝宝平躺着，然后拿出彩色雨纸板，在宝宝的眼前轻轻晃动，并且对宝宝说："下彩色雨了！"

* 适时地变换摇晃的速度，并且配合宝宝的反应来移动彩色雨的位置。然后以小宝宝的脸蛋为中心，将彩色雨分别移动到宝宝的头顶、下巴、右耳、左耳的位置。

注意事项：爸爸妈妈应该选择色彩鲜艳的彩色纸条，色感越纯正越好。移动的时候应该从慢到快，逐步观察宝宝的反应。

> **早教专家观点聚焦**
>
> 宝宝一出生就有视觉功能。在"看世界"的过程中，宝宝逐步学会认识周围事物的名称、颜色、形状、大小，以及不同的用途。

拍拍打打小玩具

目的：促进宝宝的手眼协调能力。

步骤：

* 在宝宝的小床上方吊起两个玩具，一个要有声音，一个要颜色鲜艳。

* 妈妈握着宝宝的小手去拍打它，以便玩具可以前后晃动而发出声音，吸引宝宝自己去拍打它们。

* 要注意，玩具要经常更换种类和位置，以保证宝宝的新鲜感，并避免过度开发了宝宝的某一侧肢体。

* 宝宝玩过之后要及时把玩具收走，以免宝宝长时间盯着看，对眼睛不利。

注意事项：进行时间不宜过长，以免宝宝疲劳而产生厌烦感。

盯着火车跑

目的：能够帮助宝宝练习转头，锻炼宝宝的颈部肌肉，提高宝宝的身体控制能力，还能够帮助宝宝感受空间中的位置关系。

步骤：

* 爸爸妈妈在宝宝面前放一个“小火车”玩具，让宝宝的注意力集中在“小火车”上。

* 对小宝宝说：“小火车要出发喽！”然后将“小火车”从右向左慢慢地移动。

* 在移动小火车的时候，爸爸妈妈还可以模拟火车开动时的声音。

* 当“小火车”从宝宝身体的一侧移动到另一侧之后，爸爸妈妈可以“呜——”的一声停下来，然后再从左往右慢慢地开回去。

注意事项：“小火车”开动的速度不要太快，应该根据宝宝视线追随的情况进行适当调整；另外由于宝宝的视觉范围还不是很广，因此“小火车”与宝宝的距离应该控制在1米左右，最好不要超过2米。

举高高，举高高

目的：训练宝宝的身体平衡力，同时抑制宝宝的紧张感，纠正触觉的过分敏感，从而可提高宝宝的肢体协调能力。

步骤：

* 在宝宝开心的时候，拉拉宝宝的双手，摇摇宝宝的小脚，让宝宝的身体活动开。

* 妈妈或者爸爸仰躺在床上，将两只脚举高，膝盖微微地弯曲起来。

* 接下来，把宝宝放在自己的脚板上，用手拉住宝宝的手腕，轻轻晃动宝宝。还可以扶着宝宝的腰部，把宝宝放在自己的膝盖上，双眼注视着宝宝的脸孔，然后就前后左右轻轻摇晃。

注意事项：做此游戏要注意动作的稳定性，以免惊吓到宝宝，也不要让宝宝疲倦。

早教专家观点聚焦

大脑是神经系统的“司令部”。运动可增加大脑皮层的厚度，促使大脑释放出一种叫做脑啡呔的物质，这种物质能够减轻神经的紧张度，提高学习能力和记忆力。

俯卧抬头45°

目的：抬头训练，增强颈背部肌肉力量，扩大宝宝视觉范围，是脑功能发育必需的条件。

步骤：

★ 宝宝俯卧在训练桌上，把宝宝的两手放在肩下，与肩部等宽，手掌张开。

★ 帮助宝宝用肘关节支撑上身，用玩具或声音吸引宝宝抬头。要求能抬头45°，下巴离床面20厘米左右。

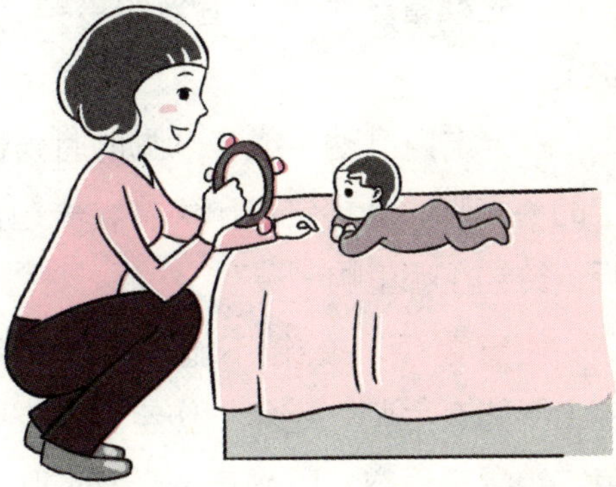

★ 训练开始阶段可以给些帮助：可在宝宝胸前放一个小枕头；妈妈可轻托宝宝的下巴，帮助他完成抬头动作。

注意事项：宝宝俯卧时，身体各部位的位置要正确，双手不能太弯曲或紧贴在胸部下面，更不能把手伸向后面。本项目是训练宝宝颈背部肌肉，因此在开始训练时可以先轻轻地按摩宝宝颈背部肌肉，使训练容易进行。

宝宝搭飞机

目的：这个可以锻炼宝宝的身体和四肢，从而提升宝宝的运动能力。

步骤：

★ 让妈妈先坐地上，两膝弯曲，手扶宝宝让其腹部贴在你的小腿上。

★ 妈妈身体缓慢向后躺到地板上，一边说着“飞机飞，飞呀飞，飞走啦”，一边慢慢把宝宝抬到空中。小腿应与地面平行，让宝宝舒服稳妥地趴在上面。

★ 妈妈可以试着向各个方向“飞翔”，然后慢慢把他放下来，平稳“降落”。

注意事项：运动结束之后，妈妈和宝宝都会感到有些疲倦，这时候，让宝宝躺在妈妈的胸口，休息5分钟，然后自然地进入梦乡。

认知能力训练

铃铛在哪响

目的：熟悉声音，从而提高宝宝的听觉能力和记忆能力。

步骤：

⋆ 先准备一个大小适当的铃铛，将这个铃铛系在宝宝的手腕上或者脚腕上。

⋆ 宝宝自己动手或者动脚的时候铃铛会发出声音，或者妈妈轻轻晃动宝宝的手和脚，让铃铛发出声音，一边再对宝宝说“宝宝听，什么在响？宝宝听，铃铛在哪里响……”。

注意事项：铃铛不能太响，太响的话容易刺激宝宝的耳膜；另外，铃铛上不能有毛刺，避免划伤宝宝的皮肤。要在宝宝醒着的时候带上铃铛，以免宝宝醒来后突然听到声音受到惊吓。同时，摇动宝宝的手脚时动作一定要轻柔。

追看妈妈脸

目的：促进宝宝视、听等感观知觉功能的发育，增进母子感情。

步骤：

⋆ 在宝宝清醒状态下，妈妈与宝宝面对面，保持头在正位，相距20～30厘米。

⋆ 妈妈用柔和、高调的声音对着婴儿说：“来—来—来”，同时把脸从中线慢慢向一侧移动，然后移回中线，又边说边把脸向另一侧移动。

⋆ 观察婴儿的眼睛和头追随妈妈的脸转动的范围，要求眼睛活动范围＞60°。

注意事项：应在婴儿清醒状态，最好在喂奶30分钟以后进行。婴儿的听觉对高声调敏感，对低音调不敏感，所以妈妈发音要用高声调，避免用低音调，以免训练效果达不到预期。

多彩的世界

目的：训练宝宝对图形、颜色的感知能力，同时还可以开发宝宝的视觉观察能力。

步骤：

★ 在宝宝的小床边悬挂一些颜色鲜艳的玩具，要记住，玩具的颜色一定要非常鲜艳，因为宝宝只能看到鲜艳的颜色，例如红色、绿色、蓝色等，如果是黄色宝宝都不一定看得到。

★ 拨动悬挂的玩具，让它轻轻摇动，以此把宝宝的注意力吸引过来，然后用温柔的语调和宝宝说话。

注意事项：明快的颜色可以提高宝宝的创造力。宝宝不能看到很远的物体，2个月大的宝宝才能看到25～30厘米远的东西，3个月大的宝宝会认真注视着距离他150厘米以内的东西。因此，爸爸妈妈要根据宝宝的视力变化来悬挂玩具，不能挂得太高，否则宝宝看不到，也不能把所有的玩具都挂在宝宝小床的同一侧，这样宝宝容易睡偏头。

暖暖日光浴

目的：提升宝宝对自然的感知，培养宝宝积极的情绪，有利于身体发展。

步骤：

★ 选一个阳光充裕且无风的时候，给宝宝戴一顶遮阳帽，避免阳光直射面部，让宝宝仰卧在阳光下，脱去宝宝的衣服，用小浴巾盖住肚子。

★ 妈妈边念儿歌，边轻揉宝宝被太阳晒到的部位，如小手臂、小脚丫，让宝宝保持愉快的心情。

★ 然后让宝宝俯卧，重复上述过程。

★ 日光浴结束时，用浴巾擦干宝宝身上的汗水，穿上衣服，给宝宝喝适量温开水。

注意事项：条件允许的话，尽量多带宝宝出来。总关在屋里对宝宝成长发育有害无益。

早教专家观点聚焦

日光浴有利于宝宝体内维生素D的转化以及对钙的吸收，而且对宝宝常见的化脓性感染、鼻炎、贫血、怕冷症以及低血压等多种病症都有较好的防治效果。

好玩的镜子

目的：训练宝宝的视觉；给予宝宝玻璃质地的触觉刺激；训练婴儿认识自己身体部位，发展婴儿的自我意识。

步骤：

* 选一个宝宝心情好的时候，把他平放在床上。
* 在宝宝的童床上放一枚不易碎的镜子，镜子放在宝宝的视线范围内，略微向下倾斜，大约10° 左右，保证他能够看到自己的脸。
* 引导宝宝去看镜子，并微笑着示意镜子里宝宝的面部表情很可爱。

注意事项：镜子应由不易破碎的金属材料制成，同时要注意宝宝在镜中的形象不能扭曲过度。不要担心宝宝照镜子会受惊吓，其实照镜子与平时看人是一回事，宝宝可以从镜子中认识自己，认识亲人并学会许多动作。

早教专家观点聚焦

宝宝会对着镜中的自己笑或喃喃自语，这是宝宝学习交流的体现。所以镜子是培养宝宝交流和交往的有益玩具，对丰富宝宝的视觉体验很有好处。

两只小帽子

目的：帮助宝宝感觉两种颜色的不同，而且还能够感觉数量的变化，有效地锻炼宝宝的空间知觉感以及物体在空间中的运动规律。

步骤：

* 爸爸妈妈可以将一顶红色的帽子和一顶绿色的帽子分别套在两只手上，在宝宝面前晃一晃，然后对宝宝唱儿歌“小红帽、小绿帽，一眨眼睛不见了”。
* 爸爸妈妈在念“小绿帽”的时候，可以将戴绿帽子的那只手稍微举高一点，在宝宝面前晃一晃。
* 在念“不见了”的时候，速度稍快地将两只手藏在身后。

注意事项：帽子的颜色应该选择纯正的，也可以选择其他对比强烈、颜色鲜艳的帽子，最好不要是花色的。当宝宝表现出兴趣下降的时候，可以再换两种颜色试一试。

一起摸摸蓝天

目的：用鲜艳的颜色来刺激宝宝的视觉，让宝宝熟悉这些颜色，从而提高宝宝视觉记忆能力。

步骤：

* 将一张颜色鲜艳的蓝天图画贴在宝宝的床顶。
* 妈妈抓着宝宝的手，轻轻地举过宝宝的头顶，然后轻轻放下，嘴里不停说着：“上，下，我们向上够，我们向下够，我们一起来摸摸蓝天！”
* 多次重复之后，妈妈抱着宝宝，鼓励宝宝自己伸手去触摸“蓝天”。

注意事项：父母还可以在宝宝的床顶挂一个会动的大玩具，约离宝宝的头部40厘米，或者使用一些颜色鲜艳的卡片和物体等。最好能把这些东西水平挂着，以方便宝宝一醒来就能看得到。

音乐“按摩师”

目的：培养小宝宝的音乐天赋，促进小宝宝的皮肤触觉能力。

步骤：

* 准备一些宝宝喜欢听的歌曲，比如莫扎特、贝多芬、舒曼等音乐家的音乐，或者妈妈在怀孕期间听过的胎教音乐也行。
* 游戏开始之前，爸爸妈妈先给宝宝播放10分钟他最喜欢的音乐。
* 然后把宝宝抱到沙发或者大床上，根据音乐的节奏给宝宝的身体做一些准备活动。
* 根据音乐的节奏给宝宝进行按摩，顺序为从头到脚。按摩的时候要注意节奏，每一次按摩可以持续15秒钟左右。
* 在按摩的同时，爸爸妈妈还可以观察宝宝的情绪变化，根据孩子的情绪反应来调整按摩的速度，总之要让宝宝感受到按摩节奏的慢和快。

注意事项：如果在按摩过程中，宝宝表现出反感的情绪，甚至是哭闹不止，那么应该立即停止这个游戏。另外，玩这个游戏，应该在宝宝睡醒半个小时或者吃完奶半个小时之后。

语言能力训练

张嘴伸舌啦

目的：让宝宝看到妈妈张嘴、伸舌时，能联想到自己身体的具体部位，而表现出神奇的面部表情和动作，如张嘴、伸舌等，为学说话做准备。

步骤：

* 宝宝清醒状态下，妈妈在距宝宝面部20～25厘米处与宝宝面对面，吸引其注视。
* 妈妈首先张大嘴，发出亲切的“啊——”声音，每隔20秒一次，重复几次后，宝宝也会学着张开小嘴。
* 宝宝会张嘴后，妈妈再慢慢地重复伸舌动作6～8次，使宝宝也能运动他的小舌头，甚至会把舌头伸出来。

注意事项：必须要在宝宝清醒、喂饱的状态下进行，不论是做张嘴还是伸舌动作都要反复地、有规律地进行，才能诱发宝宝模仿。

亲爱的小宝宝

目的：促进宝宝语言理解能力，同时丰富父母和宝宝之间的情感交流。

步骤：

* 让小宝宝舒舒服服地躺在床上。
* 家长拿着动物卡片，在宝宝的视线范围之内移动，并注意观察宝宝的表情。
* 移动的时候，可用十分轻柔的声音模仿着卡片上动物的叫声，以引起宝宝的注意。
* 把你的手放在宝宝的肚子、脸庞、肩膀、小手、小脚附近，轻轻按摩片刻，面带微笑地呼唤：“宝宝，小宝宝！”

注意事项：为提高宝宝的兴趣，每过一段时间就要拿一些不同的道具加入。要注意选择外形比较简单且色彩鲜明的卡片，可以在短时间之内吸引宝宝的注意。

听，玩具的声音

目的：锻炼宝宝的听觉能力，为宝宝开口打下基础。

步骤：

* 准备好不同大小、不同尺寸、不同质地的各种填充动物玩具，摆放在宝宝床边。
* 在他的面前一边晃动玩具一边说，“嗨，宝宝”“你好吗？”等等。
* 注意在晃动玩具说话时，要根据不同的动物玩具变换说话的声音、语调，以给宝宝倾听不同声音的机会。

注意事项：要保证周围环境的安静，而且做这个游戏时，要注意拿些小一点儿的玩具，以便宝宝可以抓起它们。

开心的谈话

目的：妈妈经常开心地对宝宝说话，会让宝宝从小形成开朗的性格，同时奠定语言的基础。

步骤：

* 当宝宝醒来的时候，与他面对面相视，大约相距30厘米的距离。
* 用温暖、关爱的目光看着他，并轻轻呼唤他的名字或叫他“宝宝”。
* 用轻快的声音对宝宝说话，语速尽量放慢，稍微提高音调。

注意事项：妈妈的声音尽量温柔、清脆，不断地跟宝宝说些快乐的事情。宝宝虽然不理解语言，但是妈妈的语调以及说话时间的长短，都在无形之中影响着宝宝。

宝宝“啊啊啊”

目的：通过学习有节奏的声音，可以提高宝宝对节奏的敏感度。同时还能够提高宝宝“说话”的兴趣，对于宝宝的语言、交往等发展，是十分有益处的。

步骤：

* 当宝宝精神状态比较好的时候，爸爸妈妈可以和宝宝面对面地坐着，视线相对。爸爸妈妈可以自编一首简单的小曲调“啊——啊啊啊——啊啊”，反复唱给小宝宝听。

* 然后把速度放慢，引导宝宝发出同样“啊——啊啊啊——啊啊”的声音。

* 当宝宝发对一个音时，就可以亲宝宝一下，算是给宝宝的表扬与鼓励。

注意事项：当宝宝发出一个音节时，就算不够标准，爸爸妈妈也应该给宝宝一些表扬和鼓励，这样才不会“打击”宝宝的积极性。

宝宝也会打“哇哇”

目的：帮助宝宝初步感知声音，促使宝宝发出连续的、有节奏感的声音。

步骤：

* 首先准备一张干净的纸巾。妈妈先用手在自己的嘴巴上拍一拍，发出“哇哇”的声音，然后拿着宝宝的小手在宝宝的嘴上拍。

* 当宝宝发出“哇哇”声时，妈妈就可以拿出备用的纸巾，放在宝宝的嘴前，通过观察纸张振动引导宝宝感知声音。

注意事项：由于宝宝的皮肤非常敏感，因此在帮助宝宝打“哇哇”时应该轻一些。如果宝宝不能发出“哇哇”的声音，妈妈可以让宝宝看你的嘴形，多示范给宝宝看。

早教专家观点聚焦

千万不要以为宝宝的语言能力是无师自通的。其实，宝宝每天都在留意大人发出的各种声音。所以聪明的妈妈要给宝宝丰富的“学习”材料，帮助他更快地开口说话。

情感发展训练

藏在音乐里的爱

目的：让宝宝每天醒来都能拥有快乐的心情，还可能促进亲子间的感情。

步骤：

* 在宝宝的卧室里播放自然音乐或者巴洛克音乐。把宝宝放在摇篮中，轻轻地摇晃着，让宝宝在悠扬的音乐中享受每一个音符的跳动。
* 在享受音乐的同时，还可以为宝宝哼唱歌曲，或者读一些简短的儿歌。
* 不时地亲一亲宝宝，抱一抱宝宝，让宝宝感受到爸爸妈妈对他的喜爱。

注意事项：宝宝摇晃的时间不要太久，一般5～10分钟就可以了。而且摇晃的幅度不宜超过10°。

爱的抚摸

目的：让宝宝从妈妈的抚摸中，感受妈妈对他的爱，促进宝宝的情感发展。

步骤：

* 在给宝宝换完尿布，或者在给宝宝洗澡之前，把宝宝平放在床上。
* 一边抚摸宝宝，一边和宝宝说话，抚摸的时候可以从宝宝的双肩到双手，从脚到臀部，然后从上到下摸摸胸。最后摸摸宝宝的小脸蛋、小眼睛、小鼻子、眉毛、额头，等等。再把宝宝抱起来，用手抚摸宝宝的背部、颈部和头，按这样的步骤抚摸宝宝的全身。
* 在抚摸宝宝的同时，妈妈还可以一边说“宝宝真可爱”“摸摸小鼻子”，等等。

注意事项：抚摸宝宝的时候，妈妈动作一定要轻柔，饱含爱怜之情。还应该对宝宝微笑，让宝宝感受到妈妈的爱。

条件反射笑笑笑

目的：让宝宝养成逗笑的条件反射，而且宝宝越早学会笑，以后就会越聪明。

步骤：

* 爸爸妈妈将宝宝抱在怀里，用手轻轻地挠挠他的身体。

* 摸一摸宝宝的小脸蛋，用快乐的表情和声音去感染宝宝，让宝宝发笑。

* 当宝宝的目光渐渐变得柔和，不像开始那样紧张时，眼角上扬，嘴角微微向上，快乐的笑容出现了。

注意事项：爸爸妈妈一定要注意，逗笑也要适度，因为过度的大笑可以会导致宝宝发生瞬间窒息、缺氧、暂时性脑缺血而损伤大脑。同时，逗笑的时间也不能随意，比如在进食或者晚上睡前最好不要逗笑。

早教专家观点聚焦

逗笑一般出现在宝宝出生后14天～21天，生活在快乐环境下的宝宝会笑得早一些。家长可以采取挠挠胳肢窝、做怪脸、做怪动作等早点逗宝宝笑。

小宝宝找妈妈

目的：让宝宝的心情变得更愉快，能够增进宝宝与家人之间的亲密感情。

步骤：

* 妈妈和宝宝面对面地坐在一起，轻轻叫唤宝宝的名字，让宝宝的注意力集中在妈妈身上。

* 这时，妈妈用双手捂住脸，并且问宝宝："妈妈呢？妈妈哪里去了？"

* 紧接着又把双手拿开，笑着对宝宝说："哈哈，妈妈在这里！"

* 在玩这个游戏的时候，妈妈还可以配合儿歌："小宝宝，仔细瞧，妈妈怎么不见了？妈妈、妈妈，我知道，你在和我藏猫猫。"

* 这样反复做几次，将宝宝逗笑。

注意事项：躲猫猫是宝宝们都很喜爱的游戏，不过由于宝宝年龄较小，妈妈"离开"的时间不能够太久，不然宝宝会因为害怕而哭闹的。

咚咚咚，是什么

目的：借助宝宝和妈妈的皮肤接触，传达妈妈对宝宝的爱意，让宝宝由此稳定情绪。

步骤：

* 妈妈一边轻轻地敲打宝宝的双手，一边问："咚咚咚，请问这是什么啊？"之后，再回答："是的，这是手。"同时一定要先握住宝宝的手，再放下来。

* 妈妈一边敲打宝宝的脚，一边问："咚咚咚，这是什么啊？"之后，再回答："这是脚。"同样的，先握住宝宝的小脚，然后再放下来。

* 采用这样的方式来敲打宝宝的身体，可以引导宝宝关心自己身体的各个部位。

注意事项：在宝宝睡觉之前，或者刚睡醒的时候，父母也可以按照上面的方法让宝宝认识自己的身体。

与妈妈共舞

目的：既培养宝宝的节奏感，又提升宝宝的专注力，同时还能增强宝宝的安全感以及由此对父母产生的信任感。

步骤：

* 抱着宝宝随着四三拍的乐曲节奏跳双人舞，前跨步、后跨步、旋转、仰抱、竖抱或者是让宝宝俯趴在妈妈的怀里。

* 变换姿势继续跳，还可以一边跳一边对宝宝说"宝宝真棒"或者其他的鼓励宝宝的话语。

注意事项：在跳舞的过程中，注意不要动作幅度太大，以免震颤过大使宝宝害怕。另外，跳一会儿后要停顿休息一下，以免累到宝宝。

听爸爸把歌唱

目的：宝宝通常都比较喜欢音调较高的女性的声音，尤其是自己妈妈的声音。而爸爸说话的声音音调较低，尾音变化也比较少，宝宝就会习惯性的觉得爸爸的声音要比妈妈的声音“安静”。因此，听爸爸唱歌，会给宝宝带来别样的快乐感受，还会利于宝宝良好性情的培养。

步骤：

* 爸爸抱着宝宝，让他的头靠着自己的下颌，等宝宝再长大一些，就让他靠着爸爸的肩膀。
* 爸爸可以在宝宝临睡之前给他唱《摇篮曲》之类的歌曲。通过爸爸浑厚声调的阐释，这些歌曲听起来会很不同，效果也不同凡响。
* 如果发现宝宝对某首曲子非常感兴趣，就要把它记录下来，反复唱给宝宝听，唱的次数越多越好。

注意事项：爸爸给宝宝唱歌的过程中，可能会发现，宝宝会更喜欢一些爸爸自创的歌曲。

小手牵大手

目的：通过手与手之间肢体的接触，达到情感沟通的效果，让宝宝形成对父母的依恋。

步骤：

* 宝宝仰卧，保持头在正中位，用妈妈的手指去触碰婴儿的手掌心，使其抓握，一边说：“宝宝拉着妈妈手，小手拉大手。”
* 妈妈轻轻提拉手指，促使宝宝用力握持，能够持续10秒以上。
* 待宝宝放松一些，妈妈抽出手指，一边说“再见啦”。
* 如此反复玩。宝宝在过程中，既可以掌握抓握能力，又是跟妈妈之间很愉悦的情感互动。

注意事项：宝宝不喜欢玩时，不要勉强他。

早教专家观点聚焦

3个月开始，婴儿就可以有高兴或不高兴的表现，如听轻快、柔和的音乐时会用微笑来表示喜欢，看见妈妈的脸会手脚轻轻晃动来表示开心。

每月一测：1个月宝宝智力测试

1 第一次注视离眼20厘米的黑白图画：

A. 10秒以上（10分） B. 7秒以上（8分）

C. 5秒以上（6分） D. 3秒以上（0分）

2 离耳15厘米摇动内装20粒黄豆的塑料瓶时：

A. 转头眨眼（10分） B. 皱眉（8分）

C. 纵鼻张口（6分） D. 不动（0分）

3 大人将手突然从远处移至宝宝眼前：

A. 转头眨眼（6分） B. 眨眼（5分） C. 不动（0分）

4 手的动作能力：

A. 双手可达胸前，可吸吮任一侧手指（6分）

B. 单手达胸前只吸一侧手指（5分）

C. 吸单侧拳头（3分）

D. 双手在体侧不动（1分）

5 放笔杆到宝宝手心：

A. 紧握10秒以上（10分） B. 握住5秒以上（7分）

C. 握住3秒（5分） D. 不握或握后马上放开（0分）

6 啼哭时，大人发出声音：

A. 回应性发音二次（10分） B. 回应性发音一次（8分）

C. 停止啼哭等待（7分） D. 仍继续啼哭（2分）

7 大人同他讲话时：

A. 发出吼音回答（12分） B. 小嘴模仿（10分）

C. 停止注视（8分） D. 不理（0分）

8 逗笑：大人用手指挠胸脯发出回应性微笑，出现在：

A. 5天前（16分） B. 10天前（14分） C. 15天前（12分）

D. 20天前（10分） E. 满月前（8分）

9 用声音、姿势、便盆作条件出现的排便及排尿出现在：

A. 15～20天（12分） B. 20～25天（10分）

C. 25～30天（8分） D. 不会（2分）

10 10天后俯卧时：

A. 头能抬起，下巴贴床（12分）

B. 眼睛抬起观看（10分）

C. 头转一侧脸贴枕上（8分）

D. 头不能动，压在枕上，由大人转动（4分）

11 扶腋下站在硬板上能迈：

A. 10步 B. 8步 C. 6步 D. 3步 （每迈一步记1分）

12 俯卧时大人双手从胸部两侧将宝宝托起：

A. 头与躯干平，下肢下垂（10分）

B. 头略低于躯干，下肢下垂（8分）

C. 头与下肢均下垂（4分）

结果分析

1、2、3题测认知能力，应得25分；4、5题测精细动作，应得15分；6、7题测语言能力，应得20分；8题测社交能力，应得12分；9题测自理能力，应得10分；10、11、12题测大肌肉运动，应得28分，共记110分，得分在90～110分为正常，120分以上为优秀，70分以下为暂时落后。

每月一测：2个月宝宝智力测试

1 看画：

A. 对喜欢的图画笑，对不喜欢的图画一扫而过，表现分明（10分）

B. 对所有图画表现一样（6分） C. 从未看过图画（0分）

2 追视红球：

A. 向左右追视达180°，头和眼同时转动（10分）

B. 仅双眼转动，幅度小于60°（6分）

C. 不追视，双眼不动（0分）

3 看手，仰卧时伸手到眼前观看：

A. 10秒以上（12分） B. 5秒（10分）

C. 3秒（6分） D. 不看（0分）

4 随声转头：

A. 听到母亲的声音转头观看（10分） B. 眼看不转头（5分）

C. 不动（0分）

5 把物体放入手心：

A. 紧握放入口中（12分） B. 握紧达两分钟（10分）

C. 握住马上放手（8分） D. 不握掉下（2分）

6 高兴时发出元音“啊、咿、哦、呃、呜”等：

A. 3个（10分） B. 2个（6分） C. 1个（3分） D. 不发音（0分）

7 饥饿时听到脚步声或奶瓶声：

A. 停哭等待（10分） B. 哭声变小（8分） C. 仍大声啼哭（2分）

8 逗笑时：

A. 45天前笑出声音（12分） B. 45天后笑出声音（10分）

C. 微笑无声（8分） D. 不笑（0分）

9 用勺子给宝宝喂钙剂的时候：

A. 吸吮吞咽（8分） B. 舌头顶出（4分） C. 未喂（0分）

10 让宝宝俯卧抬头：

A. 下巴离床（10分） B. 下巴贴床（8分）

C. 抬眼观看（4分） D. 脸全贴床（2分）

11 对宝宝进行竖抱时：

A. 头直立不用扶持（6分） B. 头垂前方（4分）

C. 头仰向后（2分）

12 扶腋下在硬板床上自己能迈：

A. 10步（10分） B. 8步（8分） C. 6步（6分）

D. 4步（4分） E. 不动（0分）

结果分析

1、2、4题测认知能力，应得30分；3、5题测精细动作，应得20分；6、7题测语言能力，应得20分；8题测社交能力，应得12分；9题测自理能力，应得8分；10、11、12题测大肌肉运动，应得20分，共计可得110分，总分在90～110分为正常，120分以上为优秀，70分以下为暂时落后。

每月一测：3个月宝宝智力测试

1 认识妈妈：

A. 见到妈妈会主动投怀送抱（5分）

B. 妈妈离开的时候会哭叫（4分）

C. 对谁都一样（1分）

2 头颈部的活动，上下左右环形追视：

A. 会上下追视（6分） B. 会左右追视（3分）

C. 小于60° 左右追视，眼睛动但头不动（1分）

3 眼睛看双手：

A. 互相抓握玩耍，抓脸、衣服、被子（10分）

B. 手乱抓，眼睛看不着（6分） C. 手不会抓物（0分）

4 牵铃的绳子套在宝宝某一肢体上，宝宝：

A. 知道动哪一个肢体铃声会响起来（12分）

B. 全身滚动来使铃铛响（10分）

C. 不会牵绳子弄不出声音（2分）

5 会发出长元音或者双元音：

A. 3个（9分） B. 2个（6分） C. 1个（3分）

6 大人讲话的时候，宝宝：

A. 大声答话（12分） B. 小声答话（10分）

C. 笑而不答（8分） D. 毫无反应（0分）

7 常常笑：

A. 见熟人笑，对着镜子笑（10分） B. 见人就笑（8分）

C. 人逗他他才笑（6分） D. 很少笑（4分）

8 对大人诱导大小便的动作作出反应：

A. 会做表示，白天很少弄湿床铺（10分）B. 偶然会成功1次（6分）

C. 常用尿不湿，不去诱导（0分）

9 翻身90°：

A. 仰卧转侧卧（12分） B. 俯卧转侧卧（10分）

C. 侧卧转仰卧（8分） D. 侧卧转俯卧（6分）

10 俯卧抬头：

A. 抬起半胸，用肘部支撑（10分） B. 抬头，下巴离床（8分）

C. 眼睛往前看，下巴贴着床（6分）

11 宝宝俯卧，大人用双手从两侧托胸并且举起的时候：

A. 头、躯干和髋部会成直线，膝部屈成游泳状（10分）

B. 头和躯干成直线，下肢下垂（6分）

C. 头和下肢都下重（2分）

12 扶着腋下站在硬板上迈步的时候，宝宝会迈出：

A. 5步（6分） B. 4步（5分） C. 3步（4分） D. 1步（2分）

结果分析

得分在70分以下的：说明宝宝的智能发展没有达到理想水平，妈妈要多加训练。

得分在90～110分：说明宝宝的智能发展达到平均水平，若想再提升宝宝的智能，妈妈就要多加训练。

得分在110分之上：说明宝宝的智能发展非常棒！要继续保持！

4~6个月宝宝早教启智

能和爸妈"说话"啦

4个月宝宝智能发育标准参考

分类	项目	训练方法	标准水平
大动作	会翻身（仰卧变俯卧）	宝宝仰卧，用玩具在其一侧逗引	能从仰卧翻成侧卧再俯卧
	扶髋能坐	抱宝宝坐在大人腿上，用两手扶住其髋部	能靠大人的帮助自己坐稳5秒以上
精细动作	主动够取桌面上距手2.5厘米的玩具并紧握	抱坐，将玩具如摇铃放在桌面上距手2.5厘米处	主动够取桌面上距手2.5厘米的玩具并紧握
认知能力	头转向声源	抱坐，在距宝宝耳侧水平方向15厘米处摇铃	能转头找到声源
言语	大声笑	逗引宝宝，如胳痒、抱到户外等，引起愉快情绪	笑声响亮
	独自一人咿呀作语	宝宝独自一人安静时观察其发音	咿咿呀呀自言自语
情绪与社会行为	见实物（母乳等）有兴奋模样	观察宝宝见到母亲乳房或奶瓶时的表情	见食物两眼盯着看，有兴奋表情
	见母亲伸手要抱	观察见母亲时的反应	伸手要求抱
	辨认生熟人（见生人盯看、躲避、哭等）	观察见生人的反应	见生人盯看、躲避、哭

5个月宝宝智能发育标准参考

分类	项目	训练方法	标准水平
大动作	扶腋下能站立	双手扶宝宝腋下，站在床上或大腿上	能站立2秒以上
精细动作	抓住悬吊玩具	宝宝仰卧，逗引他够取悬吊在胸前的玩具	能主动够取、抓住玩具
	两手各握一玩具	抱坐，大人先递一块方积木让宝宝抓住，再向另一手递另一块方积木	能先后用两手拿住两块方积木
认知能力	玩具掉落后，两眼跟着看	抱坐，用红线球（直径10厘米）在宝宝眼睛水平方向引起其注视时，将球滚落在地上，大人手仍保持原姿态，观察宝宝反应	球落地后，宝宝立即低头寻找
言语	叫名字会注视和笑	大人在宝宝面前呼唤其名字	宝宝注视大人并笑
	看到熟悉的人或玩具会咿呀发声	观察宝宝对熟悉的人或玩具的发音	咿咿呀呀，像在对人“说话”
	能模仿大人发出的重复音节	宝宝醒着高兴时，大人与其面对面，发出重复音节，如“ba ba，da da，ma ma”等语	会模仿大人发出重复音节
情绪与社会行为	望着镜中人笑	抱宝宝到穿衣镜前，逗引他观看镜中的人像	对镜中人笑

6个月宝宝智能发育标准参考

分类	项目	训练方法	标准水平
大动作	独坐片刻	让宝宝坐在床上，不扶，给其玩具玩耍	能独自坐半分钟以上
	扶着站立	扶宝宝双臂站立	能扶站5秒以上
精细动作	积木从一手传至另一手	宝宝抱坐，递一方积木给宝宝拿住后，再向拿积木的手前递另一块积木	将第一块积木直接传至另一手后，再去拿递来的第二块积木
认知能力	抓去蒙在脸上的手帕	宝宝仰卧，将一块干净的手帕蒙在其脸上	能用手抓去脸上的手帕
	会认物品（注意是注视还是用手指）	抱起宝宝，大人说出他熟悉的物品观察反应	听到物品的名称，会用眼注视或用手指
言语	听到“妈妈”朝妈妈看	父亲或其他人抱起宝宝，母亲站在一旁，父亲问宝宝：“妈妈呢?	听到问话朝妈妈看
情绪与社会行为	开始认生	观察宝宝对生人的反应	有明显的害怕、焦虑、哭闹等反应
	捕捉并拍打镜中人	置宝宝于大镜子前	对镜中人影有捕捉、拍打、亲吻等反应
	夺走玩具发脾气	直接夺走宝宝手中正在玩的玩具	喊叫，表示不高兴或哭闹
	区别严厉与亲切的语言	观察宝宝对严厉或亲切语言的理解程度	对亲切的语言表示愉快，对严厉的语言表示不安或哭泣等反应

动作能力训练

一二三，学翻身

目的：锻炼宝宝身体的灵活性，对宝宝背颈部肌肉也有很好的锻炼作用。

步骤：

* 为宝宝换过尿布后，让宝宝躺在一个松软的地方，之后慢慢将宝宝翻转过来。
* 一边翻动宝宝，一边轻声地对宝宝说话。例如，可以说“宝宝乖，妈妈帮你翻翻身”，“宝宝，来，一起使劲翻过来，一、二、三”。
* 翻过身后，可以一边抚摸宝宝的背部，一边和宝宝说话。
* 再像之前一样翻两次。相信在换完尿布之后再玩翻身，是所有宝宝都很期待的活动哦！

注意事项：宝宝身体非常稚嫩，因此爸爸妈妈一定要慢慢帮宝宝翻身，以免造成宝宝晕眩。玩的时候一定要和宝宝说说话，不但能促进亲子感情，还能综合提高宝宝的能力。

飞鸟空中飞

目的：训练宝宝抬头和竖头能力的同时，进行平衡功能训练，安定宝宝情绪，促进亲子互动。

步骤：

* 妈妈坐在地上，宝宝坐在妈妈的大腿上，妈妈扶着宝宝。妈妈大腿一伸一屈，让宝宝感到一上一下的体位变动，当大腿伸直时适当抖动，让宝宝能够感到坐着抖动。妈妈配合动作的节奏念儿歌：“飞鸟起飞，一上一下，抖抖动动，穿云驾雾。”
* 抱着宝宝交替向两侧上方摆动，逗引宝宝发出笑声。边摆动边念儿歌：“宝宝飞上天，太阳笑笑；宝宝飞到地，妈妈抱抱。”

注意事项：刚喂奶不久不要进行，喂奶后至少30分钟才可训练。摆动的幅度不能过大。

保龄新人王

目的：能够刺激宝宝的触觉，锻炼宝宝的平衡能力。

步骤：

* 爸爸妈妈先将3个空瓶按顺序摆好，间距不能太大。
* 然后把宝宝扶到瓶子前面站好，由爸爸妈妈扶着宝宝的腋下，并提起离地悬空，前后轻轻地摇晃，就像荡秋千一样。
* 当宝宝习惯了这种摇晃的感觉之后，爸爸妈妈就可以稍微用力一些，并且在往前时，帮助宝宝把瓶子踢倒。

注意事项：将宝宝提起离地时，不要弄疼了宝宝的胳膊；在踢瓶子的时候，也不要太用力地晃宝宝，注意不要扭伤宝宝的身体，更不要摔了宝宝。

早教专家观点聚焦

6个月左右的宝宝对高度已经有了感知，对高度的恐惧几乎是天生的。所以，在进行游戏时，爸妈一旦看到宝宝有点害怕，就该暂停活动。

碰一碰小球儿

目的：锻炼宝宝的手部活动能力、上肢和下肢的平衡能力，进而锻炼宝宝右脑的手眼协调能力。

步骤：

* 在宝宝的小手可以够得到的地方吊一个小球，家长拉着宝宝的小手去拍打吊着的小球，使小球前后摇晃，之后就引导着宝宝再去拍它。
* 家长还可以一只手竖着抱宝宝，另一只手拿着宝宝的手去碰房间里悬挂的一些物品。这个时候家长可以说一些话来让宝宝产生碰物体的兴趣。可以碰一下就讲一句，例如“碰得高，碰得响；碰一碰，响一响；碰一碰，跳一跳。”
* 家长可以轮流举着宝宝进行左右手碰物体练习。当宝宝有了一些经验之后，就可以主被动相结合，再逐步地过渡到主动碰物，从而为以后的主动抓握物体打基础。

注意事项：宝宝伸手的时候有时候会因位置不对而拍不到小球，但是反复练习之后，宝宝就会自己调整手的位置和伸出胳膊的长度，逐渐地能拍到小球了。

自己捧杯来喝水

目的：让宝宝自己练习喝水，为以后不再使用奶瓶做准备，也可以培养宝宝良好的生活习惯。

步骤：

* 先给宝宝系上小围裙，告诉他妈妈准备让他自己喝水了。

* 找出一个双耳杯，让宝宝用双手捧着杯子的两个耳朵，再由妈妈帮助托住杯底来练习捧着杯子喝水。

* 每次往杯中只倒入不多于杯子容量1/4的水，以免宝宝洒出来。

* 宝宝对新的饮用工具会很有兴趣，且很喜欢尝试，但是目前还只能让他喝水或者喝一些蔬菜汁等。注意在喝的时候，每次都要鼓励宝宝喝干净并且尽量少洒漏。如果宝宝做得很好，妈妈要及时给以奖励。

* 一般情况下，宝宝完全学会用杯子喝水和喝奶会需要几个月。妈妈可以争取让宝宝在周岁之前就能够自己用杯子喝水，在1岁半的时候完全不用奶瓶喝水。

注意事项：喝水是生活习惯的一种，在宝宝小的时候开始训练，等宝宝长大之后就会很容易形成良好的生活饮食习惯。

连续翻滚啦

目的：进一步增强宝宝的翻身能力。

步骤：

* 让宝宝躺在布单上，爸爸拉住宝宝的两只脚旋转，促使宝宝翻身，妈妈用手扶住宝宝头旋转，做为辅助力量，促使宝宝连续翻身。

* 妈妈在做这些旋转动作时，唱儿歌："搓，搓，搓油条，滚，滚，滚油条，滚根油条黄焦焦。"妈妈一边用手帮宝宝翻身，一边念儿歌。

* 接着妈妈准备床单或毛巾做裹春卷。用床单把宝宝的身体卷住，妈妈拉床单一头，使宝宝被动翻滚，宝宝经过几次练习后，便会很容易自己使劲，向一侧连续翻滚。

注意事项：一定要注意宝宝的安全。当宝宝翻滚后兴趣较高时，很容易碰到周围的物件。

早教专家观点聚焦

翻身是婴儿的第一个移动手段。一般宝宝满3个月之后翻身，但也因人而异，家长不用着急。

主动把手伸

目的：训练眼手协调功能，对宝宝日后的运动和智力的发育有促进作用。

步骤：

* 宝宝仰卧，保持头在正中位。妈妈在宝宝面前摆动红球或宝宝喜欢的玩具，吸引宝宝伸出手来。再把红球或玩具移到宝宝能看得到的左或右侧，让他也能伸手。必要时可给予帮助，扶起宝宝的手伸向玩具。

* 妈妈面对宝宝，向他伸出双手说“宝宝，抱抱！”鼓励宝宝伸出双手。

* 抱着宝宝看镜子，吸引他伸出手来触摸镜中的影像。

注意事项：物体应放在宝宝视线和上肢伸展能及的范围内。宝宝最喜欢的玩具更能吸引宝宝的注视。对不能注视的宝宝应请医师进一步检查。

小宝宝学投篮

目的：这个小游戏能够刺激宝宝的听觉，还能训练宝宝的视觉能力和操作能力，让宝宝知道什么是因果关系。

步骤：

* 首先准备洗净的饮料纸盒数个、几种小一点的玩具、一些胶带等。

* 爸爸妈妈先将纸盒上下挖空，用胶带粘贴在墙面上，高度与宝宝坐下时鼻子的高度相同。

* 爸爸妈妈做一个示范，将小玩具一件件扔进纸盒中，然后抱着宝宝坐在纸盒前面，让宝宝学着自己去丢。

* 如果宝宝还不能够扔进去的话，爸爸妈妈可以握着宝宝的小手，帮助宝宝把玩具扔进去。

注意事项：如果宝宝的玩具掉落，爸爸妈妈可以帮忙捡回来再扔；如果宝宝总是投不进去，爸爸妈妈也要适当帮忙，不然宝宝以后就不喜欢玩这个游戏了。

认知能力训练

分辨出小豆豆

目的：锻炼小宝宝的视觉分辨能力，培养宝宝的初步观察力和一些比较简单的思维能力、分析能力，吸引宝宝的注意力。

步骤：

* 先准备好一张白色的餐巾纸，在桌子上平铺好，然后往上放一颗小红豆和一颗黑豆，看宝宝能不能很好地识别出来，如果他没有发现小红豆，那么妈妈可以抖动桌子上那张白色的餐巾纸，让小红豆滚动，以此来吸引小宝宝的注意力。

* 当宝宝注意到了小红豆，接着，还可能会注意到那颗黑豆，这时，他就会伸出手来摆动黑豆，这时，妈妈可以适当地给宝宝一些奖励。

注意事项：在做这个训练之前，要保持干净与卫生，妈妈和宝宝一定要先把手洗干净，用来做训练的豆子最好是能吃的食物，但是不能让宝宝把它们全都吃掉了，因为这样容易让宝宝造成误解，以为桌子上的东西都是可以随便吃的。

红色玩具是哪个

目的：帮助宝宝认识颜色，并进一步发展宝宝的形象思维能力。

步骤：

* 拿出一件宝宝平常很喜爱的红色玩具，例如红色的积木。反复地告诉宝宝“这块积木是红色的。”然后再问他“红色的呢？”如果他能找，父母就要高兴地称赞他。

* 再拿出另外一件红色的玩具，如一个红色的瓶盖，告诉宝宝“这个也是红色的”。当他表现出很疑惑的表情时，父母可以再拿出一块红布与红积木和红瓶盖放在一起，告诉宝宝这些都是红色的。

* 把上面的物品都放在一起，告诉他“把红的给我”，看他能不能把红色的都给找出来。如果不能全都找出来，可以给他一定的指示。

注意事项：颜色是比较抽象的概念，要给宝宝充分的时间慢慢理解，认识第一种颜色一般需要3~4个月的时间。

瓶中小球碰碰碰

目的：增强宝宝的视觉跟踪能力，有助于宝宝将图像和声音联系起来。

步骤：

* 将几个色彩鲜艳的小球放入小塑料瓶中，盖上盖子。
* 倾斜或者翻转小瓶，带动瓶子里的小球相互碰撞并发出声音。
* 引导宝宝观察小球是怎样运动的。

注意事项：要注意安全，谨防宝宝吞食小球。

早教专家观点聚焦

训练宝宝眼睛随物品移动，对日后阅读有很大帮助。一是能进一步帮助宝宝提高关注力，二是为日后逐行阅读和提高阅读效率创造条件。

花儿和宝宝一样美

目的：让小宝宝能认识花儿，培养宝宝的观察能力。同时，也有利于培养宝宝对美好事物的欣赏情趣，以及培养从小热爱大自然的感情，将来拥有较高的情商。

步骤：

* 由妈妈带着宝宝去花园玩耍，也可以就在家里看着盆栽的鲜花或者美丽的花儿图片，指着那些五彩缤纷的花朵给小宝宝看，并且告诉它："这些花儿真美丽，就像宝宝一样。"
* 妈妈要一边让宝宝欣赏花儿，一边加深他对花儿的颜色认知，比如说，要让他明白，哪些是粉色的花朵，哪些是白色的花朵，哪些是红色的花朵……
* 要教导宝宝熟悉"花"的发音，妈妈可以一边让宝宝欣赏花儿，一边说唱着儿歌："花儿花儿美，花儿花儿香，宝宝就像花儿一样……"

注意事项：妈妈要先确信宝宝不会对花粉过敏，同时，也要注意，在看的时候，不能离花朵太近了，以免那些花粉之类的小颗粒会伤害到娇弱的小宝宝。

不要抓错了哦

目的：让宝宝能充分地感受到不同物质的不同手感，这样能较好地发展小宝宝的触觉，锻炼宝宝的灵敏反应。

步骤：

* 首先，妈妈要准备质地不同的物件，比如可以准备：小布条、小绸条、小绒条、小海绵条各1个。

* 然后，妈妈要拿起小布条放到小宝宝的手里，让他能感觉到布条的温软触觉；接着，再拿起小绒条让宝宝去抓捏，这样，就可以让宝宝感受到不一样的触觉，然后再换不同的物件，如此往复。

* 在宝宝把不同的东西抓在手里的时候，妈妈要在一旁紧跟着解释："绒布软绵绵的，绸子滑溜溜的"。

注意事项：如果小宝宝兴致不大或者不理不睬，可以由妈妈先用夸张的动作和语言示范一遍给他看。而且，妈妈需要小心地看护好，切忌宝宝把布条塞进嘴里。

太阳什么样

目的：让宝宝认识到太阳的形状，并且认识"太阳"这两个字，增加其语言词汇量。

步骤：

* 准备红色的太阳图片，黄色的月亮图片和字卡"太阳""月亮"。

* 妈妈先反复念几遍儿歌，同时手拿着太阳的图片藏在床边，不让宝宝看见。之后，妈妈把"太阳"慢慢从床边升起来，并且对宝宝说："宝宝快看，太阳升起来了。"

* 妈妈举起太阳的图片，指导着宝宝去观察：太阳是红红的，圆圆的。

* 妈妈表情丰富地开始唱儿歌，让宝宝观察欣赏，重点让宝宝学习"圆"和"红"的概念。

注意事项：妈妈可以一只手拿着太阳图片，一只手拿着月亮图片，不停变换着"太阳"和"月亮"，让宝宝指认出"太阳"。儿歌可以参考："太阳红，太阳圆，太阳向着宝宝笑。"

语言能力训练

开始学发辅音

目的：促进宝宝的发音和对发音的逐渐理解，同时发辅音还是将来宝宝称呼妈妈的基础。

步骤：

* 把会叫的娃娃放在宝宝的小床上，或者在床边放一段妈妈说话的录音，让宝宝能够听到并且可以进行模仿。
* 妈妈平时无论替宝宝做任何事，都要经常对宝宝说“妈妈给你喂奶”“妈妈给你换尿布”“妈妈来陪你玩”……不断重复会刺激宝宝模仿着发出“妈妈”的音。
* 当爸爸下班回家之后，妈妈应该抱着宝宝去迎接，并且说：“爸爸回来了”“让爸爸抱一会儿”，不断重复“爸爸”的声音。
* 有时候宝宝自己躺着玩会突然发出“妈妈”或者“爸爸”的声音。此时的发音并不是他有意去称呼大人的，而是无意发出的一些声音。但是会发出这种声音，就为以后真正称呼爸爸妈妈做好了准备，父母要积极进行鼓励。

注意事项：在日常生活中，父母可以经常性地对宝宝说“爸爸”“妈妈”的字眼，以加深宝宝的记忆。

这是“我”

目的：让宝宝在镜子里看到自己的五官和样貌，从而启蒙宝宝的自我意识，促进宝宝与人沟通的能力。

步骤：

* 父母可以捏捏宝宝的五官，使他对即将到来的训练有所准备。
* 父母抱着宝宝站在镜子前（注意保持约50厘米的距高，不能太近，以免刺激到宝宝的眼睛），之后指着宝宝的脸说：“这是谁呀？”等几秒钟之后，再告诉宝宝：“这是宝宝！”
* 再捏捏宝宝的小鼻子说：“这是什么？这是宝宝的鼻子。”然后就一一地给他指认五官。

注意事项：每次指认之后要停顿一会儿，给宝宝自己反应和理解的时间，不要指认得太快，那样宝宝会因接受不了而产生焦躁情绪和反感。

宝宝认识“灯”

目的：让宝宝听懂第一种物品的名称，并且可以把声音和物体联系起来，为他以后学语言打下基础。

步骤：

* 从宝宝出生130天起，妈妈就可以抱着宝宝坐在桌子旁边，并且用手拧开台灯。
* 为吸引宝宝能注意到台灯，妈妈可以不停地开关台灯，让它一会儿亮，一会儿灭。在这个过程中要时刻注意宝宝的视线。
* 等到宝宝的目光注视到台灯的时候，妈妈就要说“台灯”，并且拿着宝宝的手来摸摸灯罩。就算宝宝没有反应，妈妈也要不停重复。
* 让台灯亮着，妈妈抱着宝宝离开桌旁，当宝宝的视线要离开灯的时候，妈妈再次说“台灯”，观察宝宝是否会回头去看灯。
* 如果当天练习没有成功，第二次可以继续尝试，多数宝宝都会在145天前后学会这个练习。

注意事项：练习的过程中，妈妈要保持耐心，细心给宝宝引导。同时不要练习时间太长，要在宝宝疲倦之前结束，可以改天继续练习。

“妈妈”和“娃娃”

目的：帮助宝宝发音，同时让宝宝知道妈妈的概念。要预先给宝宝念儿歌，同时准备字卡“妈妈”和“娃娃”。

步骤：

* 妈妈扶着宝宝的腋下，把宝宝向上举起两次，然后顶住宝宝的额头转圈，引逗宝宝开心。
* 妈妈念着儿歌，宝宝欣赏着。
* 妈妈开始教宝宝识字：娃娃、妈妈。可以采用下面的步骤：把字卡“娃娃”“妈妈”分别戴在宝宝和妈妈的身上，让宝宝来指认。把字卡“娃娃”和“妈妈”摆放在桌子上，让宝宝去指认。让宝宝选择出字卡“娃娃”，然后贴在自己身上。

注意事项：这个练习还可以由爸爸或者家里的其他人和宝宝一起来做，把字卡“妈妈”二字改为相应的家庭成员的名字即可。念的儿歌可以参考“大头娃，小头娃，头顶头，笑哈哈。”

手指、脚趾真好玩

目的：鼓励宝宝的探索行为，促进语言发展。

步骤：

* 在休闲的时候，父母可以握住宝宝的脚趾，揉揉，放在嘴边亲亲，闻一闻，或者拉着它们做一些轻柔的运动。边做边说，做什么动作就说什么。

* 然后，给他揉脚趾，帮他数脚趾头，“一个一个小猪，两个两个小猪，三个三个小猪，四个四个小猪，五个五个小猪，哇，五个小猪一起来，大家上街玩！”（亲一亲、逗他笑）如此反复，花样可以不断翻新。

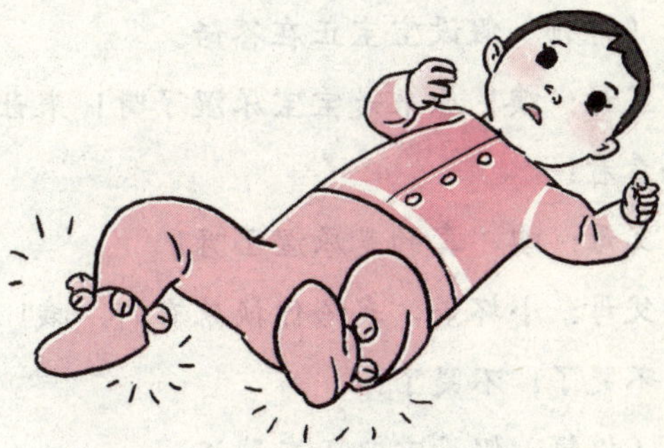

注意事项：为了鼓励宝宝对自己身体的“探究”，可以给他穿上红色的袜子或者在脚腕处系上小铃铛，这样他就会在举手投足之间更加注意自己的脚了。

小马哒哒

目的：让宝宝在动作的配合中听一些简单的歌谣，培养宝宝的节奏感，进而提升宝宝的声音记忆能力，还能引发宝宝快乐的情绪。

步骤：

* 准备一些简单、节奏感强烈、欢快的儿歌。

* 让宝宝背对着妈妈坐在妈妈的大腿上。

* 妈妈托住宝宝的两腋下，一边很有节奏地前后摇晃一边念儿歌。例如：骑小马，跑哒哒，一跑跑到外婆家，见了外婆问声好，外婆对我笑哈哈。

注意事项：注意不要时间太长，以免让宝宝产生疲劳感。平常可以多搜集一些有趣、简单的儿歌，以备做游戏时用。

随时和宝宝说话

目的：帮助父母和宝宝之间建立起亲密无间的感情，并鼓励宝宝表达自我，促进宝宝的语言交流能力。

步骤：

* 当宝宝哭泣的时候……

父母：宝宝哭起来喽！宝宝是饿了吗？

（停顿）假设宝宝正在答话。

父母：宝宝不饿啊！那宝宝是怎么了？

（停顿）假设宝宝正在答话。

父母：噢！原来是宝宝尿湿了呀！来让妈妈看看！

父母：噢，真的是尿湿了呀！

父母：小坏蛋，我给你换尿布啊。哦！哦！不哭了！不哭了！

（停顿）假设宝宝正在答话。

父母：哎！宝宝可真乖啊，这回舒服喽！

* 当给宝宝穿衣服的时候……

父母：今天宝宝要穿什么衣服呢？嗯？

（停顿）假设宝宝正在回答。

父母：穿黄色的呀？好吧！那就给宝宝穿黄色的！（拿起黄色的衣服）

（停顿）假设宝宝正在回答。

父母：不穿黄的呀？黄的不好看？那好，你要穿什么颜色呢？

（停顿）假设宝宝正在回答。

父母：嗯！好吧！穿白色的！宝宝最喜欢这件白色的衣服了！（拿起白色的衣服）

注意事项：说话的语言要简单，说的时候一定要与情景相联系。

情感发展训练

宝宝，不哭

目的：养成宝宝乐观向上的心态，保证宝宝的身心健康。

步骤：

* 当宝宝哭闹或情绪不稳时，及时过来安慰他，或者抱抱他。
* 两三分钟后，看宝宝情绪稳定了，就放下宝宝。

注意事项：不要因为“抱宝宝会养成他好抱的习惯”而克制自己不抱宝宝。当然，如果宝宝是无故哭闹，大人可以每隔几分钟就来安慰一下宝宝，或者抱抱他。不让他养成“抱癖”。

早教专家观点聚焦

成人经常忽视宝宝的哭或其他信息要求，这样会使宝宝对成人产生怀疑，形成焦虑的人格，缺乏愉快的情绪，这会对宝宝以后的身心健康产生不利影响。

和哥哥姐姐玩

目的：通过经常请小朋友来和宝宝一起玩耍，培养宝宝合群、开朗、活泼的好性格。

步骤：

* 父母可以请一些2～5岁的小朋友来家里玩。并且对宝宝说：“你长大了也会变成这样可爱的哥哥、姐姐喔！”
* 小朋友看到宝宝，一般会觉得非常惊奇和喜爱，这时候就可以让他们抱一下宝宝，或者亲亲宝宝。
* 看到这么多小哥哥、小姐姐都很喜欢自己，宝宝会高兴得手舞足蹈，手忙脚乱地和他们“哦啊，哦啊”地不住“谈话”。

注意事项：现在的宝宝，兄弟姐妹都不是很多。因此，父母可以让宝宝多和邻居的哥哥、姐姐一起玩耍。为避免这些小哥哥、小姐姐因为好奇而弄伤宝宝，父母可以在一旁看着，随时保护宝宝。

给宝宝安稳感

目的：为了让宝宝的情绪稳定，减少激动和生气，避免宝宝情绪不好而影响了进食和生长发育。

步骤：

* 带宝宝走在路上，如果宝宝被突然的车鸣声或狗叫声吓到，请记得一定要抱抱他，安抚他受惊的心，给他安全感。
* 如果有客人来，宝宝会表示迟疑和询问。此时如果来人大声地说话，宝宝甚至会被吓得哭闹起来。因此，在这种情况下，父母特别是妈妈要赶紧拥抱和抚摸宝宝，以增加其安全感等。等客人走了之后，妈妈也要继续对宝宝进行安抚，直到宝宝心绪平稳为止。
* 宝宝已经可以观察父母的脸色来初步揣摩其心理了，因此父母在日常生活中，特别是在面对宝宝的时候一定要保持良好情绪和前后一致的态度，以减少宝宝的疑虑，给宝宝提供安全的感觉。

注意事项：宝宝虽然是个极小的“小人儿”，但别人尤其是父母对他的态度他会非常鲜明的感觉到。并且这种感觉会影响宝宝以后的性格形成和为人处世，因此父母在对待宝宝的时候，一定要注意自己的言行举止，不能没有章法和喜怒无常。

抓着手指转一转

目的：强化宝宝的手腕力度，更增加宝宝和妈妈之间的亲密感情。

步骤：

* 妈妈把手指放到宝宝的手中，宝宝就会紧紧抓住妈妈的其中一根手指。
* 这个时候，妈妈就把手指向左、向右来回摇晃。
* 宝宝这个时候就会因为不想放开妈妈的手指而抓得更加用力。
* 妈妈可以转动手指来画圈，带着宝宝一起晃动。

注意事项：妈妈的动作一定要轻柔、缓慢，以免惊吓到宝宝。要时刻注意用胳膊保护着宝宝，以免宝宝不慎摔倒。

主动藏猫猫

目的：这个练习可以让宝宝主动控制，从而启发宝宝内心的主动性。

步骤：

- 拿一床薄毯子或者一件干净的衣服，妈妈先给自己盖上脸，试着让宝宝掀开。
- 妈妈替宝宝也盖上脸，然后让宝宝自己试着拉开。
- 妈妈指导宝宝自己藏进毯子或者衣服里，由妈妈来把衣物或者毯子拉开。
- 妈妈可以让宝宝主动地盖住自己，等大人来的时候自己就拉开逗人笑，也就是要求全部过程都由宝宝一个人来做。

注意事项：还可以用手帕捂住宝宝的眼睛，让宝宝主动拉掉手帕来找妈妈。

飞机飞到哪儿去了

目的：让宝宝仰俯，体会飞的感觉，同时，还可以发展他的平衡知觉。

步骤：

- 首先，要稳住小宝宝的双手，也可以让小宝宝俯卧在家长们所伸直的双臂上，双手掌要紧握住宝宝的身体，然后左右摆动180°，让宝宝能充分体会飞的感觉。
- 当然，宝宝可能会觉得害怕，为了避免他的害怕情绪，妈妈要不停地在他耳边说："我们要飞起来啦，飞到外公家啦，飞到叔叔家去啦。"

注意事项：如果宝宝表现出了特别畏惧的情绪，一定要及时终止这个游戏。也可以等宝宝情绪转好了一段时间再开始这个游戏。

每月一测：4个月宝宝智力测试

1 看看宝宝追视滚轴的效果：

A. 从桌子一头看到另一头（10分） B. 追视到桌子中央（5分）

C. 不追着看（0分）

2 妈妈在白纸上放一粒红色的小丸，看宝宝的反应：

A. 立即发现（10分） B. 大人用手指着才能看到（8分）

C. 未看到（3分）

3 宝宝在听音乐的时候：

A. 微笑而入睡（10分） B. 微笑（8分）

C. 听到胎教时听过的名字转头观看（5分）

D. 无表情（2分）

4 认人：

A. 对父母及其他照料人皆投怀（12分） B. 对父母均投怀（8分）

C. 对生人注视，无亲热表情（5分）

5 吊球：

A. 会用手拍击横吊在胸前的小球（10分） B. 试击不中（8分）

C. 只看不动手（4分）

6 模仿大人唇形发出辅音（如妈、爸、姐、哥、姑等）：

A. 3个（15分） B. 2个（10分）

C. 1个（5分）

7 大人蒙脸玩藏猫时：

A. 笑且动手拉布（10分） B. 笑不动手（6分）

C. 无表情（3分）

8 晚上睡眠延长：

A. 晚上能睡5～6个小时，白天觉醒时间增加（8分）

B. 晚上能睡4小时（6分）　C. 晚上睡3小时（4分）

9 用勺子喂宝宝：

A. 张口舔食（4分）　B. 撅嘴吸吮（0分）

10 早教期间给宝宝做俯卧的时候：

A. 用手撑胸（10分）　B. 用肘撑胸（8分）

C. 只能抬头（6分）

11 早教期间给宝宝做仰卧抬腿：

A. 踢打吊球（10分）　B. 会踢但不中（8分）

C. 裹住不能活动（0分）

12 仰卧大人说“坐起”：

A. 双手拉坐时头伸直（10分）　B. 拉坐时头向前倾（8分）

C. 拉坐时头向后仰（4分）

结果分析

1、2、3、4题是测试宝宝的认知能力，应得42分；5题是测试宝宝的精细动作，应得10分；6题测试宝宝的语言能力，应得10分；7题测社交能力，应得6分；8、9题测试宝宝的自理能力，应得12分；10、11、12题测宝宝的大肌肉运动，应得30分，共计可得110分，总分在90～110分为正常，120分以上为优秀，70分以下为暂时落后，妈妈应该继续努力。

每月一测：5个月宝宝智力测试

1. 宝宝听到物名的时候：

A. 眼睛找到目标（10分）　B. 眼看大人的手（8分）

C. 眼看大人的脸（6分）　D. 乱看（2分）

2. 宝宝听到金属着地的声音：

A. 用目光看地面寻找（10分）　B. 眼睛乱找（8分）

C. 不找（2分）

3. 够吊球：

A. 单手够取（10分）　B. 双手抱取（8分）

C. 击中但够不着（6分）　D. 不够取（0分）

4. 仰卧时自由抬腿：

A. 手能抓足（10分）　B. 手够不着足（8分）

C. 不抬腿（4分）

5. 发双辅音“爸爸”“妈妈”“打打”等：

A. 3个（15分）　B. 2个（10分）

C. 1个（5分）

6. 喜欢玩藏猫：

A. 自己蒙脸逗大人笑（12分）

B. 大人蒙脸宝宝去拉开并会笑（10分）

C. 不会拉开，自己也不蒙脸，少笑（4分）

7. 在给宝宝喂奶的时候：

A. 双手抱奶瓶（或抱乳房）（4分）　B. 不动手（0分）

8. 吃奶时：

A. 自己将奶嘴放入口中（或自己寻找乳头）（4分）

B. 大人放入口中（2分）

9 宝宝的翻身动作：

A. 从俯卧翻到仰卧或从仰卧翻到侧卧（10分）

B. 从侧卧转俯卧或仰卧（5分）

10 挟腋蹦跳：

A. 双腿能短时伸直负重（10分）

B. 双腿屈曲不能伸直负重（4分）

11 靠垫扶坐：

A. 头能伸直（10分） B. 头向前倾（8分）

C. 头向后仰（6分）

12 仰卧拉坐时：

A. 双腿伸直能站起来（10分） B. 头向前倾只能坐起（6分）

C. 头后仰靠人拉起（2分）

结果分析

1、2题测认知能力，应得20分；3、4题测精细动作，应得20分；5题测语言能力，应得10分；6题测社交能力，应得12分；7、8题测自理能力，应得8分；9、10、11、12题测大肌肉运动，应得40分，共计可得110分，总分在90～110分为正常，120分以上为优秀，70分以下为暂时落后，说明父母的潜能开发工作没有做到位，所以要继续努力。

每月一测：6个月宝宝智力测试

1 宝宝在听父母提到不同物体名称的时候：

A. 对两种物体有反应，并会用手指着物体（16分）

B. 对两种物体有反应，眼睛会看向物体的方向（10分）

C. 对一种物体有反应，眼睛会看向物体的方向（5分）

D. 不看物体（0分）

2 握东西：

A. 宝宝两只手可以拿两种东西，并且对敲（12分）

B. 宝宝两只手可拿两种东西（10分）

C. 宝宝用五个手指相对握着东西（5分）

D. 宝宝会五个手指向一个方向抓东西（3分）

3 拿玩具：

A. 宝宝可以把玩具从一只手递到另一只手中（12分）

B. 宝宝在拿东西时，可以将手中的东西暂时放到胸前（10分）

C. 宝宝只有扔掉手中的东西才会拿另一样东西（6分）

4 宝宝在平躺时：

A. 小手轻松地抓到脚，很快将脚放到嘴里（12分）

B. 宝宝通过努力可以抓到脚，然后慢慢地把脚放到嘴里（10分）

C. 手可以抓到脚，只是相互玩耍，不往嘴里放（8分）

D. 宝宝的手还抓不到脚（2分）

5 宝宝会发几个如“爸爸、妈妈、打打”等双辅音：

A. 可以发4个辅音（13分）

B. 可以发3个辅音（10分）

C. 可以发2个辅音（7分）

D. 可以发1个辅音（5分）

6 父母在背儿歌的时候：

A. 宝宝听到其中一句就会做准备，随着节奏扭动（12分）

B. 宝宝只会做一种动作（10分）

C. 宝宝会随着节奏动，但跟不上节奏（8分）

D. 宝宝只会跟着笑（5分）

7 宝宝在照镜子时，会用手摸镜子、用头碰镜子、和镜子中的宝宝说话或者笑：

A. 宝宝以上4项都能做到（15分）

B. 宝宝能做到3项（12分）

C. 宝宝能做到2项（6分）

D. 宝宝能做到1项（3分）

8 看到不熟悉的人时：

A. 宝宝会躲进妈妈怀里，并探头观察这个人（10分）

B. 宝宝会躲进妈妈怀里或把身体藏在妈妈身后（8分）

C. 宝宝会注视陌生人（6分）

D. 宝宝对陌生人没反应（4分）

9 宝宝吃固体食物时：

A. 宝宝会自己拿食物吃，并可以把掉下的食物捡起来（10分）

B. 宝宝会自己拿食物吃，有时会掉下来（8分）

C. 宝宝会慢慢吞咽食物（4分）

D. 宝宝不吃固体食物（0分）

10 宝宝在排便前：

A. 宝宝会出声示意父母（8分）

B. 宝宝会用动作示意父母（6分）

C. 宝宝不会表示（2分）

11 让宝宝托胸俯卧时：

A. 宝宝的头抬起，下肢和躯干持平（12分）

B. 宝宝的头、下肢和躯干完全持平（10分）

C. 宝宝的下肢弯曲（8分）

D. 宝宝的下肢下垂（2分）

12 宝宝趴在床上，上身抬起时：

A. 宝宝会向前匍匐前行（10分）

B. 宝宝会在床上转360°（6分）

C. 宝宝会在床上转180°（4分）

D. 宝宝会在床上转90°（2分）

结果分析

1题测试宝宝的认知能力；2、3、4题测试宝宝的精细能力；5、6题测试宝宝的语言能力；7、8题测试宝宝的社交能力；9、10题测试宝宝的自理能力；11、12题测试宝宝的肌肉运动。统计宝宝的全部分数，将其相加后，得出以下结论：110分以上：优秀。70～110分：正常。70分以下：暂时落后。

7~9个月宝宝早教启智

宝宝的智慧是"爬"出来的

7个月宝宝智能发育标准参考

分类	项目	训练方法	标准水平
大动作	独坐自如	宝宝独坐床上，给其玩具	独坐10分钟
	扶双手站立	扶宝宝双手腕站立	扶站10秒以上
精细动作	拇指和其他手指配合抓物	将小积木放在其手能抓到的地方	能用拇指和其他四指配合抓起
	抓到桌上的小丸	将小丸放在桌面上，鼓励宝宝拿取	会将所有手指弯曲抓到小丸
	用一个玩具敲打另一个	让宝宝手中拿玩具，大人示范用小勺敲击桌面	会用带柄玩具敲击另一个玩具
认知能力	找到藏起来的玩具	宝宝仰卧，将一块干净手帕蒙在其脸上	能用手抓去盖在脸上的手帕
	会模仿拍手	大声在宝宝面前鼓掌	鼓掌10秒以上
言语	发"爸爸，妈妈"声	观察宝宝是否发出过这些音	能发这些音，但无所指
	听到"爸爸"把头转向爸爸一方	问宝宝"爸爸呢"？观察反应	听到问话朝爸爸看
情绪与社会行为	见父母及熟人要求抱	观察宝宝见到父母或其他人时的反应	主动要求抱

8个月宝宝智能发育标准参考

分类	项目	训练方法	标准水平
大动作	会自己匍行	宝宝俯卧，前面用玩具逗引，鼓励其匍行	会以手、腹为支点向前匍行
	会自己起坐和躺下	宝宝仰卧，鼓励其坐起再躺下	能自己从仰卧变俯卧，再变成坐位，并会自己躺下
	用一条腿支持体重想走	让宝宝靠栏边站立，前面用玩具逗引	抬起一只脚，用一条腿支持体重想走
精细动作	用两块积木在手中对击	让宝宝一手拿一块积木，大人示范将积木对击	能把两手合到中间，用一只手中的积木，明确打击另一只手中的积木2次以上
	用拇指食指对捏爆米花	宝宝坐在桌旁，将爆米花放在桌上，鼓励其捏取	能用拇指和食指对捏起爆米花
认知能力	会认新物品（用手指）	说出宝宝周围熟悉的物品或其身体部位，鼓励其指出来	宝宝能用手指出2种以上
言语	懂得语意、模仿动作或声音	鼓励他模仿大人的动作或声音如“碰碰头”“点头”“谢谢”或咳嗽等声音	会模仿动作或声音
情绪与社会行为	会推掉自己不要的东西	在宝宝面前出示两物，故意将其不要的东西给他，观察反应	会用手推掉自己不要的东西
	注意观察大人的行动	大人在宝宝面前做事时，观察其是否注意观看	会注视大人的行动

9个月宝宝智能发育标准参考

分类	项目	训练方法	标准水平
大动作	扶双手走步	将宝宝立于地面，扶住双手 鼓励其迈步	能迈3步以上
	双手扶栏站起	宝宝坐在床上，将一玩具放在床栏上，鼓励扶栏站起来	能自己扶栏站起直立半分钟
精细动作	开抽屉取玩具	当着宝宝的面将玩具放在抽屉里（抽屉仅放一玩具便于开关）先示范取出	能自己成功把玩具取出
认知能力	会认新物品（用手指）	让宝宝听名称指出相应物品或自己身体的部位	宝宝能指出5种以上
言语	招手“再见”	大人说“再见”时招手，让宝宝模仿动作	会招手表示“再见”
	招手“欢迎”	大人说“欢迎”时招手，让宝宝模仿动作	会招手表示“欢迎”
情绪与社会行为	听到表扬会重复动作	宝宝模仿大人动作时，及时用言语、表情喝彩	听到表扬重复刚做的动作

动作能力训练

“前倾后倒”

目的：锻炼宝宝的腿部和脚底肌肉，练习平衡能力；训练宝宝脚底弹性，运动脚趾，刺激运动神经。

步骤：

* 妈妈坐在地毯上，宝宝赤脚，直立在妈妈腿部近膝盖处。

* 拉动宝宝的双臂，使宝宝往妈妈胸前靠。

* 让宝宝的脸贴着妈妈的脸，妈妈和宝宝亲一亲。

* 熟练以后，可以小心地做幅度更大一点的“前倾后倒”动作，如果宝宝害怕要及时给他鼓励和赞美。

注意事项：不要太大力拉扯宝宝手臂，否则容易使宝宝受伤。在做动作的时候，随时关注宝宝的情绪变化。

宝宝撕纸

目的：训练宝宝的手与眼的协调能力，以及锻炼宝宝小肌肉精细动作的发展。

步骤：

* 妈妈要事先准备一堆不同颜色的废纸，放在宝宝的面前。

* 先把纸给小宝宝玩，如他主动去撕扯，则不要去干涉，但可以在适当时候把他已经撕扯过的稍大纸片再次递给他，引导宝宝撕得更小。

* 如他不愿意去撕，妈妈也不必去强迫他，可以自己先故意撕扯着玩，或者等宝宝随意玩了一会儿之后，再继续引导他想办法把纸撕得更碎。

* 待撕完了这些纸之后，妈妈可以引导宝宝把那些撕碎的纸片捏起来，放进妈妈的手中，让妈妈把这些纸片一口气吹散，这五颜六色纷飞的纸屑会令宝宝开怀不已。

注意事项：妈妈千万不要选择那些较硬的纸片，一来宝宝撕起来挺费劲，二来也非常容易划伤宝宝那娇嫩的手指。

对敲传手

目的：锻炼手的技巧，手和眼的协调，让宝宝明白用两只手可以拿很多的玩具。

步骤：

* 事先准备3个可以对敲的玩具。

* 让宝宝两手各拿1个玩具对敲着玩。

* 等宝宝厌倦了，这个时候再给他一个玩具，宝宝会扔掉手中的去拿新的。妈妈将宝宝扔掉的玩具收走，使他不敢再扔，于是他会把手中的玩具放在胳膊上抱着，再去拿一个。

* 胳膊抱不住玩具，宝宝会尝试多种办法，最后学会将左手拿的玩具放下，将右手拿的玩具传到左手，再伸右手去取第三个。

注意事项：最好选择比较圆滑而又不太大的玩具、积木进行这个游戏；玩游戏时要注意引导，注意观察孩子的情绪，以免给孩子造成不快。

抓豆豆

目的：进一步引导宝宝学习抓的动作，锻炼宝宝手指的精细动作能力。

步骤：

* 准备各种各样的豆子，例如蚕豆、豌豆、赤豆和小篓。

* 妈妈先将蚕豆、豌豆、赤豆等都放在垫子上，让宝宝随意摆弄一会儿。

* 对宝宝的各种摆弄，妈妈都要给予肯定的鼓励，并且一边示范，一边引导着宝宝去抓小物体，例如："妈妈抓小豆豆啦！"以此来吸引宝宝去完成抓的动作。

* 当宝宝尝试着用大拇指、食指、中指去抓的时候，妈妈就要及时给予肯定，并且引导他去抓起各种各样的小豆豆放入自己的小篓内。

注意事项：家长要及时纠正宝宝将小豆豆放入口中的行为，例如说："宝宝不能吃，我们一起来抓吧！"

早教专家观点聚焦

手的活动在肢体运动中尤为重要。人手上有100万根神经和大脑联系在一起，现代医学研究表明经常活动手指可促进大脑功能的发育与强化。

小袋鼠跳跳跳

目的：刺激宝宝的下肢肌肉，让宝宝养成不断进步的习惯。

步骤：

* 在地垫上，妈妈双手抓宝宝腋下，让宝宝光脚着地用力蹬。
* 妈妈可以有节奏地顺着宝宝蹬脚动作向前推进。
* 妈妈在一边推进的时候要一边说，“宝宝学袋鼠跳，跳跳跳”，使下肢肌肉接受触觉刺激。

注意事项：妈妈的动作要轻，以免伤害到宝宝。如果妈妈累了要及时休息，避免力气不济摔到宝宝。

节约每块食物

目的：锻炼宝宝手腕和手指的灵活度，让宝宝养成节约的习惯。

步骤：

* 让宝宝很舒服地坐在高椅上，然后妈妈给宝宝一些小块食物，示意他拾起来。
* 宝宝拾起来后，母亲可以将宝宝抱起来亲亲表示赞扬。宝宝不拾，母亲就要马上收起笑容，表情严肃，表示不赞成或者生气。
* 增加拾起食物的难度，将一些薄脆饼干放在他坐着的椅子上的托盘里，妈妈示范，怎样把它们拾起来，怎样将它们放进另一只手里。

早教专家观点聚焦

宝宝精细运动的培养不是一个专项的练习，最好是放在日常生活当中或与宝宝的行为习惯培养放在一起，可以让宝宝经常做一些抓、捏等动作。

* 妈妈伸出左手，把左手张开，看看宝宝是否会拾起一片食物放进妈妈的左手里。

注意事项：这个游戏尤其需要注意卫生，不要让宝宝把丢在地上的食物送入口中。

认知能力训练

旋转玩具

目的：锻炼宝宝手的能力，培养宝宝的视觉追踪能力，进而提高宝宝的视觉记忆能为。

步骤：

* 把绳子绑在旋转音乐玩具上，并且让宝宝的手可以触碰到绳子。
* 在旋转音乐玩具上挂上一个铃铛。
* 当宝宝伸手抓住绳子的时候，就会被旋转音乐玩具转动的样子和发出的声音吸引住。
* 由于每次抓着绳子都会传来铃铛的声音，因此宝宝并不会觉得很无聊。

注意事项：为避免旋转音乐玩具掉落砸伤宝宝，应该用结实的绳子绑在和宝宝头部稍有一段距离的地方。

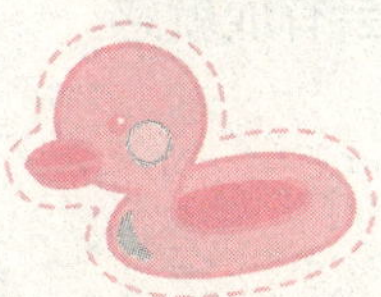

天黑了，宝宝睡了

目的：帮助宝宝认识夜晚的特征，提高宝宝的观察能力、记忆能力，帮助宝宝进入一个安静的状态，促使其更好地入睡。

步骤：

* 家长可以在一个天气晴好的日子里，在满是星星和月亮的晚上带宝宝出去散步。
* 一边散步一边把夜晚的特征讲给他，还可以让他学习一下儿歌《晚上》：

晚上，天黑了，月亮出来了，星星也出来了。

晚上，天黑了，马路上的灯亮了，家里的灯也亮了。

晚上，静悄悄的，宝宝睡觉了，小鸟儿也睡觉了。

* 散步的时候，家长可以启发宝宝：“现在是晚上，跟白天有什么不一样啊？天黑了，你看天上有什么啊？”
* 通过这些启发引导宝宝，并说出儿歌里的内容，可反复地唱儿歌给他听。

注意事项：可以根据环境的不同，引导宝宝观察。如果是夏天，就让宝宝听一听都有什么声音，是哪些动物在叫，等等。

跟小鸭子玩躲猫猫

目的：发展宝宝的推断性思维，训练宝宝由部分向整体推断的初步思维能力。

步骤：

* 妈妈事先要准备好一只黄色的橡胶小鸭子。

* 妈妈和宝宝一直在床上玩这只小鸭子，趁宝宝没留神时，把小鸭子藏在被子里或者枕头下边。

* 妈妈要故意把小鸭子的头或脚给露出来，然后对宝宝说："小鸭子怎么不见了呢，宝宝能不能把它找回来？"以此来指引宝宝去寻找小鸭子。

* 如果他看到了小鸭子露出来的那一只脚，却没有意识到这就是小鸭子，妈妈可以指着那只脚问宝宝那个是什么？并建议他拉出来瞧瞧。

* 最后，如果在妈妈的帮助下，小宝宝终于把鸭子给找出来了，这时妈妈要及时赞扬宝宝。

注意事项：如果宝宝嫌找小鸭子麻烦或不喜欢小鸭子，可以找其他宝宝喜欢的玩具做替代品，这样才能发挥出最好的效果。

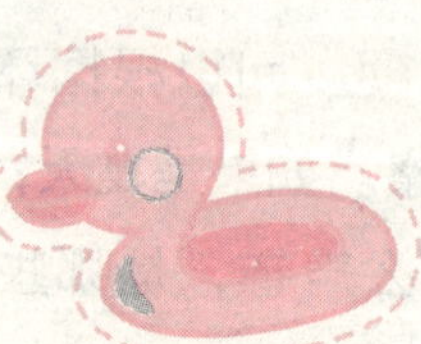

大力士找饼干

目的：训练宝宝的观察能力，同时也让宝宝体会努力之后能有所收获的喜悦之情。

步骤：

* 首先，妈妈要准备好一些小饼干、磨牙小饼之类的东西，最好是宝宝以前吃过的那种牌子。

* 妈妈张开手掌，让宝宝看到妈妈的手心里有一块小小饼干。

* 妈妈在宝宝面前把手轻轻地握起来，手心朝上，伸到宝宝面前，让他自己伸手过来拿。

* 协助宝宝去抠和掰动妈妈的手指，把饼干找出来。在宝宝做到了之后，要表扬他是个大力士，可以用饼干奖励他。

注意事项：如果宝宝不喜欢饼干，则要换成其他宝宝喜欢的东西。在宝宝掰妈妈的手时，不要太容易让他掰开，否则他不会有成就感。

冷和热的感觉

目的：刺激宝宝的触觉，让宝宝在生活中养成知冷知热的习惯。

步骤：

- 准备两个透明的、大小相同的瓶子。
- 分别往两个瓶子里装入热水（大约50℃）和冷水，让宝宝用双手去抱住瓶子，先冷后热，观察宝宝的表情。
- 妈妈要鼓励宝宝反复去握瓶子。在宝宝能主动握瓶子时，妈妈要告诉宝宝："这是热的，这是冷的，热的让宝宝的小手暖和了，冷的让宝宝小手冰冷了。"
- 在握瓶感知冷热的基础上，还可以用盆分别装上冷水、热水，让宝宝用手去摸摸，告诉宝宝冷水、热水。也可以拿来冷、热毛巾让宝宝抓，刺激宝宝的手和脸。

注意事项：要注意水温和水位，以免烫伤宝宝，或洒出水来弄湿宝宝的衣服。

气球跳跳跳

目的：使宝宝更好地理解因果关系。

步骤：

- 准备好几个红色的气球。
- 将宝宝放在一个长桌子上，与你面对面。
- 吹起一个气球，然后用手轻轻拍拍它，告诉宝宝，这就叫拍气球。
- 然后把气球给宝宝，让他学着拍。

注意事项：不要把气球吹得太鼓，避免气球拍破时的声响吓到宝宝。最好选择小的、弹性很好的气球。

早教专家观点聚焦

借助颜色来实施智力开发，是一种既方便又有效的早期教育手段。在五彩斑斓的环境中成长的宝宝，要比只在黑白环境中成长的宝宝智商高出约12个百分点。

认识日用品

目的：多接触周围事物，训练宝宝能够认识多种事物，培养对事物的理解、分辨和记忆能力，由此扩大宝宝的认知能力。

步骤：

* 多带宝宝到室外活动，观看马路上的各种车辆，一一告诉他各种车辆的名称，如大卡车、公共汽车、小轿车、摩托车、自行车等，并结合看交通车的图片，让宝宝熟悉车辆的样子和名称。

* 结合日常生活和图片，认识各种水果及其名称，认识各种日常用品的名称，把实物与图片同时拿给宝宝看，使他能认识事物，又认识图片，知道其名称。

* 把3～4种实物（如苹果、香蕉、玩具汽车、皮球等）放在一起，妈妈说："苹果在哪里？"宝宝能用手指或眼看着苹果。如果不能，妈妈可以用手指出给以提示。

* 把3～4张图片放在一起，妈妈说出一种图片的名称，让宝宝用手指出来。

注意事项：要选择宝宝喜欢的、日常见到的物品，颜色、式样要丰富多彩，以激发宝宝的兴趣。

是不是一个颜色的呢

目的：训练宝宝的观察和模仿能力，能增强宝宝的视觉和运动协调性。同时，也可以训练宝宝手与上肢的运动能力。

步骤：

* 要事先准备好一堆不同颜色的塑料球，再准备两个纸盒子，最好是一个红色，一个黄色。

* 爸爸独自坐在一边，妈妈搂着宝宝坐在相对的另一边。距离控制在2米左右。

* 在爸爸的面前放黄色的盒子，在妈妈和宝宝的面前放红色的盒子。在中间放上红色和黄色的小球。

* 由爸爸先做示范，爸爸走到中间，拿起球，把红色的小球放进红色的盒子里，把黄色的小球放进黄色的盒子里。

* 然后在妈妈的指导下让宝宝来做。最初宝宝不熟练，但多做几次就可以让宝宝独自进行了。

注意事项：小球不可太小，以免宝宝误食。

语言能力训练

乖宝宝坐“墙头”

目的：培养母子的亲密感情，反复练习能够促进宝宝的体力发育，同时增强宝宝的记忆力和语言表达能力。

步骤：

* 爸爸妈妈坐在地板上，把宝宝放在自己屈起来的膝盖上，对宝宝说：“宝宝，我们来唱歌吧！”
* 然后开始唱：“小宝宝坐在墙头，笑呀笑呀笑笑笑。小宝宝掉下墙头，哭呀哭呀哭哭哭。”
* 随着儿歌的节奏，爸爸或者妈妈可以踮起自己的脚尖，让宝宝有一种被弹起来的感觉，当唱到“小宝宝掉下墙头”的时候，就伸直腿让他“掉下来”。
* 这样就可以帮助宝宝把这种“掉”的感觉和“掉”这个词语联系起来，从而加深宝宝的记忆力和理解力。

注意事项：在和宝宝做这个游戏的时候，爸爸妈妈的动作一定要适当，比如踮起脚尖或者让宝宝“掉下来”的时候，动作一定要缓慢轻柔，千万不能让宝宝受伤。

一起来唱数字谣

目的：帮助宝宝形成数字形象和顺序的感觉，进而提高宝宝对数学的兴趣。

步骤：

* 妈妈把数字1～9用自己熟悉的曲调唱给宝宝听，且边唱边拍手，这样不但可以吸引宝宝的注意力，还可以培养宝宝的节奏感。
* 妈妈可以唱一些有趣的数字儿歌给宝宝听。在这里我们推荐一首好听易学的数字歌谣（曲调可以任意，只要能表现出欢快的节奏就可以了）：

“1像铅笔细又长，2像小鸭水上漂。3像耳朵听声音，4像小旗迎风摇。5像衣钩挂衣帽，6像豆芽咧嘴笑。7像镰刀割青草，8像麻花拧一道。9像勺子能盛饭，0像鸡蛋做蛋糕。”

* 唱歌的时候，父母可以利用一些图片、事物、手势或者动作，让宝宝能感受到与歌谣相对应的具体内容。

注意事项：在唱数字歌的时候，语速要尽量放慢，吐字一定要清晰。

小小消防员

目的：在儿歌中体验游戏的乐趣，并帮助宝宝形成最初的防火、救火认识。

步骤：

* 妈妈背朝下躺着，屈起膝盖，扶住宝宝坐在膝盖上。
* 妈妈开始抖动小腿，并唱着儿歌：几个小小消防员，夜黑睡成一排排，听到“叮叮”铃儿叫，顺着杆子滑下来，我们赶紧救火去！
* 念至“叮叮”时，妈妈模仿火警铃声；念至“滑下来”时，慢慢地让宝宝倚着自己的腿往下滑，宝宝滑来后给他拥抱和亲吻。

注意事项：妈妈小腿抖动幅度不能太大，以免伤到宝宝。另外，在游戏时可提醒宝宝火很危险，不能随便玩火。

宝宝说，妈妈说

目的：让宝宝对语言产生兴奋感，强化其发音，并且可以帮助他尽快掌握一些基本的语音，进而提高宝宝的语言能力。

步骤：

* 适当引逗宝宝，让宝宝发出一些简单的声音，例如“咕噜”“咕噜”，妈妈可以马上模仿发出“咕噜”“咕噜”的声音。
* 这样重复几次之后，妈妈可以在“咕噜”这个声音的基础上稍加一些改动，例如“咕咕”，这时宝宝会注意到其中的变化并且进行模仿。而在宝宝发出“咕咕”声音之后，妈妈要再次模仿或改变，如此反复进行。

注意事项：当宝宝8个月的时候，就可以适当让宝宝学习一些新的音节（主要是元音a、o、e、i、u）。但是，一些稍微复杂的音节，例如一些复杂的辅音等，宝宝暂时还不能模仿。

小马驹的小马掌

目的：有助于宝宝分辨声音，为学习语言打下基础。

步骤：

⋆妈妈坐在沙发上，宝宝坐在妈妈的膝盖上。让宝宝背靠着妈妈，妈妈抓住他的两只脚踝，念儿歌："小马驹，钉马掌，吧嗒，吧嗒，又吧嗒，这儿一下，那儿一下，钉不上，光脚丫，疼啊疼，疼啊疼，疼啊疼！"

⋆随着儿歌的节奏，轻轻拍打宝宝的小脚。

⋆当念到"疼啊疼"时，停下来，轻挠他的脚掌。

注意事项：挠宝宝的脚掌，手法一定要轻柔，不能让宝宝感到紧张。如果宝宝情绪不好就要停下来抱抱他，等他心绪平稳，有与妈妈游戏的欲望时再进行。

妈妈，再见

目的：帮助宝宝了解语言的作用，并且逐渐养成与家人道别的习惯。

步骤：

⋆妈妈每天出门之前，都挥一挥手，对宝宝说："宝宝再见，妈妈上班去了。"

⋆然后走到宝宝面前，亲吻宝宝，对宝宝表现出依依不舍的表情。

⋆这时候，宝宝已经明白妈妈马上要离开他了，如果宝宝开始哭闹，一定不要犹豫，而应该坚决地离开。这样做了几次之后，宝宝就能够养成习惯，以后再也不会哭闹了。

注意事项：爸爸妈妈在和宝宝做这个游戏的时候，千万不能够优柔寡断，有的爸爸妈妈看到孩子一哭一闹，就舍不得走，抱一下孩子，这样会加重孩子的依赖心理，对于宝宝的成长也十分不利。

咦？这是做什么的

目的：训练宝宝的听力和认识能力。

步骤：

* 妈妈抱着宝宝在房间里来回走动，耐心地指导宝宝认识自己家里的各种生活用品。

* 妈妈可以一边指认，一边对宝宝说："这是桌子，是宝宝吃饭的地方；这是小板凳，是宝宝坐着和妈妈玩的；这是小床，宝宝睡觉的；这是闹钟，早上叫宝宝起床的；这是大皮球，宝宝最喜欢的玩具……"

注意事项：这个游戏应该在宝宝不哭不闹的情况下进行，以避免宝宝产生焦虑的情绪。如果宝宝很感兴趣，大人就要不断地介绍，重复也没有关系，因为重复就是最好的记忆。

Binggo寻宝

目的：训练宝宝理解语言、认识物体的能力；培养宝宝记忆力以及解决简单问题的能力。

步骤：

* 准备1只纸箱子做"百宝箱"，里面装上10～20个大小不同、形状不一的小玩具，如乒乓球、小娃娃、小汽车、小盒子等。

* 将宝宝熟悉的几件玩具或物品放在他面前，先说出玩具的名称，再把它拿起来给宝宝玩玩，然后放进"百宝箱"。

* 放完后，再边说边把玩具一件件从"百宝箱"里拿出来。从中挑出几件玩具，隔一定距离放在宝宝面前，说出其中一件的名称，看宝宝是否看或抓这件玩具。

* 当着宝宝的面把一件会发声的玩具藏在枕头下，让宝宝用眼睛寻找或用手取出，找到后将玩具给他作为奖励。

注意事项：最好选择宝宝经常玩或者比较熟悉的玩具进行游戏，也可搭配一些颜色鲜艳的玩具进行，以便于更好地吸引宝宝参与。

情感发展训练

宝宝开车

目的：训练宝宝快慢、远近的感觉，锻炼宝宝的平衡感，同时帮助宝宝克服恐惧的感觉。

步骤：

* 在床上铺一条浴巾，让宝宝仰卧在浴巾上。
* 妈妈拉着宝宝头部浴巾的左右角，向前拉动，一边拉一边对宝宝说："宝宝开小车，小车要开了，有很多很多大人，还有很多很多小朋友，他们离我们越来越近了……他们离我们越来越远了……"
* 当拉到宝宝的枕头边停下来时，要告诉宝宝："到站喽！宝宝下来了，我们到家了。"

注意事项：在"行驶"过程中，妈妈应该告诉宝宝，"看见"了什么人，遇到什么障碍，等等。同时，也不要拉得太快，不然会让宝宝产生恐惧感的。

身体会说话

目的：让宝宝学会用身体动作来表达自己的需要和想法，从而促使宝宝学会在说话之前就能和其他人进行交流。

步骤：

* 妈妈有意当着宝宝的面使用一些肢体语言，例如一边拍手一边大叫"好"，一边向人拱手一边说"谢谢"等，让宝宝意识到拍手可以表示赞美，拱手可以表示感谢。一般来说，这是宝宝最容易理解并且能学会的两个身体语言。
* 接下来，妈妈还可以示范，让宝宝知道表示"要"的时候要伸手，表示"不要"的时候要摆手或者用手推开。同时让宝宝学会点头表示"是"，摇头表示"不"。然后，练习摆手来表示"再见"。

注意事项：日常生活中，妈妈要经常一边跟宝宝讲话，一边给宝宝做一些身体动作，带动宝宝也用自己的身体动作来表达想法。

小宝宝照镜子

目的：照镜子可以帮助宝宝认识自己，认识自己的五官，同时也可以帮助宝宝提升智力，以及认识三维空间。

步骤：

* 把宝宝抱在镜子前面，让他对镜子中的自己笑或者做鬼脸。

* 当宝宝看见镜子中的人对自己伸手，或者笑的时候，他也会伸手到镜子后面去寻找，看镜子后面有没有人。

* 这时，妈妈就可以问宝宝："镜子里面的人是谁啊？"然后告诉宝宝："镜子里的人就是宝宝自己，这是镜子。"

注意事项：宝宝见到镜子中的人或者物品，会感觉十分好奇，这时妈妈尽量不要去妨碍宝宝，同时注意不要让宝宝的头伸向镜子，免得被碰疼了。

快乐转转转

目的：帮助宝宝发展情绪智力。

步骤：

* 选一个宝宝心情好的时机，让宝宝俯卧在床上。

* 妈妈拿一个好玩的东西或好吃的东西，在宝宝的眼前晃来晃去；宝宝会伸手去够，妈妈故意向一边移动手里的东西，并逗引宝宝跟着移动。

* 在妈妈的逗引下，宝宝一步步把下肢和上肢同时腾空，离开床面，只是腹部着床，以肚子为支点在床上打转转。妈妈可以不断换逗引方向，调整宝宝打转转的方向。

* 看到宝宝打转时，妈妈要高兴地大笑起来，感染宝宝也大笑起来。如此，每天都做上几次。

注意事项：不要在宝宝刚喝完奶或吃饱饭之后进行游戏，以免宝宝用力过大或过于兴奋而吐奶或吐食。

早教专家观点聚焦

情绪能力是一种比知识、技能更厉害的本事，被用来衡量一个人的智力，甚至能预测出一个人未来的成败。

专心最可贵

目的：培养宝宝的专注力。当宝宝拥有一流的专注力之后，长大无论是求学还是工作，都会表现出非常理想的状态。

步骤：

* 多说故事：当宝宝满6个月大的时候，就开始拥有比较强的记忆能力。此时，父母在给宝宝讲故事的时候，就不要只顾着讲，还要适当和宝宝互动一下。例如可以问宝宝主角后来怎样了，等等。

早教专家观点聚焦

提问题是训练专注能力的一个最好的方法，即使宝宝还不会回答，也可以以此来提醒宝宝专心听故事。

* 见好就收："见好就收"其实就是当宝宝喜欢一个物品的时候，他的专注力往往会很强，此时父母需要观察宝宝的专注力能持续多长时间，并尽量把宝宝对这个物品的兴趣保持下去。如果宝宝在一段时间之后（如5分钟）就流露出了没有兴趣的表情，那就要赶紧把那个物品给收起来，以便下次再看到的时候能够还有兴趣。

注意事项：通过一次又一次反复训练，宝宝的专注能力就会随着时间变得越来越强。

甜甜小嘴巴

目的：让宝宝感受儿歌的韵律和节奏，增强宝宝的语言和记忆能力。

步骤：

* 妈妈唱儿歌："小娃娃，甜嘴巴，喊着妈妈，喊爸爸，喊得奶奶笑'掉牙'。"
* 当唱到"小娃娃，甜嘴巴"时，妈妈用手点一点小宝宝的嘴巴。
* 妈妈哼唱时配合夸张表情，逗宝宝笑；宝宝笑了的时候，可以借机亲亲他。

注意事项：在给孩子唱或让孩子听这样的儿歌时，别忘了辅以一些动作和引导，以培养宝宝的综合能力。

每月一测：7个月宝宝智力测试

1 拿走宝宝正在玩耍的玩具时，宝宝会：

A. 尖叫乱动并且表示出反抗（10分） B. 用啼哭来反抗（8分）

C. 察觉不到（0分）

2 听到大人说出物体的名称时，会用手指或者眼睛看物体的方向：

A. 4种（16分） B. 3种（12分）

C. 2种（8分） D. 1种（4分）

3 拿两个积木给宝宝，他会：

A. 一手拿一个，对敲（10分）

B. 仅会用两手各握住一个积木（8分）

C. 放下一个积木，才会拿另一个（6分）

D. 让大人拿着摆弄给他看（0分）

4 把一个颜色鲜艳的小球放在宝宝面前，他会：

A. 一把抓住（12分） B. 用手拨弄（10分）

C. 只看不摸（2分）

5 当大人说“不许”，宝宝：

A. 停止原来的动作（10分） B. 笑着仍继续干（6分）

C. 没有反应（2分）

6 会用手势来表示语言，例如再见、谢谢、点头、握手等：

A. 3种（15分） B. 2种（10分）

C. 1种（5分） D. 不会（0分）

7 懂得大人夸奖和责骂的：

A. 语言（8分） B. 表情（6分）

C. 语言加上表情（4分） D. 不懂（0分）

8 记得离开了7～10天的熟人：

A. 再见的时候会表示亲热的投怀（8分） B. 见人笑（6分）

C. 手脚舞动（4分） D. 注视（2分）

9 喝水的时候，宝宝：

A. 自己双手捧着杯子喝水（6分）

B. 完全由大人拿着杯子才能喝水（4分）

C. 只会用奶瓶不会用杯子喝水（2分）

10 大小便之前：

A. 能用声音表示（10分） B. 能用动作表示（8分）

C. 由大人定时完成，自己不表示（4分）

D. 依赖尿布或纸尿裤（2分）

11 翻滚的时候，宝宝：

A. 连续翻360°，打几个滚（10分） B. 能翻转360°一次（8分）

C. 翻身180°（4分） D. 翻身90°（0分）

12 坐稳的时候，宝宝：

A. 双手自由活动（12分） B. 双手在前面支撑（10分）

C. 身体向前倾斜倒下（8分） D. 靠坐（4分）

结果分析

得分在70分以下：说明宝宝的智能发展还未达到理想水平，妈妈要多加训练。得分在90～110分：说明宝宝的智能发展达到平均水平，若要继续提升宝宝智能，妈妈就要多加训练。得分在110分之上：说明宝宝的智能发展很棒，要继续努力！

每月一测：8个月宝宝智力测试

1 学认第一个身体部位（手、耳、鼻及其他部位）：

A. 听声会伸手去摸（12分）

B. 听声有动作表示（挤眼、纵鼻、撅嘴等）（10分）

C. 眼看（6分） D. 不会（0分）

2 寻找藏起之物：

A. 盖住大半露出一点的玩具（8分） B. 露出一半（6分）

C. 露出大半（4分） D. 眼看，手不去拿（2分）

3 按吩咐把玩具给爸爸、妈妈、奶奶：

A. 3人（15分） B. 2人（10分）

C. 1人（5分） D. 不会（0分）

4 用食指抠洞、转盘、按键、探入瓶中取物：

A. 4种（12分） B. 3种（10分） C. 2种（8分）

D. 1种（4分）

5 弄响玩具：

A. 捏响（8分） B. 摇响（5分） C. 踢响（3分）

D. 不响（0分）

6 做动作表示语言“再见”“谢谢”“你好”等：

A. 3种（10分） B. 2种（7分）

C. 1种（5分） D. 不会（0分）

7 明白大人的表情：

A. 高兴、悲伤、发怒3种（10分） B. 高兴、生气2种（8分）

C. 1种（2分） D. 不会（0分）

8 看到亲人：

A. 展开双手要人抱（5分） B. 大声呼叫（4分）

C. 手足乱动着急（3分） D. 无表示（0分）

9 便前：

A. 出声表示（10分） B. 动作表示（8分）

C. 不表示（0分） D. 学会坐盆（另加2分）

10 学坐或匍行：

A. 自己扶物站起（10分）

B. 叫唤让人帮助站起（8分）

C. 不站起（0分）

11 手腹匍行：

A. 用手巾吊起腹部可用手膝爬行（12分）

B. 手腹向后匍行（10分）

C. 打转不匍行（4分）

12 俯卧时：

A. 自己坐起来（10分）

B. 扶物翻身至仰卧，再扶物坐起（8分）

C. 要大人扶住坐起（6分）

结果分析

1、2、3题测认知能力，应得28分；4、5两题测精细动作，应得15分；6题测语言能力，应得10分；7、8题测社交能力，应得15分；9题测自理能力，应得10分；10、11、12题测大肌肉运动，应得32分，共计可得110分。总分在90～110分为正常，120分以上为优秀，70分以下为暂时落后。

每月一测：9个月宝宝智力测试

1 按照大人的吩咐来拿玩具的时候，宝宝会拿：

A. 5种（15分） B. 4种（12分）

C. 3种（9分） D. 2种（6分）

2 认识身体的部位：

A. 3处（12分） B. 2处（8分）

C. 1处（4分） D. 不会（0分）

3 揭纸取到玩具，宝宝会：

A. 揭开再盖上玩具（7分） B. 揭开取到玩具（5分）

C. 找不着玩具（0分）

4 用食指按电视、录音机、电灯、收音机等的开关：

A. 5种（14分） B. 4种（12分）

C. 3种（10分） D. 2种（8分）

5 称呼的时候，宝宝：

A. 见到父亲叫爸爸，见到母亲叫妈妈（15分）

B. 叫爸爸妈妈中的一人（10分）

C. 无人的时候乱叫（5分）

6 用姿势表示再见、谢谢、鼓掌、亲亲、虫虫飞、蝴蝶飞及其他：

A. 5种（15分） B. 4种（12分） C. 3种（10分）

D. 2种（6分） E. 1种（3分）

7 会给娃娃服务：

A. 盖被子（5分） B. 拍它入睡（3分）

C. 抱着娃娃哄它不哭（2分）

D. 不喜欢它，扔掉或者摔它（1分）

8 懂得害羞：

A. 当别人谈到自己的时候藏到妈妈的身后（8分）

B. 躲到妈妈的怀中（5分） C. 不理会别人的谈话（0分）

9 拿勺子的时候，宝宝：

A. 凹面向上盛到食物（10分） B. 凸面向上盛不到食物（5分）

C. 拿着勺子乱搅不盛食物（2分）

10 大人帮助穿衣服的时候，宝宝：

A. 会伸手和头来配合（10分） B. 会伸手（5分）

C. 不配合（0分）

11 学爬的时候，宝宝：

A. 手膝爬行（10分） B. 手腹匍行（5分）

C. 俯卧打转（3分） D. 俯卧不动（0分）

12 扶着物体站立的时候，宝宝：

A. 横行跨步（10分） B. 扶站不稳（5分）

C. 不能从爬行扶起站立（2分）

结果分析

得分在70分以下：表明宝宝的智能发展还没有达到理想水平，妈妈要多加训练。得分在90～110分：说明宝宝的智能发展达到平均水平，若要继续提升宝宝智能，妈妈就要多加训练。得分在110分之上：说明宝宝的智能发展很棒，要继续努力！

10～12个月宝宝早教启智

风风光光，迈出人生的第一步

10个月宝宝智能发育标准参考

分类	项目	训练方法	标准水平
大动作	能独站片刻 扶椅或推车走几步	扶宝宝站立后松开手 让宝宝扶着椅子、床沿或小推车，鼓励其迈步	能独站2秒以上 能迈3步以上
精细动作	把一件玩具放进容器中	让宝宝将眼前的玩具放进一个较大的容器（如小箱子、小篮子）里	能将1～2件玩具放进容器内
	食指、拇指动作熟练	抱坐，将一爆米花放在桌上，鼓励宝宝捏取	能熟练用拇指和食指捏起爆米花，动作协调、迅速
认知能力	认识的新物品（用手指）	让宝宝听名称指出相应物品或身体部位	能听声指物
言语	会叫“妈妈”	观察宝宝叫“妈妈”时是否特指自己的妈妈	有意识地喊妈妈
	会叫“爸爸”	观察宝宝叫“爸爸”时是否特指自己的爸爸	有意识地喊爸爸
情绪与社会行为	懂得命令	吩咐宝宝做三件事，如“把××拿来”“坐下”“把××给妈妈”等，不要做手势	能懂得并服从大人的指令，做相应的事
	理解“不”	宝宝拿玩具时，大人说“不要拿”但不做手势	宝宝立刻停止拿玩具的动作

11个月宝宝智能发育标准参考

分类	项目	训练方法	标准水平
大动作	会扶家具行走	将宝宝领至小床边有栏杆处或长沙发边，用玩具逗引	能扶家具走3步以上
	独站稳	扶宝宝站稳，给他手中放一玩具后松手	能独站10秒钟
精细动作	打开包积木的纸	在宝宝注视下，用信纸包起积木，打开，再包上，鼓励宝宝找积木	宝宝主动打开包积木的纸寻找积木，将积木拿到手
	把硬皮书打开合上	在宝宝眼前示范将硬皮书打开再合上	能模仿大人将硬皮书打开合上
	将圆环套在细柱子上	向宝宝示范用直径约10厘米的环套在笔杆上，鼓励其学着做	能准确将环套在笔杆上
认知能力	能听声指物或图片各3种	让宝宝听名称指物或图片各3种	能准确无误地指出大人说出的物品或图片
	知道用棍子够玩具	将玩具放到宝宝可望而不可及的地方，在宝宝身边放一根棍子，看他是否知道用棍子够玩具	只要知道能用棍子够取玩具即可，不一定要取到玩具
言语	说些莫名其妙的话	宝宝安静、愉快时，观察他的自言自语	说出听不懂的由2～3个字组成的一句话
	有意识发“爸爸妈妈”以外的字音（如要、走、拿等）	观察宝宝是否能有意识地发一个字音，表示一个特定的意思，如“要”表示要什么东西	能发一个字音，表示特定的意思或动作
情绪与社会行为	随音乐或歌谣做动作，如点头、拍手、摇动身体等	放音乐或念儿歌，鼓励宝宝随节奏做点头、拍手、踏脚、摇动身体等动作	宝宝会随音乐自由做动作

12个月宝宝智能发育标准参考

分类	项目	训练方法	标准水平
大动作	独走几步	让宝宝独站，鼓励他在父母之间独自走2～3步	能独走2～3步
精细动作	用蜡笔在纸上戳出点	让宝宝用笔在纸上戳点或画线	能用手握蜡笔在纸上戳出点或画出线
认知能力	搭积木1～2块	示范将1～2块方积木搭起来	会搭1～2块积木不倒
	会盖瓶盖	将瓶盖盖在瓶上，鼓励宝宝盖（瓶盖反方在桌上）	会将瓶盖翻正后盖在瓶口上，不必拧紧
	拉双绳取物	用120厘米长的绳子穿过一个杯把手，绳子两端放在桌上宝宝能够得着的地方，鼓励宝宝将杯子拿过来	知道同时抓住绳子的两头，将杯子拉过来
	竖起食指表示自己1岁	问宝宝“几岁了”，要求竖起食指回答	会竖起食指表示自己1岁
言语	说2～3个字，如“要、走、拿”等	观察宝宝有意识地说话的情况	有意识说出2～3个以上的单字，“爸妈”除外
情绪与社会行为	要东西知道给	向宝宝要其手中的玩具或食物	知道将大人要的东西给出
	点头、摇头表示同意或不同意	观察宝宝表示同意或不同意时的动作	会用点头表示同意，摇头表示不同意

动作能力训练

宝宝和玩具的“家”

目的：锻炼宝宝的全身运动能力，让宝宝建立空间概念，并培养宝宝的自立能力。

步骤：

* 妈妈提前将玩具放到大纸盒里，然后让宝宝将纸盒里的玩具随意地拿进取出。
* 当宝宝把大纸盒里的玩具拿出来时，妈妈可逗引宝宝爬进纸盒里，并告诉宝宝：“这是宝宝的家”，让宝宝坐一坐、扶着站一站。
* 当宝宝把玩具装进大纸盒里时，妈妈可教宝宝推动大纸盒，并说：“嘀嘀嘀，大卡车来送货啦。”

注意事项：注意环境安全。等宝宝明白怎样玩游戏后，可鼓励宝宝自己玩。

木勺敲“鼓”

目的：锻炼宝宝的精细动作，培养宝宝的节奏感。

步骤：

* 让宝宝坐在床上，在宝宝面前放一个罐子当作鼓，再给宝宝一个木勺作为鼓锤。
* 妈妈先示范，一边唱歌一边随着自编的节奏用木勺敲打罐子。
* 妈妈把木勺交给宝宝，引导宝宝敲击罐子。

注意事项：这时还可引导宝宝发音，教宝宝哼唱。

彩线拉物

目的：锻炼宝宝的观察模仿能力，增强宝宝“物体永存”的观念，从而提高宝宝的逻辑思维能力。

步骤：

* 妈妈在玩具上系上彩色纱线，并在宝宝的注视下将这个玩具从桌上扔下，又拉回。多重复几次。
* 妈妈让宝宝拉住纱线，握住宝宝的手将玩具扔下，再拉起。重复几次后，让宝宝自己尝试一下。

注意事项：扔拉玩具时，注意动作的幅度不要太大，以免玩具砸着宝宝。

学穿衣

目的：培养宝宝动作协调和配合能力。

步骤：

- 妈妈轻握宝宝的小手放进袖子里，并用另一只手在袖口处把宝宝的小手拉出来，用同样的方法穿上另一只袖子。
- 再次穿衣服时，妈妈让宝宝自己把手伸入袖子内，在袖口处帮助把手拉出来。
- 当宝宝自己学会伸入第一只袖子后，再学伸入第二只袖子。
- 当宝宝学会自己伸袖后，妈妈只需把衣领提起，宝宝就会自己把长袖子的衣服用手抓住，伸入袖子里了。

注意事项：进行这个游戏时要注意室内温度和湿度，以免温度过低冻着宝宝，衣服也不可太厚，以免太难宝宝不愿意进行下去。

请你跟我一起做

目的：通过听指令做动作，锻炼宝宝听觉与肢体的协调能力。

步骤：

- 妈妈坐在宝宝对面，妈妈边做动作边念儿歌，让宝宝也做同样的动作："请你跟我这样做，我就跟你这样做，小手指一指，嘴巴在哪里，嘴巴在这里（用手指嘴巴）。""请你跟我这样做，我就跟你这样做，小手摸一摸，头发在哪里，头发在这里（用手摸头发）。"依次认识身体的不同部位。
- 爸爸妈妈一起练习，爸爸说："请你跟我拉拉手。"边说边做伸手的动作。妈妈接着说："我就跟你拉拉手。"边说边做伸手的动作。
- 在宝宝参与时，可以让爸爸带着宝宝一起做，然后再让宝宝单独做。可做各种各样的动作，让宝宝学说"拉拉手""弯弯腰""指指天"等词语。

注意事项：儿歌要念慢一点，给宝宝留出反应的时间，让宝宝逐渐开始模仿。

认知能力训练

车子过桥洞了

目的：训练宝宝认识物体永恒的概念。

步骤：

* 准备两块大一点的积木、一个纸板和一辆玩具小汽车。
* 先用积木和纸板建成一座桥，妈妈抱着宝宝坐在桥边。
* 妈妈把小汽车从桥下开过去，再开过来。一边开，一边告诉宝宝：“车车过桥洞了，看不见喽……又出来喽……”
* 让宝宝去拿开纸板，看车子在两个积木中穿行。
* 妈妈再架好桥，让宝宝自己开动小汽车过桥洞。

注意事项：桥洞不宜过长，以免汽车撞上桥洞，这个游戏可以提高宝宝的认知能力。

早教专家观点聚焦

无论在哪一时期，最重要的是让宝宝通过玩玩具去感觉、锻炼身体，从而培养和发展宝宝的个性、创造力、想象力，提高智力。

寻找小猫猫

目的：提高宝宝记忆顺序的能力，提高宝宝的认知能力。

步骤：

* 准备一个小小的纸箱，在箱子四周贴上四幅图画：花、妹妹、汽车、小猫。
* 让宝宝爬到箱子的旁边，扶着箱子站起来，妈妈领着宝宝在箱子四周观看，告诉他（她）每种东西的名称。
* 等到宝宝熟悉之后，妈妈就可以松开宝宝的手，说：“猫猫呢？”当妈妈说“猫猫”时，宝宝就会看看纸箱上的画，然后围着大纸箱寻找猫猫了。
* 经过多次练习，宝宝就会记住图的顺序，知道汽车旁边有猫，猫的旁边是妹妹，然后是花。这时，听到口令后他就能明确方向，很快找到目标了。

注意事项：妈妈一定要注意观察宝宝的情绪变化，如果宝宝心情不好，找不到妈妈指示的东西时，就应该给宝宝适当的提示。

看一看天女散花吧

目的：当宝宝看见漫天飞舞的美丽纸花时，可以刺激宝宝的想象力。

步骤：

- 准备一些颜色鲜艳的卫生纸或皱纹纸。

- 将纸撕成一条一条的，拿几条在手里，然后在宝宝面前吹，让纸条飘起来，引导宝宝去模仿。
- 妈妈可以示范具体的动作，然后再教宝宝吹。在吹纸条的过程中，表情尽量夸张一些，让宝宝看清楚和感受到风从嘴里出来的感觉。宝宝不一定会吹但嘴唇会动起来，这对宝宝以后的发音、说话都有好处。

注意事项：妈妈应该尽量引导宝宝去吹彩色的纸条。但是，也要注意不可让宝宝吹太久。

盒中取宝

目的：训练认识能力以及触觉功能，增强好奇心。

步骤：

- 在一个纸盒（如硬纸鞋盒）上面开一个直径8～10cm的洞，盒子里放几个质地不同的玩具，轻轻摇动发出声音，引起宝宝的兴趣。
- 妈妈示范将手伸进盒中取出玩具，让宝宝模仿将手伸进圆孔，在盒子里抓摸，摸到质地和形状不同的玩具，有软的、硬的、毛茸茸的，宝宝每取出一个玩具，妈妈应该给以鼓励。

注意事项：选择便于宝宝抓握的物体，质地和形状应各不相同，让宝宝体验不同的触感。盒子不要过大，便于宝宝用手在盒子内抓摸。

宝宝来翻书

目的：翻书可以锻炼宝宝手指和手腕的灵活性，还可以培养宝宝对书本的兴趣。

步骤：

* 挑选一些色彩鲜艳、画面简单的宝宝读物，最好是立体的、有触摸面的读物。
* 妈妈和宝宝坐在一起看书，告诉宝宝如何去翻书，并一边翻一边给宝宝介绍书的内容，吸引宝宝的兴趣。
* 如果妈妈发现宝宝对书本产生了兴趣，就可以把书给宝宝，让宝宝自己去翻。
* 由于宝宝还不能够一页一页地翻，这时妈妈可以指导他用双手去翻动。
* 让宝宝用手指去触摸不同材质的书，并告诉宝宝，这是什么样的感受，比如是光滑的还是粗糙的，是毛毛的还是凉凉的……

注意事项：妈妈最好选择低幼读物，这类书的质量都比较好，不会轻易被翻破，也不会划伤宝宝的小手。

语言能力训练

小纸偶，数一数

目的：通过这个游戏，可以让宝宝熟悉数字顺序，培养宝宝对数的概念，还可以同时促进宝宝语言的发育。

步骤：

* 准备5个动物的纸偶（小熊、小兔子、小鸡、小鹅、小猪）。

* 让宝宝坐好，家长在演示纸偶的同时给宝宝讲故事，这样更能吸引宝宝注意力，宝宝的目光会随着小动物的出现和一动一动而转移。

* 家长可以伸出5个手指，一边教宝宝数数，一边念儿歌：“一二三四五，上山打老虎。打了几只虎？让我数一数。数来又数去，一二三四五。”

* 家长还可以边给宝宝讲故事，边让宝宝演示纸偶，指导宝宝动手指。

注意事项：活动可以反复进行，每次的时间不要过长，以免宝宝劳累。

听听小故事

目的：通过练习，可以提高宝宝对语言的理解能力，从而提升语言能力。

步骤：

* 找一本字数相对较少的图画故事书来给宝宝看。

* 开始的时候，只让宝宝去认识故事的主角，让宝宝尝试着去猜测他在干什么，以此来引起宝宝的兴趣。

* 翻开画有另外一个主角的页面或者翻到书中有其他事物的图片，让宝宝逐一去记住他们。

* 给宝宝朗读每一页的文字，并且指着相对应的角色、动作或者事物。

* 可以多次重复，直到从宝宝的表情中看出他听懂了为止。

注意事项：要逐一让宝宝认识人物和事物，一下子认太多，宝宝会反应不过来，还可能因急躁而厌烦。

说单字

目的：训练宝宝的语言能力。

步骤：

* 在日常生活的每个时刻，都要训练宝宝的语言。
* 如吃饭时，把东西递给宝宝，教宝宝发“na”的音，以后每次拿东西给宝宝，当他说“拿”以后再把东西给他。
* 每次给宝宝东西时，都要问询宝宝要不要，让宝宝用语言来回答，而不再用点头摇头。
* 以此类推，教会宝宝说“给、要、不、走、吃”等单字。

注意事项：父母要有充分的耐心，不厌其烦地一遍又一遍地引导宝宝发音、说话，不可急躁、粗暴。

早教专家观点聚焦

大人要利用一切机会，鼓励宝宝说话，鼓励宝宝用语言来表达他的要求。在宝宝不会用语言表达的时候，帮助宝宝表达，并不断地重复给宝宝听，促进宝宝的语言表达。

理解简单句

目的：扩大对语言的理解，促进语言发育。训练理解简单句的能力，增加语言词汇的输入量。

步骤：

* 妈妈通过与宝宝做游戏、讲故事、念儿歌、看图片等形式，多给他说一些简单句，如“汽车开了”“天下雨了”“母鸡生蛋”“宝宝穿新衣服”等。
* 结合玩具、实物和日常生活场景，让宝宝理解这些简单句的意义，并能够做出相应的动作和反应。如给宝宝一个玩具汽车，妈妈说“汽车要开了”，宝宝会把汽车推动“开走”。

注意事项：让宝宝懂得简单句必须反复训练和强化，并结合实物进行。

情感发展训练

请奶奶吃水果

目的：这个游戏主要是培养人与人之间的情感交流，增强宝宝的社交能力。

步骤：

* 用叉子叉了水果之后，拿给宝宝，跟宝宝说："给奶奶吃，拿给奶奶吃。"

* 宝宝第一次往往都会迷迷糊糊的，不知道该怎么做，此时妈妈就要抓着宝宝的小手，把水果递给奶奶。

* 奶奶此时可以称赞宝宝："宝宝好乖，长大啦！"听到赞扬，宝宝会更想尝试，并且心情也会变得很好。

注意事项：宝宝会懂得与别人亲近的方法，产生与人分享的意识。在日常生活中，家长一有机会就要注意培养宝宝，让宝宝拿东西给家人吃，这样不但可以增强宝宝的身体运动机能，还能让宝宝养成慷慨大方、与人分享的好性格。

来当服务生吧

目的：从小让宝宝养成有礼貌的好习惯，争取把宝宝培养成绅士或者淑女。

步骤：

* 吃饭时，妈妈让宝宝递给自己一块餐巾，并让宝宝给自己也拿一块。

* 稍后一段时间让他给3个或更多的人拿餐巾。妈妈也可以帮助宝宝进行这项任务。

* 等到宝宝越来越熟练的时候，妈妈就可以放心让宝宝独立完成。

* 当宝宝给全家人都分好餐巾了的时候，大人们要纷纷称赞宝宝，以提高宝宝的积极性。

注意事项：在培养宝宝分东西的习惯之前，妈妈可以在外出就餐时，教育宝宝多观察彬彬有礼的餐厅服务生，在宝宝的心里树立一个训练有素、有礼貌的好榜样。

早教专家观点聚焦

让宝宝学着做点事，会让宝宝很有责任感，让宝宝敢于担当。而且当宝宝顺利完成任务后，会更加充满自信。

信任大人吧

目的：培养宝宝的安全依赖感，使宝宝的情感可以得到正常发展，逐渐接受陌生人。

步骤：

* 首先妈妈要先尊重宝宝的正常依恋，1岁前后的宝宝依恋情结最深，经常需要人寸步不离地照顾。
* 在理解宝宝依恋心理的前提下，妈妈要适当让宝宝去接触更多的人。并且让他在父母都在场的情况下，感受到他人的善意，从而促使他意识到他人也是可以依赖的。
* 当宝宝因为妈妈抱了别的宝宝而哭闹不止的时候，妈妈就要及时地安抚宝宝，避免造成宝宝内心的恐惧。
* 要多让宝宝参加集体活动，从而使他逐步适应与妈妈或者照料人分开5分钟、10分钟，直到宝宝能够较长时间与人分开，并且不会感到不安或者惊恐。

注意事项：可以让宝宝与同龄的或者稍大一些的孩子一起玩耍，妈妈在旁边照看一下即可。

和妈妈一起躲猫猫

目的：提高宝宝的思维能力，激发宝宝快乐的情绪。

步骤：

* 先把宝宝放在床上。
* 妈妈从门口探出头，喊一声“闷儿”，然后很快缩回去，宝宝听后会高兴地朝妈妈声音的方向看。
* 妈妈又突然出现在窗口，喊声“闷儿”后，快速把头缩回去。宝宝就会表现出再次惊喜万分的样子。
* 妈妈在门和窗不停地变换位置，喊声“闷儿”后，很快缩回头，出其不意使宝宝频获惊喜，有时候宝宝甚至笑个没完。

注意事项：要把宝宝放在安全的地方，比如婴儿房、婴儿车内；妈妈发出的声音不要太大、太突然，以免突然之间惊吓到宝宝。

每月一测：10个月宝宝智力测试

1 宝宝能够认识的新的身体部位有：

A. 认识大拇指（或者2处新的部位）（10分）

B. 认识1个手指例如食指（或者另一个新的身体部位）（5分）

C. 不认识新的身体部位（0分）

2 宝宝拉绳子取物品的时候：

A. 拉绳取环或者取到玩具（10分）

B. 直接去够取环或者玩具（5分）

C. 无目的地乱抓（2分）

3 捏取葡萄干或者爆米花的时候，宝宝会：

A. 用食指、拇指来捏取（10分）

B. 大把抓取（5分）　C. 不理会不抓取（0分）

4 在1分钟之内把小球放入瓶子里：

A. 4个（12分）　B. 3个（9分）

C. 2个（6分）　D. 1个（3分）

5 有意识地称呼亲人：

A. 爸爸和妈妈（10分）　B. 爸爸妈妈中的任意一个（5分）

C. 无人的时候乱叫（2分）

6 用身体语言表示，如再见、谢谢、你好、握手、鼓掌、碰头、亲亲、虫虫飞、鸟飞、挤眼睛、撅嘴等：

A. 7种（15分）　B. 5种（12分）

C. 3种（9分）　D. 2种（6分）

7 喜欢小朋友，同人打招呼，如招手、点头、笑、摇晃身体、跺脚、尖叫等：

A. 3种（9分）　B. 2种（6分）

C. 1种（3分）　D. 不理会（0分）

8 捧着杯子喝水的时候，宝宝：

A. 不用大人扶持自己略有洒湿（9分）

B. 要大人扶持（5分）　C. 不会用杯子（0分）

9 穿衣服的时候，宝宝：

A. 自己把胳膊伸入双侧的袖内（6分）

B. 自己会伸入一侧（4分）

C. 大人将胳膊放入袖子内（2分）

10 爬行的时候，宝宝是：

A. 手足快爬（10分）　B. 手和膝盖慢爬（8分）

C. 腹部靠着床匍行（6分）　D. 俯卧打转（3分）

11 扶站下蹲的时候，宝宝：

A. 能蹲下捡起物品（10分）　B. 蹲下但捡不到物品（8分）

C. 不敢蹲下（3分）

12 学走路的时候，宝宝需要：

A. 一只手牵着走（12分）　B. 双手牵着走（10分）

C. 学步车内走（8分）　D. 扶着物体走（6分）

结果分析

得分在70分以下：表明宝宝的智能发展还没有达到理想水平，妈妈要多加训练。得分在90～110分：说明宝宝的智能发展达到平均水平，若要继续提升宝宝智能，妈妈就要多加训练。得分在110分之上：说明宝宝的智能发展很棒，要继续努力！

每月一测：11个月宝宝智力测试

1 按照要求拣出图片、书页或者字卡的时候，宝宝会拣出：

A. 4张（12分） B. 3张（10分）

C. 2张（7分） D. 1张（4分）

2 放上杯盖的时候，宝宝：

A. 放得很正（5分） B. 放得有些歪（3分）

C. 乱放（0分）

3 用手解开纸包取出食物的时候，宝宝是：

A. 用手打开（10分） B. 用手撕开（5分）

C. 需要大人帮忙打开（0分）

4 从大瓶中取出糖果的时候，宝宝是：

A. 用食指抠出（10分） B. 倒出来（8分）

C. 打翻瓶子取出来（7分） D. 让大人帮忙拿出来（0分）

5 从大拼图中抠出形块的时候，宝宝可以抠出：

A. 3个（9分） B. 2个（6分）

C. 1个（3分）

6 依恋大人，宝宝会：

A. 妈妈抱着别的宝宝的时候拉扯着要求抱自己（12分）

B. 靠在妈妈或者照料人的身边不离开（10分）

C. 靠在爸爸或者其他亲人身边（8分）

D. 妈妈离开时不在乎（4分）

7 回答“你几岁了”的时候，宝宝会：

A. 竖起食指表示“我1岁”（10分） B. 乱竖指头表示（8分）

C. 不表示（0分）

8 称呼大人的时候，宝宝能称呼：

A. 4人（18分） B. 3人（15分）

C. 2人（10分） D. 1人（5分）

9 穿裤子的时候，宝宝会：

A. 自己伸腿入裤管内（9分）

B. 大人握住腿放入裤管内（3分）

C. 不肯穿裤子（0分）

10 脱鞋袜的时候，宝宝是：

A. 自己用脚蹬去鞋袜（10分） B. 蹬去鞋子（5分）

C. 让大人帮助脱掉（0分）

11 学走路的时候，宝宝会：

A. 在大人放手之后走1～2步（15分）

B. 自己扶着家具来回走（10分）

C. 大人一只手牵着走（8分）

D. 在学步车内行走（2分）

12 爬高的时候，宝宝是：

A. 自己手脚并用爬上台阶（5分）

B. 大人牵着上一级台阶（3分） C. 不敢上高（0分）

结果分析

得分在70分以下：表明宝宝的智能发展还没有达到理想水平，妈妈要多加训练。得分在90～110分：说明宝宝的智能发展达到平均水平，若要继续提升宝宝智能，妈妈就要多加训练。得分在110分之上：说明宝宝的智能发展很棒，要继续努力！

每月一测：12个月宝宝智力测试

1 能够自由地注意观察自己感兴趣的事物，例如小金鱼在水里游、小狗摇尾巴、小猫抓脸等：

A. 是（10分）　B. 不是（5分）　C. 没试过（0分）

2 喜欢到户外去玩，经常会拉着妈妈的手或者其他看护者的手到户外去走动，对各种动物和大自然的美景表现出一定的兴趣：

A. 是（10分）　B. 偶尔关注（5分）　C. 不关注（0分）

3 用蜡笔画画：

A. 乱涂，纸上有痕迹（10分）　B. 画小点（5分）

C. 在空中乱画（3分）　D. 不会握笔（0分）

4 拿着细线，另一头绑着物体来回摇晃：

A. 摇成圆圈（10分）　B. 前后晃荡（8分）　C. 不会摇（0分）

5 穿裤子：

A. 自己可以把腿伸进裤管内（10分）

B. 大人需要握着腿放入裤内（5分）　C. 不肯穿裤子（0分）

6 认识身体的部位：

A. 6处以上（12分）　B. 5处（10分）　C. 4处（8分）

D. 3处（6分）　E. 2处（4分）

7 戴帽子：

A. 放好拉正（10分）　B. 放稳（8分）

C. 随便戴在头上（3分）　D. 等着大人帮忙带（0分）

8 面对活动的物体，宝宝：

A. 眼睛会追随着移动（10分）

B. 眼睛扫一下（5分）　C. 没反应（2分）

9 配大小瓶盖：

A. 2对（10分） B. 1对（8分） C. 不会配（0分）

10 模仿一些小动物，如猫、羊、鸭、鸡、牛、虎等叫：

A. 6个以上（10分） B. 5个（8分） C. 4个（5分）

D. 3个（2分） E. 2个（1分）

11 1分钟内将小丸投进瓶子里：

A. 6个（10分） B. 5个（8分） C. 4个（5分）

D. 3个（2分） E. 2个（1分）

12 学会站立：

A. 不扶着物体可以站稳3秒（10分）

B. 扶着物体能站稳（8分） C. 牵着能站立（5分）

13 会走：

A. 自己走10步（10分） B. 自己走5步（5分） C. 不会走（0分）

14 听儿歌的时候，宝宝：

A. 能模仿音调“唱歌”，而且歌声连贯（10分）

B. 咿呀唱歌（8分） C. 不会唱（2分）

15 对自己喜欢的乐曲，宝宝：

A. 很兴奋（10分） B. 不会区分（5分） C. 没反应（0分）

结果分析

得分在70分以下：表明宝宝的智能发展还没有达到理想水平，妈妈要多加训练。得分在90～110分：说明宝宝的智能发展达到平均水平，若要继续提升宝宝智能，妈妈就要多加训练。得分在110分之上：说明宝宝的智能发展很棒，要继续努力！

1岁~1岁3个月宝宝早教启智

从"开心果"到"淘气包"的转变

1岁~1岁3个月宝宝智能发育标准参考

运动	乐意爬楼梯，但感觉到往下爬不容易； 虽然有时身体摇晃，但双脚站立较稳； 会扶着椅子行走或扶着学步车行走； 常跌倒，但还是想自己行走。
手眼协调	会用手指着自己想要的东西； 喜欢用蜡笔或铅笔在纸上划； 会用小锤将木栓敲入木栓板； 会玩玩具电话，将听筒拿起或放下。
语言	知道自己的名字，但不会说； 能恰如其分地说出五六个词； 不想要大人做某事时会叫喊； 听到熟悉的音乐时，会发出成调的声音。
学习	会试着用小勺自己吃饭； 会很高兴指着图书中熟悉的物体； 能集中更长时间的注意力； 对录像带和电视节目感兴趣； 玩耍时开始显露想象力。
社交和情感	表现出本能的独立愿望，如穿衣时想自己动手； 下午不太想睡觉； 高兴时会伸手搂抱大人； 基本上能握住杯子喝水； 能把玩具递给别的宝宝； 能和别的同龄宝宝并排玩，但不互相在一起玩。

动作能力训练

自制拼图

目的：训练宝宝的动手能力，培养宝宝认知图形的能力。

步骤：

* 妈妈从书中挑选出几张图像清晰、图案单一、色彩鲜艳的图画，将其剪成正方形或长方形贴在硬纸板上，然后再像“田”一样剪成四片。

* 从这些剪碎的拼图中每组中取出一片，然后将取出的拼图混放在一起。

* 让宝宝从混在一起的拼图中随便拿出一片，看宝宝能否将其拼到正确的图案上。

学钓鱼

目的：锻炼宝宝的动手能力和模仿能力。

步骤：

* 准备一个宝宝很喜欢的玩具（能系上绳子）和一根彩色的纱线。把纱线系在玩具上，并且向宝宝演示，把这个玩具从桌子上扔下去又拉上来，多次重复。

* 让宝宝拉住纱线，握住宝宝的手将玩具扔下去再拉上来，重复几次，然后让宝宝自己动手操作。

注意事项：拉和扔的时候动作幅度都不要太大，不能砸到宝宝，另外要注意时间，不能让宝宝感到疲倦。

模仿动物

目的：训练宝宝肢体动作的协调性。

步骤：

* 妈妈做示范动作，让宝宝学小兔跳：两手放在头两侧，模仿兔子耳朵，双脚合并向前跳。
* 也可以学大象走：身体向前倾，两臂下垂，两手五指相扣，两手左右摇摆模仿大象的鼻子，向前行进。
* 学小鸟飞：双臂侧平举，上下摆动，原地小步跑。
* 学马儿跑：双臂前曲，手握拳原地跑。

小球上山

目的：增强宝宝的上肢协调能力，提高宝宝全身动作的协调性。

步骤：

* 准备一个小球，妈妈和宝宝面对面站好，伸出手臂，两手互牵，两臂并拢。
* 让爸爸把球放在妈妈的手腕上，然后妈妈抬高双臂，让球滚向宝宝的胸前，并鼓励宝宝接住球，不要掉下去。引导宝宝抬高双臂，让球再滚向妈妈的胸前。
* 球滚动时，妈妈引导宝宝的身体配合球的滚动而弯腰、屈膝，以保证球掉不下来。刚开始的时候宝宝可能会因无法接住球而排斥这个游戏。
* 妈妈可以和宝宝多做几次，宝宝熟悉后就会喜欢上这个游戏。

快乐手指

目的：提高宝宝手部肌肉运动与控制能力。

步骤：

⋆ 用无毒的彩色马克笔，在宝宝的手指上画上爷爷、奶奶、爸爸、妈妈、宝宝的小脸谱。可以在脸谱上画出各种表情，如快乐的爸爸、有点生气的妈妈、快睡着了的爷爷、微笑的奶奶和可爱的宝宝。

⋆ 在妈妈的手指上也画上脸谱。妈妈与宝宝面对面坐好，给宝宝编一些有意思的儿歌来配合。

⋆ 比如，爷爷对奶奶说："我快睡着了。"（弯下相应的手指）爸爸对妈妈说："你辛苦了！"（摇动相应的手指）妈妈装做生气的样子。（动动相应的手指）"宝宝在想什么呢？请你告诉我。"（晃晃相应的手指）妈妈先用自己的手指脸谱做示范，然后再用宝宝的手指做。

专家启智一点即通

此游戏不仅能让宝宝的手指运动变得更加灵活，可培养宝宝的想象力、逻辑思维能力、语言表达能力、对情绪的感知力；还能培养宝宝快乐的性格，增进亲子关系。建议妈妈多和宝宝做类似的游戏。

会动的玩具

目的：培养宝宝身体运动协调能力及平衡感、灵活性。

步骤：

⋆ 在宝宝喜欢的一个动物玩具上系一根绳子，把玩具放在房间中央的地板上。将绳子的另一端放在另一个房间里，不要让宝宝看到，但要让宝宝看到他的玩具。

⋆ 爸爸悄悄走到另一个房间，不要惊动宝宝，拉动细绳，让玩具动起来，宝宝就会跟着玩具向前走。

⋆ 妈妈可以充当引导者的角色，告诉宝宝："它在那里！""跟着它！"一直到宝宝厌倦了，爸爸就拉起绳子，让宝宝明白刚才发生了什么事。

认知能力训练

看云朵

目的：让宝宝观察自然现象，引导宝宝去动脑思考，进而提高宝宝的逻辑思维能力和对自然的热爱。

步骤：

* 全家人到户外后，排成一排躺在草地上，手牵着手，让宝宝躺在中间。

* 家长悠闲地唱着关于天空和白云的歌曲。

* 家长告诉宝宝："云朵是飘在天空中的水珠，水珠变沉重之后掉下来就是雨水。"

* 指点着宝宝去观察各种云朵的样子，并启发宝宝联想云朵看起来是什么样子的。

* 还可以顺便告诉宝宝，在云朵的背后是广阔无垠的宇宙，向宝宝传授自然知识。

注意事项：父母要选择一个环境较好的地方去训练，事先要先查看草地上是否有尖锐的小石头等物品，以免伤到宝宝。

认识小动物

目的：锻炼宝宝的认知能力和记忆力。

步骤：

* 事先准备动物卡片，或是动物玩具，比如猫、兔、狗等。

* 将动物卡片一一摆在宝宝面前，让宝宝仔细看。

* 拿起小猫的卡片跟宝宝说："这是小猫喵喵，小猫的眼睛很大很亮，小猫的嘴上有胡须，小猫静悄悄，专吃老鼠保护家。遇见老鼠，它就喵喵地叫。"妈妈也可以让宝宝用小手指指着小猫，学小猫叫，同时在宝宝脸上比划小猫胡须的样子。

* 拿出小狗的卡片，用手势和语言描述和表演小狗："这是小狗汪汪，小狗的耳朵支楞着，听见小偷就汪汪叫，宝宝长大给小狗奖励骨头啃。"同时让宝宝用手指指着小狗，学小狗叫。

* 多次练习后，妈妈让宝宝用手分别指出4种动物，或按指令把相应的卡片拿起来。

品尝酸甜苦辣

目的：锻炼宝宝的味觉分辨力，通过刺激宝宝舌尖上的味蕾，开发动作与嗅觉、味觉之间的联系。

步骤：

* 把水果汁、蔬菜汁等各种味道的果汁拿来，给宝宝一一品尝，告诉宝宝："这是甜的。"通常小宝宝都喜欢甜的东西。然后妈妈就可以总结说："宝宝喜欢吃甜的东西哦。"
* 再拿一把小勺盛少量的醋，先放在宝宝鼻子前，让他闻闻，或者直接让宝宝尝一下，一般宝宝会直接转过头，躲开这种刺鼻的酸味，这时妈妈又可以告诉宝宝"这叫醋，是酸的，宝宝不喜欢这种酸"。
* 喂宝宝一点已经炒熟的苦瓜子儿，宝宝受不了这种轻微的苦，妈妈就告诉宝宝："这是苦，宝宝不喜欢吃苦的。"
* 用刺激的辣椒酱给宝宝闻，宝宝会受不了辣味，把头转开，妈妈就告诉宝宝："这是辣的，宝宝太小，还不能吃辣。"这样进行几次训练后，宝宝就会敏锐地分辨各种味道啦。

海绵喝水

目的：培养宝宝对于形状的辨识能力。

步骤：

* 妈妈把海绵剪成各种形状，如正方形、圆形、长方形等。
* 当宝宝坐在浴缸里洗澡的时候，妈妈可以将这些海绵放进水里，让宝宝观察海绵吸水后沉到水里的现象。
* 然后再让宝宝拿起海绵玩，同时告诉宝宝这些海绵都是什么形状的，引导宝宝复述出来。也可以将海绵剪成动物、字母或其他任何能引起宝宝兴趣的形状。

专家启智一点即通

视觉、听觉、触觉、嗅觉、味觉五大感觉系统，对小宝宝而言，不仅是生理发展的一部分，更是认识这个世界的工具。

宝宝猜颜色

目的：教宝宝理解顺序的概念。

步骤：

⋆ 在开始前，妈妈先准备3辆不同颜色和造型的玩具小汽车，空心硬纸筒1个，宽度以能让小汽车穿过为宜，长度最好超过小汽车长度的3倍。

⋆ 妈妈可以用线将3辆小汽车连在一起，然后让宝宝观察，将汽车拉进纸筒，提醒宝宝注意看是什么颜色的汽车先开进“山洞”的，什么颜色的第二个开进山洞，最后开进“山洞”的汽车又是什么颜色的呢。当汽车全部拉进纸筒后，妈妈先停下来。

⋆ 问宝宝：“汽车出洞了，宝宝猜猜看第一辆出来的是什么颜色的呢？”“第二辆是什么颜色呢？”“那么第三辆呢？”

⋆ 妈妈引导着宝宝拉着线的另一端，再将汽车倒着拉回去，拉之前要问宝宝：“前方堵车，现在要倒车，先出来的车是什么颜色，下一辆是什么颜色？”然后再拉动线，看宝宝的猜测对不对。

⋆ 熟练之后，也可以打乱顺序重复玩，或者和宝宝轮流猜汽车的颜色。

天上的故事

目的：培养宝宝的观察力，锻炼宝宝丰富的想象力。

步骤：

⋆ 妈妈和宝宝一起观察月亮和星星，告诉宝宝天上有一个月亮，有许多的星星，并引导宝宝说一说月亮和星星都像什么，比如“月亮像一个盘子，星星像一颗一颗的明珠”。

⋆ 然后，妈妈可以给宝宝讲一个星星和月亮的故事。比如：夜深了，小朋友们已经进入了甜甜的梦乡，小星星和月亮姐姐却在比谁更受欢迎！月亮姐姐骄傲地说道：“你看，如果小朋友不喜欢我，怎么会有传说嫦娥奔月呢！”星星也不甘示弱地反驳道：“如果小朋友不喜欢我，怎么会编一闪一闪的小星星的歌呢！”天空伯伯被吵醒了，揉了揉睡眼，劝它们：“你们两个都讨小朋友的欢心，少了谁，都不行啊。”

大小瓶配盖子

目的：训练分辨大小的能力，建立大与小的概念，能区别大和小的物体。

步骤：

* 把一个有盖大瓶和一个有盖小瓶放在宝宝面前的桌子上，妈妈当着宝宝的面，逐个地取下大、小瓶盖，一边说："把大瓶盖取下来""把小瓶盖取下来"。
* 把大、小瓶盖给宝宝摸、玩，让他认识大、小不同的瓶盖。
* 妈妈把大瓶盖盖在大瓶上，并说："这是大的，盖在大瓶上。"
* 再把小瓶盖盖在小瓶上，说："这是小的，要盖在小瓶上。"让宝宝模仿。开始时宝宝会盖错，逐渐地便能够把盖子盖正确。

注意事项：妈妈可以给予帮助，慢慢地减少帮助，让宝宝独立完成。不要求宝宝能够把瓶盖盖紧，只要能够大小配对就可以。

手掌叠罗汉

目的：培养宝宝通过游戏理解数的概念，锻炼宝宝的手眼协调能力。

步骤：

* 妈妈先把手掌朝下放在膝盖上，然后让宝宝将自己的小手摞在妈妈手上。
* 妈妈再轻轻地将另一只手压在宝宝的小手上，再让宝宝把自己的另一只小手压在妈妈的手背上。
* 妈妈抽出压在最下面的一只手，再一次压在宝宝的小手上，反复练习。
* 宝宝学会玩手掌叠罗汉的游戏之后，可以改为玩手指的叠罗汉的游戏。
* 妈妈先伸出食指放在膝盖上，也让宝宝伸出同一只手的食指压在妈妈的食指上，反复进行。
* 不断让妈妈伸出不同手指，让宝宝跟着妈妈也变换手指继续游戏。
* 妈妈可以不断变化手指，加快速度，同时鼓励宝宝也跟着变换手指和妈妈玩游戏。

语言能力训练

打电话，打招呼

目的：鼓励宝宝尝试用语言表达自己的想法。

步骤：

* 先把各种玩具电话散在地上，鼓励宝宝玩玩、看看，鼓励宝宝模仿成人的动作，比如：拨号，拿起话筒说“喂喂”，鼓励宝宝反复将听筒拿起、挂好。

* 让宝宝摆弄一下手机，听手机里的声音。宝宝摆弄几分钟后，妈妈可用自己的手机打过去和宝宝对话，鼓励宝宝说“喂”“你好”“爸爸”“妈妈”等词语。也可以鼓励宝宝给其他家人打电话，说“爷爷”“奶奶”“婆婆”“好”“宝宝”“再见”等词汇。

你好！

目的：引导宝宝明白“你好”的意思，学会和人打招呼。播放宝宝熟悉的音乐，在爸爸妈妈的帮助下，宝宝随着音乐做挥手、拍手等动作。

步骤：

* 妈妈套上小兔子的手偶与宝宝打招呼：“你好！”并代替宝宝或者鼓励宝宝跟手偶说：“你好，小兔子！”

* 然后换上其他手偶，用“你好”跟宝宝打招呼，并不断地引导宝宝边挥手边说。

* 妈妈可以两只手都套上手偶，随着音乐让宝宝模仿各种挥手、拍手、摇头等动作。

* 识字：你好。

讲礼貌的好宝宝

目的：让宝宝学会问“早安”和“好”。

步骤：

* 妈妈拿出小鸡、小鸭的手偶，让它们互相问“早”和“好”，然后跟宝宝说：“宝宝看，小鸡、小鸭真懂礼貌呀，宝宝也懂礼貌吗？”让宝宝懂得和别人见面时要互相问好，这样才算有礼貌。
* 妈妈拿出哥哥、弟弟、姐姐、妹妹的小图片，引导宝宝向他们一一问“早”和“好”。
* 妈妈也可以教宝宝说儿歌：哥哥早，弟弟早，姐姐好，妹妹好，小朋友，讲礼貌。
* 指导宝宝认字“早”“好”“礼貌”。
* 妈妈带着宝宝逐一向家庭成员问“早”和“好”。
* 识字：早、好。

专家启智一点即通

从简单的字词练习，让宝宝由浅入深逐步练习听说读的能力，进而培养孩子对文字和语言的敏感度。

谁的嘴巴

目的：

通过观察，让宝宝发现小鸡、小鸭和小娃娃嘴巴的区别；让宝宝学会说叠词“尖尖”“扁扁”“圆圆”。

步骤：

* 妈妈拿出图片对宝宝说：“看，小鸭的嘴巴是扁扁的，小鸡的嘴巴是尖尖的，娃娃的嘴巴是圆圆的。今天我们来学一首好听的儿歌就叫做《嘴巴》。”然后让宝宝一边观察图片，一边告诉宝宝它们嘴巴的形状不相同。
* 然后妈妈就可以提问：“谁的嘴巴尖尖的？谁的嘴巴扁扁的？谁的嘴巴圆圆的？”让宝宝一个一个的回答。
* 妈妈也可以加上简单的动作模仿，朗诵儿歌，然后让宝宝也模仿小鸡、小鸭、娃娃的动作，并用手指比划出尖尖的、扁扁的、圆圆的形状。妈妈也可以把着宝宝的手，边念儿歌边指导宝宝做各种动作。
* 妈妈念儿歌：小鸡嘴巴尖尖，小鸭嘴巴扁扁，娃娃嘴巴圆圆。让宝宝说出儿歌中每一句末尾的叠音词。

情感发展训练

念儿歌，学表情

目的：让宝宝学会认识各种表情，培养宝宝爱笑的性格。通过表演儿歌，让宝宝学会做笑、哭、生气等表情。

步骤：

* 妈妈先拿出小娃娃笑的表情图片，说：“宝宝看，小娃娃笑了，笑得多可爱呀！你也对着镜子笑一笑啊。”当宝宝对着镜子笑的时候，妈妈一定要称赞宝宝。

* 然后依次拿出小娃娃哭和生气的表情图片，说：“你看，小娃娃哭了，生气了，多不漂亮呀！你也学学小娃娃对着镜子做表情啊。”当宝宝对着镜子做出哭和生气的表情时，妈妈要引导宝宝观察镜子里那个漂亮的脸蛋儿是不是变得不可爱了。

* 最后把这3张表情图片及相对应的文字卡片贴在黑板上或墙上，教宝宝唱《表情歌》，最好是配上相应的动作哦（字卡要反复在宝宝面前出现）：宝宝笑，“哈、哈、哈”，宝宝哭，“哇、哇、哇”，宝宝生气撅小嘴儿（做叉腰撅嘴的表情），宝宝拍手“啪、啪、啪”。

做鬼脸，懂幽默

目的：发展宝宝的幽默感，培养宝宝的自我意识。

步骤：

小宝宝的自我意识和有意支配能力都比较差，妈妈可运用以下方法进行培养。

* 妈妈做鬼脸，让宝宝模仿“独眼”“皱鼻”等。刚开始，宝宝往往会把两只眼睛都闭上。这时侯，妈妈可先教他闭上双眼，然后用手捂住一只眼，再睁开另一只眼。

* 妈妈和宝宝一起站在大镜子前，在对方的鼻尖上点个红色的点，做出怪动作，比如挥挥手、踢踢腿、撅屁股等等。宝宝都会觉得很好玩，并且也能知道这一切都是自己在操作，这样就发展了自我意识，也培养了宝宝的幽默感。

做个小主人

目的：培养宝宝对家人的关爱之情。

步骤：

* 准备一个小围裙和几个茶杯。

* 全家人一起围坐在沙发上，茶几上放有茶盘和几个小小的杯子，妈妈将杯子里各盛半杯水。

* 妈妈让宝宝戴好围裙，激发宝宝为大家送水的兴趣，然后让宝宝双手端着杯子，逐一送到全家人的手中。

* 让宝宝边送边学说：“请爸爸喝水。”“请妈妈喝水。”父母应回答：“谢谢宝宝！”

母鸡和小鸡

目的：培养宝宝的社交能力。

步骤：

* 妈妈和宝宝分别扮演鸡妈妈和小鸡，如果有可能，可以买一套鸡妈妈和小鸡的头饰，会更有趣味。

* 按故事展开活动：鸡妈妈和心爱的小鸡到花园寻找食物，鸡妈妈“咯咯”地叫，小鸡“叽叽”地跟着鸡妈妈。

* 鸡妈妈累了，就睡着了（这时妈妈要闭上眼睛），当鸡妈妈睡着后，小鸡就走开并且躲起来（让宝宝藏起来）。

* 鸡妈妈睡醒了（这时妈妈睁开眼睛，开始找宝宝），到处焦急地寻找小鸡。小鸡听到叫声，在躲的地方“叽叽”地回答。

* 这样一叫一答，鸡妈妈终于找到了小鸡，并亲切地将小鸡抱在怀里。

专家启智一点即通

家庭是宝宝最早开始人际交往的场所，亲人也是宝宝最早的交流对象。通过这个游戏，宝宝的社交能力会逐渐提高，而且还会有特别的情绪体验，感受到妈妈对他的爱与关怀。

到宝宝多的地方玩

目的：让宝宝跟同龄人交往，学会和人打招呼，促进宝宝人际交往能力的提升。

步骤：

⋆带宝宝到附近的小公园等小朋友非常多的地方去，让宝宝跟同龄人打招呼，并且注意观察别人的活动。

⋆如果别的小朋友在跳舞，就鼓励宝宝也摇晃身体去模仿；如果有小朋友在跑动，就让急得直跺脚的宝宝在妈妈的搀扶之下“跑”上几步。

⋆如果看到有些小朋友在开心地大叫，就让宝宝也跟着一起大声叫喊。

⋆别觉得宝宝憨，他会在其中感受到快乐和满足的，因此更喜欢到人多的地方去玩，也会变得越来越开朗、活泼，喜欢与人相处。

注意事项：多和其他的小朋友交往，能让宝宝意识到自我的存在，从而加强脑部的思维功能，还能有效避免宝宝形成孤僻、沉默寡言的性格。

和宝宝一起玩水

目的：增加宝宝对水的喜爱，让宝宝在玩中体验水的乐趣。

步骤：

⋆在宝宝洗澡时，妈妈先示范，将两手交握，把水储存在手中，用力一挤，就成了一把手指头水枪。然后引导宝宝自己玩。

⋆妈妈在旧的洗澡海绵上用油性笔画上脸的样子，用力挤压海绵使之变出各种各样奇怪的表情，宝宝看了会很惊奇、很高兴。

⋆妈妈取一个塑料袋，并在塑料袋上戳几个小洞，装满水后让宝宝提起来，水会从小洞中流出来。

⋆妈妈可以将瓢放在宝宝的小浴盆里，让宝宝自己玩舀水、倒水的游戏。

注意事项：给宝宝洗澡时，水温不能太低，以防宝宝着凉。玩水时，注意不要把水弄到宝宝的口鼻里。

每季一测：本季宝宝智力测试

语言能力	别人叫名字时，宝宝能：	A. 答“哦”，然后走过来（20分） B. 会走过来（10分） C. 转头看，不走动（3分）
	能称呼家人：	A. 5人（20分） B. 4人（10分） C. 3人（5分） D. 2人（3分）
视听能力	从杂色积木或种子中挑出红色的：	A. 两种都能挑出（20分） B. 一种（10分） C. 会指其中一种（5分）
	能给认识的水果或动物配上相应的图片：	A. 5对（20分） B. 4对（10分） C. 3对（5分） D. 1对（2分）
动作能力	能将环套入棍子：	A. 5个（20分） B. 4个（10分） C. 3个（5分） D. 1个（1分）
	看图画书时，能够从头翻起、翻开、翻页、合上：	A. 做对4种（20分） B. 做对3种（15分） C. 做对2种（10分） D. 做对1种（5分）
	能自己走稳：	A. 10步（20分） B. 5步（10分） C. 3步（3分）
	蹬上板凳、爬上椅子、再上桌子、取到玩具：	A. 做对4项（20分） B. 做对3项（10分） C. 做对2项（5分） D. 做对1项（3分）

数学能力	听数取物1～2个时，宝宝能：	A. 3次全拿对（20分） B. 3次有2次拿对（10分） C. 3次有2次拿错（5分） D. 3次全错（0分）
	背带有数字1～10的儿歌时，宝宝能比划对手指：	A. 4次（20分） B. 3次（分） C. 2次（5分） D. 1次（1分）
思维能力	能正确指出身体部位：	A. 9处（20分） B. 7处（15分） C. 5处（10分） D. 3处（3分）
	按吩咐从积木中找出并能放入圆形、方形、三角形的框架中，宝宝能正确放入：	A. 3个（20分） B. 2个（10分） C. 1个（5分）

结果分析

以上全部题目共计240分，得分在120～144分为正常，154分以上为优秀，100分以下为暂时落后。

如果宝宝某项能力的总得分为满分，家长可跨过本季练习，提前进行下季相关训练。

如果宝宝某项能力的总得分介于该种能力全部测试题的B项和C项分数和之间，建议家长针对该项能力对宝宝进行上季的相关训练。

如果宝宝某项能力的总得分小于该种能力全部测试题的C项分数和，建议家长严密注意宝宝是否有相应方面的障碍。

1岁4～6个月宝宝早教启智

行动起来吧，宝宝的学习就是玩

1岁4～6个月宝宝智能发育标准参考

运动	在有支撑的情况下，上下楼梯仍不太稳； 能自己在家里或外边行走； 能从地上捡起东西而不会摔倒； 跑步的话，仍然不稳。
手眼协调	喜欢用蜡笔或彩笔在纸上随意地涂涂画画； 开始自己用小勺进食； 能同时使用两只手，分别抓住两件东西； 想自己穿衣服。
语言	能连续使用6~7个词，懂得的词语更多； 能将语言和手势结合起来表达自己的需求； 开始掌握身体各部位的名称； 喜欢听歌曲和儿歌，会发出一些声音。
学习	能综合使用不同的技能，完成一项较复杂的任务； 能听懂故事，对故事中熟悉的人物有反应； 能回忆起自己把感兴趣的东西放在什么地方。
社交和情感	开始显露出独立性，事情不如愿时会大发脾气； 想自己做更多的事情，特别是吃饭，穿衣； 开始掌握基本的社交技能，如把玩具递给另一个宝宝； 能和其他宝宝一起玩，会更近地观察他们； 会向人表露自己特别喜爱的食物和某些想玩的玩具； 当你关心别的宝宝时，会显出嫉妒的表情。

动作能力训练

袋鼠与狗熊

目的：训练宝宝动作敏捷性和自我控制能力。

步骤：

* 准备袋鼠和狗熊的头饰，然后和宝宝一起玩。
* 让宝宝戴着小袋鼠头饰站在前面，妈妈戴着大袋鼠头饰站在后面，双手搭在宝宝的肩上，然后两人按着节奏向前跳跃。
* 跳一会儿，再让爸爸戴着狗熊头饰出现，“袋鼠妈妈”和“小袋鼠”赶紧站住不动。
* 然后“大狗熊”绕着他们做各种怪相，“袋鼠妈妈”和“小袋鼠”只要忍住不笑，就不会被“大狗熊”吃掉了。
* 在过程中，也可以加入儿歌，比如：“今天天气可真好，袋鼠出门跳一跳。路上遇到大狗熊，东瞧西瞧四处找。屏住气，别乱跑，骗过狗熊心里笑。”
* 重复，还可以和宝宝换一下头饰，让宝宝扮演狗熊。

准备菜单

目的：训练宝宝的观察能力和动手能力。

步骤：

* 准备1张纸、1瓶胶水、1支笔和一些画着食物的图片。
* 让宝宝从图片中选出自己喜欢的食物，然后再选出爸爸和妈妈最爱吃的食物。
* 妈妈帮助宝宝将图片剪下来，然后让宝宝用胶水把图片都粘在白纸上，一份食谱就制作成功了。
* 妈妈还可以在每种食物的下面标出名称，并引导宝宝认这些字。
* 做饭之前，妈妈让宝宝随意点自己想吃的食物，然后尽量做给宝宝吃。

白兔竞走

目的：让宝宝练习平稳地向指定方向走。

步骤：

- 选择在室外进行时，可在平坦的地面上画一个圆圈；选择在室内进行时，可在一张圆桌旁。
- 准备好两张硬纸板，妈妈和宝宝分别头顶大小相同的硬纸板，装扮成两只大白兔，面对面隔圆圈或圆桌而站。
- 开始后，妈妈和宝宝同时按顺时针方向走，途中不能用手扶头上的硬纸板。
- 如果头上的纸板掉下来，就必须在原地捡起放回头上，才能继续进行。谁先回到原位谁就获得胜利。

橡皮泥魔术师

目的：提高宝宝自己动手的能力。

步骤：

- 准备几块色彩鲜艳的橡皮泥，一本图画书。
- 打开图画书，从中找几种简单的图形，如鸡蛋，然后妈妈做示范，用橡皮泥捏出彩色的“鸡蛋”，引起宝宝的兴趣。
- 给宝宝一些橡皮泥，引导宝宝也捏一个“鸡蛋”。
- 再从书中找出几种小动物，让宝宝说是什么动物，然后引导宝宝来学习捏这几种小动物。

黏土手印

目的：让宝宝了解自然现象。

步骤：

- 妈妈准备一些干净的黏土，然后揉捏黏土，使黏土变成如手掌大小。
- 捏好之后，妈妈可以引导宝宝将手掌放在黏土上，并紧紧地压一会儿。当宝宝拿开手时，黏土上就会出现手的形状。
- 妈妈在黏土下方写上日期，放在阴凉处晾干。可以每年做一次手掌模型来保存。
- 当宝宝长大以后，这可以变成宝宝回忆小时候的纪念品。

认知能力训练

分轻重

目的：帮助宝宝区分轻重的概念。

步骤：

- 准备3个相同的不透明瓶子，1个瓶子中装满沙子，1个瓶子装一半，另一个瓶子中只装一点沙子。
- 让宝宝分别用手掂量一下，然后问宝宝："哪个瓶子最重？""哪个最轻？"当宝宝说出后，妈妈可以让宝宝把沙子倒出来，然后说一说为什么瓶子的轻重不同。
- 如果宝宝不能说清瓶子为什么轻重不同，妈妈可以告诉宝宝，装得最多的最重，装得最少的最轻。
- 妈妈也可将装着不同重量沙子的3个瓶子随意放在地上，然后让宝宝按轻重的顺序给瓶子排队。

给扑克牌找朋友

目的：训练宝宝对颜色、图形、数字的识别能力和分类能力，锻炼宝宝的逻辑思维能力和概括能力。

步骤：

- 准备好一副扑克牌，然后和宝宝玩给扑克牌找朋友的游戏。
- 妈妈先拿出牌中的"A"，然后问宝宝："这个像什么？""这个是什么颜色的？""它的朋友都有谁？"引导宝宝找出其他3个"A"。
- 当宝宝找到后，妈妈别忘了赞赏宝宝。然后再拿出其他数字牌，让宝宝继续找。
- 也可以和宝宝玩接龙，但数字要在10以下。比如告诉宝宝："宝宝来看看这几张牌，哪个数字最大？哪个最小？"然后让宝宝按照从小到大或者从大到小的顺序排列玩一次。
- 妈妈也可以和宝宝比赛，看谁先排好。

专家启智一点即通

分类活动体现了宝宝的概括能力，是逻辑思维发展的一个重要标志，而且还能为宝宝的数学思维能力发展奠定良好的基础。

青蛙跳一跳

目的：训练宝宝的视觉分辨能力。

步骤：

* 准备一大张纸、颜料、胶水、剪刀和泡沫板。妈妈先用剪刀将两块泡沫板分别裁出青蛙的形状。
* 用胶水将两块泡沫板粘起来，做成“青蛙”，注意，中间要空出来。
* 把纸铺在桌上或贴在墙上，然后用较大的盘子盛调好的颜料，再将“青蛙”套在宝宝手上，让宝宝自由地在纸上玩“青蛙跳”。
* 妈妈帮宝宝给青蛙蘸色，并引导宝宝在纸上玩“青蛙跳”。引导宝宝说说纸上青蛙的颜色，并逐步让宝宝自己蘸色印画。
* 如果宝宝也能印出青蛙，妈妈要对宝宝印出的青蛙表现出惊奇和赞叹。可以说“呀！这里也有一只青蛙”或“咦？青蛙跳到纸上来了。”

哪个碗里的花生多

目的：培养宝宝比较多少的能力。

步骤：

* 妈妈先准备好两个干净的小碗和一些花生，把花生放入两个干净的小碗里，一个碗里放入5颗，另一个碗里放入3颗。
* 妈妈让宝宝观察两个碗里花生的数量，问宝宝：“你看两个碗里的花生一样多吗？你想要哪个小碗里的花生呢？”
* 当宝宝做出回答后，妈妈再重新分配花生，也可以让宝宝来分花生，让妈妈来挑。

找图片

目的：发展宝宝的观察力，同时可增强宝宝的记忆力。

步骤：

* 妈妈准备几张图片，比如小猫、小狗、小兔子、小鱼，或者是宝宝在日常生活中经常能见到的被子、床、鞋子、皮球等图片。
* 先任意给宝宝看一张图片，然后把这张图片混在其他图片里。
* 让宝宝凭着记忆在一堆图片中找出那张图。
* 在宝宝挑选的时候，妈妈可以在旁边告诉宝宝那张图片的名称和图中东西的具体用途，以便宝宝加深印象。

语言能力训练

鸡蛋宝宝

目的：帮助宝宝认识鸡蛋，明白鸡蛋是鸡妈妈生下的小宝宝。学会说叠音词“溜溜”。

步骤：

* 妈妈从身后拿出一个鸡蛋娃娃（有五官表情的鸡蛋）对宝宝说：“宝宝看，妈妈今天请来了一位小客人，他就是鸡蛋娃娃，他的名字叫鸡蛋，是鸡妈妈的小宝宝。”
* 妈妈指导宝宝观察熟鸡蛋，并让宝宝用手摸一摸，感受到鸡蛋是圆溜溜的。然后妈妈把鸡蛋壳剥去，让宝宝观察妈妈的动作（先磕一磕，再剥皮），同时念儿歌“小鸡蛋，圆溜溜，磕一磕，剥一剥，宝宝吃了身体壮。”
* 让宝宝学着边念儿歌边剥鸡蛋。
* 鸡蛋剥开后，指导宝宝观察蛋黄、蛋清。最后让宝宝吃鸡蛋，并告诉宝宝吃鸡蛋可以让身体健壮。

小鸟高高飞

目的：让宝宝学会用各种动作表演儿歌。

步骤：

* 带着宝宝来到户外，妈妈拿出玩具小鸟，拧紧弦，放飞小鸟，并对宝宝说：“宝宝看，小鸟飞了，飞得好高呀，飞到天上去了。”
* 小鸟从天上落下后，妈妈再指导宝宝观察小鸟的外形：“小鸟身上长满了羽毛，有一个尖尖的嘴巴，还有一对翅膀。”
* 妈妈用简单的动作表演儿歌，让宝宝学着念儿歌“小鸟小鸟高高飞，飞呀飞呀飞上天”，并会接儿歌的尾字“飞”和“天”。

念儿歌，认蜡笔

目的：宝宝学习儿歌，认识蜡笔。

步骤：

- 打开蜡笔盒，妈妈问宝宝："你看妈妈请来许多彩色娃娃，你知道它们是干什么的吗？"引导宝宝认识蜡笔的作用。
- 妈妈伸出食指比成蜡笔状，一边念着儿歌"小蜡笔，本领大，房子、窗户都会画。桌子、椅子画一排，宝宝们呀坐下来。"
- 让宝宝也跟着妈妈一起念儿歌，并接"大""画""排""来"等字。
- 妈妈拿出字卡"蜡笔"，教宝宝认识蜡笔，并让宝宝在"蜡笔"二字上随意点画，加深印象。

做字卡，认汉字

目的：帮助宝宝认识更多的汉字。

步骤：

- 在家里的家具都贴上汉字卡，让宝宝经常能看到这些汉字。
- 当宝宝会认出一个汉字时，妈妈应该把这个汉字写在硬纸板上，并制成字卡，拿出来给宝宝看，宝宝是否能认出来？可以顺便写下宝宝能认的词，让宝宝边认边读。
- 当宝宝认识了一些有关动物的汉字时，妈妈要引导宝宝拿着动物玩具，将字卡和动物玩具对应的放在一起认读。
- 吃完晚饭后，妈妈可以把字卡拿出来逐个让宝宝读，妈妈应该将宝宝认得的字卡用皮筋捆上，第二天进行复习，连续复习一周，达到识字的目的。

专家启智一点即通

宝宝认字时，往往会从字形来记认，动用左脑记住文字的读音，用右脑记住图像。通过引导宝宝认识汉字，可以刺激宝宝左右脑的发育。

情感发展训练

全家玩钓鱼

目的：锻炼宝宝多人活动的配合能力并增进亲子关系。

步骤：

* 爸爸、妈妈手牵手围成圈当“网”，让宝宝当“小鱼”；开始后，爸爸和妈妈一边念儿歌一边准备网“小鱼”：“一网不捞鱼，二网不捞鱼，三网才捞鱼。”
* 数到三的时候，宝宝就要躲开“渔网”，如果不小心被网住，爸爸和妈妈就要问宝宝：“是大鱼还是小鱼？”
* 如果宝宝答“大鱼”，妈妈就说：“把它送到鱼市上去。”如果宝宝答“小鱼”，爸爸就说：“把它送回水里去。”

找个好朋友

目的：提高宝宝的人际交往能力。

步骤：

* 在户外，让宝宝和几个年龄相当的小朋友蹲着围成一圈，由一个小朋友来找。找时爸爸妈妈可以引导宝宝唱：“找呀找呀找朋友，找到一个好朋友，敬个礼，握握手，你是我的好朋友，再见！”
* 爸爸妈妈也可以加入进来，与小朋友一起玩。
* 找到一个好朋友后，做敬礼、握手、再见的动作，然后换另一个小朋友找。
* 让小朋友站成一排，爸爸边唱边指点小朋友的头：“一个，两个，三个小朋友；四个，五个，六个小朋友；七个，八个，九个小朋友；十个小朋友。”
* 爸爸唱到最后一句时，抱起被指的小朋友转一个圈。

拔萝卜

目的：让宝宝体验合作的快乐。

步骤：

* 选择一个较大的空间，然后和宝宝做好准备。

* 先让宝宝站在地上，双手叉腰，双脚张开，保持身体平衡。

* 妈妈先过来拉宝宝，边拉边对宝宝说："拔萝卜呀，拔萝卜，这个萝卜好可爱。"

* 然后妈妈要表现出筋疲力尽的样子，说："这个萝卜太难拔了，快叫爸爸一起来拔。"然后爸爸、妈妈一起来拔。

* 爸爸和妈妈都要表现出拔不动的样子，这时再叫爷爷、奶奶一起来帮忙。

* 最后将"萝卜"拔出来。

* 妈妈也可以在游戏中给宝宝唱儿歌，比如："拔萝卜，拔萝卜，这个萝卜真难拔；叫爸爸，叫爷爷，叫奶奶，叫花猫，叫花狗，嘿哟嘿哟齐用力，拔出一棵小萝卜。"

* 拔完之后，爸爸、妈妈、爷爷、奶奶还可以互换角色做"萝卜"。

给妈妈做助理

目的：培养宝宝乐于助人的精神。

步骤：

* 妈妈在厨房里做饭时，可以让宝宝在安全的情况下帮忙，比如让宝宝帮着递盐、醋和酱油等。

* 妈妈可以告诉宝宝，"宝宝把盐递给妈妈"，"宝宝给妈妈拿一把勺子来"等。如果宝宝拿的不对，妈妈要及时纠正，并帮助宝宝认识这些东西。

* 准备吃饭时，妈妈还可以让宝宝帮着拿盘子和碗等。比如，"宝宝把自己的小饭碗端到桌子上"，"宝宝来拿筷子"。

* 当宝宝完成任务后，妈妈不要忘了夸奖宝宝，"宝宝今天好棒啊，帮了妈妈不少忙呢"，"今天的饭是妈妈和宝宝一起做的"，从而提高宝宝的积极性。

专家启智一点即通

"给妈妈做助理"的游戏能培养宝宝与他人合作的精神和能力，这种能力是宝宝心智发展的一个重要方面。

宝宝动手来做书

目的：让宝宝懂得“喜欢”和“珍惜”的概念。

步骤：

* 准备小纸板若干张，还有不干胶、彩带和宝宝不同时期的照片。
* 让宝宝选出自己喜欢的照片，妈妈帮他贴到纸板上，然后耐心告诉宝宝，照片上的宝宝正在干什么。
* 然后，妈妈就可以告诉宝宝：“可以开始制作你自己的书啦！”让他选择一些照片，贴在小纸板上。
* 然后用彩带将纸板串成一本书的样子。
* 最后妈妈在书上写上宝宝的名字和书名，并让宝宝理解书名的含义。
* 制作好之后，妈妈把书交给宝宝，宝宝一会儿觉得十分有趣。
* 妈妈陪宝宝一起“读书”，每当宝宝翻开一页，妈妈引导宝宝想想当时为什么会做出那个动作。这样可以锻炼宝宝的记忆力，也可以让宝宝更加喜欢这本自己制作的“书”。

阿凡提骑毛驴

目的：让宝宝坐在妈妈或者爸爸的膝盖上，玩骑毛驴的游戏。用不同的语调，不同的动作，让宝宝感到很开心。

步骤：

* 妈妈或爸爸和宝宝面对面，让宝宝坐在自己的膝盖上。
* 不停地晃动宝宝，并且给他讲个故事：“从前，有个特别聪明的人，他叫阿凡提。阿凡提有头小毛驴，每天他都骑着小毛驴到处周游（两腿不停地颤动），这一天，走着走着，小毛驴忽然飞快地跑了起来。（两腿颤动得更加剧烈，把宝宝紧紧抱在胸前）原来有只大灰狼在后面追他。这时候，小毛驴忽然身子一歪，（将宝宝轻轻向一侧滑去）哎呦，阿凡提差点掉了下来，接着小毛驴钻进了树林。”
* 颠来颠去，还可以加入“急刹车”，让宝宝觉得这个很有趣。也可以让宝宝坐在自己的脚踝上，由家长自编自导故事的各种情节。

每季一测：本季宝宝智力测试

语言能力	说出自己及家人的名字：	A. 5种（20分） B. 4种（8分） C. 3种（6分） D. 2种（4分）
	能背儿歌：	A. 全首（20分） B. 背两句（10分） C. 背押韵字（5分）
视听能力	听名字拿出认识的水果，宝宝能拿对：	A. 6种以上（20分） B. 5种（10分） C. 4种（5分） D. 3种（2分）
	认识几种形状：	A. 6种（20分） B. 5种（10分） C. 4种（5分） D. 3种（3分）
动作能力	用棍子够取远处的玩具：	A. 能够取2个（20分） B. 能够取1个（10分） C. 推得更远（5分） D. 拿棍当枪使（3分）
	拿笔画长线，为鱼点眼睛，会画圆，这3项宝宝能做：	A. 3项（20分） B. 2项（10分） C. 1项（5分）
	踢球时，宝宝：	A. 会朝一个目标踢球（20分） B. 很随意地踢，没目标（10分） C. 扶人扶物才踢球（5分） D. 牵手踢球（3分）
	上楼梯：	A. 自己扶栏上，两脚交替上台阶（20分） B. 大人牵一手上，双脚交替踏一阶（10分） C. 大人牵着一手，双脚踏一台阶（5分）

数学能力	宝宝能从1背到：	A. 10（20分） B. 5（10分） C. 3（5分） D. 2（1分）
	认识数字或汉字：	A. 4个以上（20分） B. 2个（10分） C. 1个（5分）
思维能力	认识几种交通工具：	A. 6种以上（20分） B. 5种（10分） C. 4种（5分） D. 3种（3分） E. 2种（1分）
	能说出自己"1岁"，或伸食指表示：	A. 会说"我1岁"（20分） B. 会说"1岁"（10分） C. 会伸出食指（5分）

结果分析

以上全部题目共计240分，得分在130～154分为正常，164分以上为优秀，110分以下为暂时落后。

如果宝宝某项能力的总得分为满分，家长可跨过本季练习，提前进行下季相关训练。

如果宝宝某项能力的总得分介于该种能力全部测试题的B项和C项分数和之间，建议家长针对该项能力对宝宝进行上季的相关训练。

如果宝宝某项能力的总得分小于该种能力全部测试题的C项分数和，建议家长严密注意宝宝是否患有相应方面的障碍。

1岁7～9个月宝宝早教启智

伸出小手指，和爸爸妈妈学数数

1岁7～9个月宝宝智能发育标准参考

运动	同时进行两项活动，例如行走时拉玩具车； 喜欢爬上爬下； 行走或跑步时，很少绊倒或跌倒； 喜欢在公园或花园里不受控制地奔跑。
手眼协调	喜欢玩能够造型的东西，如面团、泥巴； 喜欢玩滚球、抛球，懂得小球比大球更容易抓握； 能用五块积木搭成小塔； 能两个杯子来回倒水，不会把水溅到外边； 能画出更多的线条、图案。
语言	会用概括性名词； 会试图加入到唱歌的行列； 慢慢懂得说话是交流的基本需要； 对会话感兴趣，开始学会一些会话的常规； 能指出图上熟悉的人或物，会试图说出称呼或名称。
学习	开始会运用想象力玩玩具； 想知道外边发生的事情，也想探究橱柜里面的东西； 对探索新环境变得更有自信心； 能集中注意力完成一项复杂的任务。
社交和情感	喜欢大人陪伴，会试图用说话或玩玩具来吸引大人的注意力； 能够倒退走几步； 坚持他认为正确的挑战性的决定； 开始与其他宝宝有所接触，但还需要许多基本的社交指导； 懂得一些简单的规矩，虽然有时候还不能遵从。

动作能力训练

金鸡独立

目的：培养宝宝腿的支撑能力和身体的平衡能力。

步骤：

* 妈妈可以先扶着宝宝，待宝宝能够站稳后，再放手让宝宝单独站着不动，使他保持身体平衡3～5秒，然后换脚再练。

* 妈妈扶着宝宝一只手，让他一只脚提起向前、后摆动，另一只脚单脚站立，3～5秒后换腿进行练习。妈妈逐步减少扶持的力量，使宝宝能够独立单足站立，并能摆动另一只脚。

学攀爬

目的：攀爬是宝宝会爬后一种高难度的大肌肉运动训练。

步骤：

* 先在地上放1～2个大枕头，用玩具吸引宝宝爬过大枕头。

* 再在椅子的靠背上挂一个玩具，鼓励宝宝爬上椅子取到椅子靠背上的玩具。妈妈在旁边保护。

* 当着宝宝的面，把宝宝喜欢的玩具放在桌子上，鼓励宝宝先爬上椅子后，再爬上桌子去取到玩具。妈妈在一旁进行保护，并适当地给予帮助。

彩旗飞飞

目的：锻炼宝宝全身肌肉的运动与控制力。

步骤：

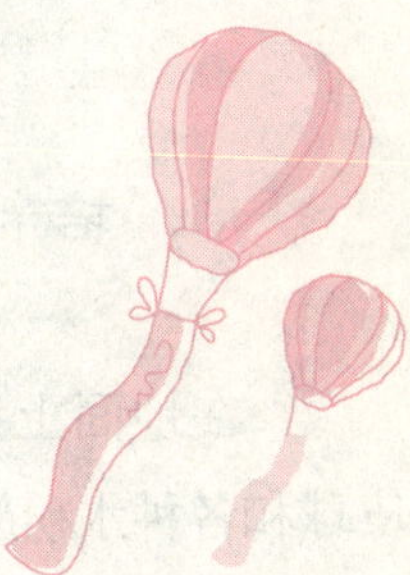

* 准备一根30厘米长的木杆或塑料棒，一条50厘米长的丝带（丝巾、布）以及胶水；妈妈把丝带（丝巾）粘在木杆或塑料棒的一端，做成一面彩旗。
* 妈妈教宝宝挥动彩旗，然后将彩旗交给宝宝。
* 妈妈引导宝宝挥出小圈子、大圈子、八字形、蛇形等。
* 放一些音乐，让宝宝觉得自己是在为众人进行表演，并为他击掌叫好。
* 妈妈在一根木杆上绑几条丝带，带着宝宝到室外去，让彩旗在风中飞舞。

“巧妙”瓶装水

目的：锻炼宝宝的手眼协调力以及手部的精细动作。

步骤：

* 先学倒沙：用一个装满沙子的沙盘，放2只小碗，让宝宝用碗盛沙子，把一只碗里的沙子倒入另一只碗中。慢慢地做，到沙子撒出不多为宜。
* 然后换一个口大一点儿的瓶子，让宝宝自己把沙子倒进瓶子里。
* 让宝宝在水池或面盆中边玩水边学着倒水，给宝宝一个瓶子和一个碗，先示范将瓶子压到水中去灌满水，然后拿出来，再将水倒进碗中，看看是否泼洒。
* 多次训练后，宝宝用手的技巧进步很多了，可以让他用碗装满水，将水慢慢地倒进瓶子里。因为碗口大，瓶口小，所以这个不容易，妈妈先示范将碗提高一些，离开瓶口远些，就容易得多了。这些技巧都需要经过反复的指导和练习，宝宝才能掌握。

认知能力训练

皮球彩画

目的：培养宝宝对颜色的识别能力。

步骤：

* 在地面上铺一大张白色纸，准备小皮球和各种水粉颜料。
* 妈妈和宝宝站在大纸的两边，妈妈将小皮球蘸色后，从纸的一边把球滚给宝宝。
* 然后，妈妈让宝宝把皮球滚过来，引导宝宝观察皮球滚动后留下的是什么颜色的痕迹。
* 妈妈还可以把皮球放入大筐，在筐底垫上白纸，妈妈和宝宝一起晃动大筐，欣赏皮球在大筐内滚动后白纸上留下的色彩。

专家启智一点即通

识别颜色为宝宝认识多姿多彩的世界提供了条件，妈妈可以有意识地培养宝宝的颜色识别能力。多做类似的游戏将有助于宝宝更好地观察事物。

哪些东西是绿色

目的：让宝宝认识绿色，为以后区分蓝色打基础。

步骤：

* 带宝宝到菜市场一起买菜，告诉宝宝哪些蔬菜是绿色的。
* 回家之后，妈妈可以让宝宝从篮子里拿出蔬菜，在宝宝拿出蔬菜的同时，妈妈告诉宝宝蔬菜的颜色。比如“黄瓜是绿色的”“胡萝卜是橘红色的”“韭菜是绿色的”“油菜也是绿色的”。把蔬菜都拿出来之后，再让宝宝把绿色的蔬菜挑出来。
* 妈妈也可以带宝宝到卖水果的地方，让宝宝找找有没有绿色的水果，比如绿色的苹果等。
* 在家里，妈妈可以让宝宝找一找绿色的东西，比如绿色的玩具、杯子、衣服等。

皂膜魔法

目的：锻炼宝宝的形态认知能力。

步骤：

* 准备一些肥皂水，两根软铁丝。妈妈拿出软铁丝，围成三角形或正方形，先让宝宝认一认铁丝的形状。

* 让宝宝拿着铁丝围成的三角形或正方形，放入肥皂水中，浸泡一下再拿出来，铁丝之间就会出现皂膜，让宝宝看看奇妙的皂膜呈现出的各种形状。

* 让宝宝将铁丝上的皂膜拿到阳光下，引导宝宝看看皂膜呈现出的美丽的彩色条纹，并问宝宝都看到了什么："铁丝上有什么颜色？""哦，红色、绿色，还有黄色。"

盲人摸鼻

目的：培养宝宝的空间知觉。

步骤：

* 用布蒙住宝宝的眼睛，妈妈坐在椅子上，让宝宝站在房子中间向妈妈身边走，找到妈妈的鼻子。

* 宝宝如果找不到妈妈，可以问："妈妈在哪里？"妈妈也可以提醒宝宝一声，宝宝会按照声音的方向走到妈妈身边。

* 宝宝伸手去摸，如果摸到妈妈的头发，宝宝知道鼻子在头发的下面，会往下去摸。如果宝宝摸到妈妈的嘴，手就会往上一点。

* 宝宝完成任务后，可以和妈妈互换位置，宝宝坐在椅子上，让妈妈蒙住眼睛摸。

专家启智一点即通

这是一个感官相互代替的练习，用手代替眼睛去寻找东西，能够锻炼宝宝的触觉和方位感。

识动物

目的：让宝宝分清家禽、家畜和野兽。

步骤：

* 父母可以带宝宝去动物园，有一些野兽是在动物园里能看得到的，父母根据看到的情况，一边看一边引导宝宝观察，一边给宝宝讲解，教他认识野兽。父母还要充分利用电影、电视、画报、图片等来向宝宝介绍某些少见的野兽，开拓宝宝的视野。

* 认识家禽家畜就比较容易了。父母可以带宝宝去农村，看看农民养的鸡、鸭、鹅、牛、羊、猪，告诉宝宝这些动物的用处和生活习惯。

* 父母还可以通过讲故事的形式描述某种野兽的外形特征和凶恶本性，以及与人类的关系，使宝宝明白野兽有善良的，也有凶狠的，对珍稀的野兽要保护。

手表滴答响

目的：培养宝宝的听觉能力。

步骤：

* 妈妈把手表贴在自己的耳朵上，随着表的滴答声说："滴答、滴答。"

* 说完之后，妈妈把表贴在宝宝的耳边，让宝宝听表的声音。妈妈随着表的声音慢慢说："滴答、滴答。"

* 然后妈妈把表递到宝宝手里，同时问："滴答哪去了？"引导宝宝把表贴在耳边听。

* 当宝宝把手表放在耳边的时候，妈妈可以要求宝宝"把'滴答'给妈妈听一听"，看宝宝是否会把表贴在妈妈的耳朵边。

* 如果宝宝能做到，妈妈要及时鼓励并夸奖宝宝。

* 有的宝宝好奇心强，不会那么快把手表递给妈妈，妈妈要耐心等待。等宝宝满足了好奇心以后再跟宝宝要手表，以免宝宝失去兴趣，无法向下进行。

语言能力训练

大鸭梨，好味道

目的：在妈妈的指导下，教会宝宝接说儿歌的尾字“梨”“皮”“你”。

步骤：

- 妈妈把鸭梨藏在袋子里，让宝宝闻一闻，摸一摸。然后拿出鸭梨，让宝宝观察鸭梨的特点。
- 妈妈把鸭梨洗净，切开让宝宝尝尝它的味道。
- 妈妈念儿歌给宝宝听：大鸭梨，黄黄的皮，又甜又脆我爱你。宝宝学习接字“梨”“皮”“你”。

大树上，鸟娃娃

目的：在妈妈的指导下，宝宝学会用简单的动作表演儿歌；学会接字“家”。

步骤：

- 抱着宝宝，妈妈指着窗外的大树对宝宝说：“小鸟也有家，它的家在那高高的树上。”
- 妈妈带着宝宝走到大树下，让宝宝观察大树和小鸟，念儿歌《小鸟的家》给宝宝听。接着让宝宝跟着妈妈念儿歌：你有家，我有家，小鸟也有家。高高大树上，住着鸟娃娃。
- 把字卡“家”贴在大树上，然后给宝宝戴上小鸟的头饰。妈妈拉着宝宝模仿小鸟飞的样子，“飞”到大树下，摸一摸“家”，然后把宝宝举起来，一边绕着树跑，一边念儿歌。

认识餐具

目的：让宝宝知道碗、盘、勺的用途。

步骤：

⋆妈妈端来米饭和菜，对宝宝说："饭来了，开饭了！"

⋆利用吃饭的时间，妈妈向宝宝介绍碗、盘、勺的用途。

⋆妈妈教宝宝学说儿歌：小碗盛上饭，小盘盛上菜，拿起小勺子，宝宝张开嘴。并识字：碗、盘。然后，让宝宝把字卡"碗"和"盘"分别放到碗和盘的前面。

谁在唱歌

目的：让宝宝认识火车、汽车、皮球，并了解它们发出的声音；让宝宝学会"呜——""嘀——""嘣——"的发音。

步骤：

⋆妈妈拿出玩具火车、汽车及皮球，使它们发出声音，让宝宝逐一倾听，然后教宝宝模仿其声音："呜——""嘀——""嘣——"

⋆妈妈念儿歌：火车唱歌"呜呜呜"，汽车唱歌"嘀嘀嘀"，皮球唱歌"嘣嘣嘣"，宝宝唱歌"啦啦啦"。让宝宝接儿歌每句的尾字"呜""嘀""嘣""啦"。

⋆玩"跟我做"。妈妈拍手说："宝宝、宝宝快快来，我们一起开火车。"宝宝听到妈妈的话，便模仿火车的样子，并发出"呜——"的声音。以此类推地开展下去。

情感发展训练

家人名字记心间

目的：训练宝宝能够知道并说出家人的名字。

步骤：

* 宝宝这时已经知道自己的名字了。告诉宝宝家里人的名字：妈妈叫"某某某"，爸爸叫"某某某"，一个人一个名字地教，让他把原来对家人的称呼与名字联系起来。
* 然后说爸爸的名字，要求宝宝能够指着爸爸；说爷爷的名字，宝宝能够指着爷爷。
* 再指着爸爸问："爸爸叫什么名字？"指着爷爷问："爷爷叫什么名字？"要求宝宝能够说出2～3位家人的名字。
* 和宝宝玩"敲门"：妈妈在门外面敲门，让宝宝问："谁呀？"妈妈说："我找某某。"（说出宝宝的名字），让他把门打开。
* 然后让宝宝去敲门，妈妈问："外面是谁呀？"要求他回答自己的名字。宝宝对这种游戏会很有兴趣，反复进行，把家里人的名字逐个地进行练习。

坐花轿

目的：营造一种和谐的家庭氛围，让宝宝在愉快的环境中成长，通过这个游戏，宝宝还能养成团结合作的团队意识。

步骤：

* 在一个较大的活动空间里，爸爸和妈妈分别用右手握住自己的左腕，再用左手握住对方的右腕，两人做"花轿"蹲下。
* 妈妈引导并鼓励宝宝两只脚分别伸进爸爸、妈妈的两臂之间。
* 当宝宝坐上"花轿"后，爸爸和妈妈站起来，抬起宝宝，等宝宝适应了在高处的感觉以后再往前走或左右摇晃。
* 在做动作的同时爸爸妈妈还可以唱儿歌："坐花轿，坐花轿，爸爸妈妈抬花轿；前后左右摇一摇，颠颠轿里的小宝宝。"

照顾布娃娃

目的：使宝宝能够了解生活的规律，培养宝宝关心他人的良好品德。

步骤：

* 妈妈给宝宝准备一把勺、一只碗、一个纸团（当作米饭）和一个布娃娃，与宝宝一起玩“过家家”。

* 妈妈对宝宝说：“宝宝的肚子好饿，你该给他喂饭了！”让他给布娃娃喂饭；喂完饭后，妈妈说：“宝宝吃饱了，现在要睡觉了！”让他把布娃娃放到床上去，给布娃娃盖上小被子，然后轻轻地拍着布娃娃睡觉。

* 妈妈又说：“宝宝睡醒了，你陪他玩儿一会儿吧！”让宝宝与布娃娃一起搭积木、玩汽车等，这样宝宝就会模仿母亲平时的动作，照顾布娃娃吃、睡、玩。

* 妈妈不给指导，由宝宝独自完成与布娃娃“过家家”的游戏。只要宝宝有照顾布娃娃的情景，妈妈就不用干涉，可以在一旁照看，适时地给宝宝一些称赞和鼓励。

宝宝寄信

目的：训练宝宝对亲人和朋友的情感联络意识。

步骤：

* 用4个正方形小纸盒，每个盒的侧面剪出一个长15厘米、宽2厘米的长方形洞，当做信箱，每个信箱口边贴上一个号码。

* 给宝宝几个贴有号码的信封。让宝宝按照信封上的号码，把信件一封一封地投入到对应的信箱里。

* 每投一封信之前，妈妈先告诉宝宝这封信是寄给某某的，信中的内容是什么。然后让宝宝回答：“这是寄给谁的信啊？”“信里讲了什么啊？”启发宝宝复述后再把信投进箱中。

专家启智一点即通

“过家家”的情节语言没有硬性规定，可以由宝宝自己发挥，让宝宝自由地表现，培养他的创造力。

每季一测：本季宝宝智力测试

语言能力	指着宝宝的衣服，问“这是宝宝的吗”，宝宝会：	A. 回答“我的”（20分） B. 回答“宝宝（名字）的”（10分） C. 拍拍自己（5分） D. 点头（2分）
	能背诵儿歌：	A. 不少于1首（20分） B. 1首（10分） C. 前2句（5分） D. 背押韵的字（3分）
视听能力	从9~10张物名相同的图片当中，能找出完全相同的：	A. 4对（20分） B. 3对（10分） C. 2对（5分） D. 1对（3分）
	当着宝宝的面把娃娃藏在一个地方，再取出来藏在另一个地方，宝宝能：	A. 马上从第二个地点找出（20分） B. 先找第一个地点，再找第二个（10分） C. 在第一处找不到就不找了（5分） D. 无目的地乱找（0分）
动作能力	能用线穿珠子：	A. 2颗以上（20分） B. 1颗（10分） C. 穿入别针后孔（5分） D. 穿上套环（3分）
	会把瓶中的水倒入碗内：	A. 不洒漏（20分） B. 少洒（10分） C. 漏一半（5分） D. 全洒（0分）
	能单脚独立：	A. 3秒（20分） B. 2秒（10分） C. 要扶物扶人（3分）
	用脚尖走：	A. 10步（20分） B. 5步（10分） C. 3步（5分） D. 2步（3分）

数学能力	会写数字1、2和汉字的一、二、三、八、十等：	A. 3个（20分） B. 2个（10分） C. 1个（5分） D. 都写得不像（1分）
	认识数字1和8，宝宝能：	A. 马上读对2个（20分） B. 想一下后才读对2个（10分） C. 只读对1个（5分） D. 1个都读不对（0分）
思维能力	说出日常物品如肥皂、碗等的用途：	A. 说对5种以上（20分） B. 说对4种（10分） C. 说对3种（5分） D. 说对3种以下（3分）
	分清楚5个手指头和手心、手背：	A. 7处正确（20分） B. 5处正确（10分） C. 4处正确（8分） D. 3处正确（6分） E. 2处正确（4分）

结果分析

以上全部题目共240分，得分在120～144分为正常，154分以上为优秀，100分以下为暂时落后。

如果宝宝某项能力的总得分为满分，家长可跨过本季练习，提前进行下季相关训练。

如果宝宝某项能力的总得分介于该种能力全部测试题的B项和C项分数和之间，建议家长针对该项能力对宝宝进行上一季的相关训练。如果宝宝某项能力的总得分小于该种能力全部测试题的C项分数和，建议家长密切关注宝宝是否患有相应方面的障碍。

1岁10～12个月宝宝早教启智

宝宝的"语言爆炸"时期到了

1岁10～12个月宝宝智能发育标准参考

运动	能够双脚着地驱动小三轮车； 踢球时能够单腿站立，一只脚踢球； 跑起来很自信，也很少跌倒； 身体晃动时，能调节好平衡。
手眼协调	看书时会仔细地看清楚每一页，能指出书中感兴趣的人物； 能用食指和拇指夹起很小的物体； 能从大人手上接过东西，或把东西递回； 越来越能够用简单的乐器打击出节奏。
语言	能准确地辨认放在眼前的第一件日常生活用品； 会试着使用不同的词组（也许不正确）； 能说出身体主要部位的名称； 别人说话时，会饶有兴趣地倾听； 词汇量至少达到200个，能连词成句。
学习	懂得摆弄东西，并从中了解它们，如打开瓶盖，看里边； 会用玩具编造故事、场景，用玩具扮演不同的人物； 会从模仿大人的动作中，学到新技能； 对新事物有挡不住的渴望，会问许多有关周围事物的问题； 能够记住和描述一些过去发生的事情。
社交和情感	喜欢其他宝宝的陪伴； 能够较好地用小勺自己进餐； 基本上能自己如厕，但还不能完全控制大小便； 想自己动手洗澡、刷牙； 遇见陌生人时会害羞。

动作能力训练

画横竖线和圆形

目的：训练宝宝手的动作和绘画能力。

步骤：

* 用一根直的棍棒和一个圆板让宝宝用手摸，把棍棒竖起来是直线，横过来是横线，使宝宝有直、横、圆的实质概念。

* 妈妈教宝宝用手在空中画直线、横线和圆圈，一边画，一边说："直线——由上边画到下边。""横线——由这边到那边。""圆圈——画个圈要封口。"

* 描红：在1张纸上先用红色的笔画上直线、横线和圆圈，给宝宝一支蓝色或黑色的蜡笔，叫宝宝照着红色的笔画描写。

* 给宝宝1张纸和1支蜡笔，让他跟着妈妈画直线、横线和圆圈。一样一样地画，要求线条倾斜不超过30°，圆圈要封口，没有角，尽量画圆。

注意事项：画直线、横线和圆圈不要一起上，一样一样地练，画好一样，再画另一样。

包糖块

目的：培养宝宝拇指与其他手指的配合能力。

步骤：

妈妈用橡皮泥做成"糖块"，可以是方形、圆形的，然后再用彩色皱纹纸剪成"长方形糖纸"。妈妈拿出事先包好的几块"糖块"，让宝宝观察并鼓励宝宝说："这是糖块。"然后告诉宝宝："看看里面包的是什么糖呢？"妈妈示范剥开"糖纸"，告诉宝宝这"糖块"是用橡皮泥做的。妈妈让宝宝模仿自己，把包好的"糖块"都剥开，然后妈妈教宝宝一起包糖块。妈妈教宝宝用拇指、食指配合的方法包好"糖块"，然后再将糖纸拧好。

小沙堆，真好玩

目的：锻炼宝宝双手的协调能力和使用工具的能力，发挥宝宝的想象力和创造力。同时也是一种触觉训练，可以更好地发展宝宝的感觉系统。

步骤：

* 在装有沙子的沙盘中，妈妈指导宝宝用小铲子往小桶中装沙；把1只碗装满沙子后，倒扣过来就成了一个“馒头”；指导宝宝把沙子堆成一堆，与妈妈比赛，看谁的沙堆堆得又高又结实。
* 妈妈示范用手在沙堆底部的两侧挖洞，挖通后鼓励宝宝模仿自己也用手在沙堆上挖洞，挖通后还能不让沙堆倒下来。
* 学习使用工具挖洞：妈妈示范给宝宝用小木棍在沙堆上挖洞，从沙堆一侧挖到另一侧，然后再把洞扩大一些，使宝宝可以从一侧看到另一侧。
* 让宝宝自己动手。在沙堆上挖一个较大的洞，能够将一个乒乓球从一侧的洞口滚到另一侧。

专家启智一点即通

在玩沙盘时，除了进行必要的训练外（如堆沙堆、用手挖洞、用小木棍挖洞），可以让宝宝自由地玩耍，不拘形式，以充分发挥宝宝的创造性。

跳房子

目的：锻炼宝宝的腿部力量，提高肢体协调能力。

步骤：

* 妈妈在户外画3个“房子”，一个圆形，上面写“宝宝”，一个是正方形，上面写“爸爸”，一个是三角形，上面写“妈妈”。
* 妈妈教宝宝认识形状和字，并鼓励宝宝往相应的“房子”里跳。

认知能力训练

猜几何图形

目的：让宝宝多认识几种几何图形并能叫出名称，扩大并巩固宝宝对物体形状的认识。

步骤：

* 把宝宝已经认识的几何图形，如圆形、方形、三角形的图板用一块布盖着，让宝宝用手去摸，然后说出所摸到的图形的名称。
* 教宝宝认识长方形、椭圆形，让宝宝说出它们像什么，如椭圆形像“鸡蛋一样”，长方形像“冰箱”“洗衣机”，然后妈妈可以告诉他“这是椭圆形”“这是长方形”。
* 把宝宝以前熟悉的和新认识的几何图形放在一个布袋里。让宝宝用手去摸，然后说出其名称。有困难时可以让宝宝把形状块取出来辨认，再说出其名称。

我来当音乐家

目的：让宝宝学习因果关系。在练习中，宝宝能提高协调能力和对声音的理解力。

步骤：

* 给宝宝准备轻巧的平底锅、各种大小的金属盖、结实的木勺、大小不同的不锈钢碗和塑料杯。乐器种类越多，家长和宝宝所制造的声音就越丰富。
* 当宝宝演奏时，鼓励他尝试不同的敲打方式，产生不同的声音效果：热情的、轻柔的、缓慢的、快速的……一定要让宝宝指出其中的不同。
* 让宝宝按家长的指令停止或开始音乐。也可播放宝宝喜欢的音乐，最好是有明显节奏感的，鼓励宝宝跟着敲打“乐器”。

认识五颜六色

目的：认识颜色后，能够用颜色来形容物体，表明对物体的认识更加深入了一步。

步骤：

* 妈妈向宝宝出示一个红积木，说："红色"，再说："红色的积木。"请宝宝重复说。然后换另一种颜色的物体（如黄、蓝、黑等）训练。

* 把不同颜色的积木放在一起，妈妈说："请把蓝色的积木拿出来。"要求宝宝把蓝色的积木取出。再要求他拿出其他颜色的积木。

* 将不同颜色的糖果放在一起，妈妈拿起一粒黄色的糖，问宝宝："这是什么？"鼓励宝宝说出"黄色的糖。"如果只说"糖"，可以再问他："什么颜色的糖？"引导宝宝正确回答。

看图片，学动作

目的：看到图片，就能够做出相应的动作，表明宝宝已经能够理解图片的意义，是宝宝认知能力和语言发展的重要阶段。

步骤：

* 妈妈给宝宝出示数件日常用品，如牙刷、毛巾、杯子、梳子、笔等，示范利用这些实物做出有关动作，如牙刷——刷牙，毛巾——洗脸，杯子——喝水，梳子——梳头，笔——写字，要求宝宝模仿。

* 妈妈出示一张日常用品的图片，请宝宝做该图片的相关动作。要求至少能够做出4种相应的动作来。

什么被换走了

目的：增强宝宝记忆力，满足宝宝的好奇心。

步骤：

* 准备一个小盒子，各种颜色的小镜子、项圈、铃铛等各种小玩具。

* 把小玩具等放到小盒子里。

* 打开小盒子让宝宝观察里面的东西。宝宝第一次看到色彩斑斓的东西聚集在盒子里会很兴奋。大人要及时告诉宝宝里面都有什么。

* 把盒子里的东西更换一下，问宝宝缺少什么，多出什么。宝宝也许不能很清楚地分出来，大人这个时候要告诉宝宝什么东西变成了什么东西。

* 如此反复几次，宝宝的记忆力就会有所增加，会迫不及待地让你继续更换东西。

到时间该睡觉了

目的：让宝宝建立起良好的睡觉习惯，有利于宝宝的成长。

步骤：

* 观察宝宝疲倦的表现，比如揉眼睛、拉耳朵等，由此决定宝宝晚上什么时候睡觉。

* 确定一个明确的上床睡觉时间，以及白天小睡的时间，调整好宝宝的睡眠习惯。

* 当宝宝有睡意但是并没有到睡觉时间的时候，大人可以继续逗弄宝宝不让他睡觉，一直等到规定的睡眠时间，再哄宝宝入睡。有时宝宝没有睡意但是也到了睡眠时间，大人要强制宝宝睡觉。

注意事项：父母不要因为自己方便而随意改变宝宝的睡眠规律，要为宝宝建立起良好的睡眠习惯，让宝宝到点就睡。

照片上的人是谁

目的：培养宝宝的语言理解能力和对图片的理解能力。让宝宝学会观察，发展宝宝的记忆能力和辩认能力。

步骤：

* 事先找出几张彩色照片，一张爸爸的、一张妈妈的、一张宝宝的、一张爸爸妈妈和宝宝的合影。

* 妈妈抱着宝宝，先拿出一张爸爸的照片，边看边对宝宝讲："宝宝，这是谁呀？这是爸爸，这是宝宝的爸爸。"让宝宝看照片的同时用手指一指爸爸。

* 换一张照片问："宝宝，这是谁呀？这是妈妈，这是宝宝的妈妈。"同时，妈妈用手指一指自己。让宝宝反复地看看照片再看看爸爸妈妈本人，加深宝宝的印象。

* 随后，再给宝宝看他自己的照片，问宝宝："这是谁呀？这是宝宝呀。"

* 最后，再拿出爸爸、妈妈和宝宝的合影，让宝宝看着照片，爸爸指着照片说："宝宝看，这是爸爸、妈妈和宝宝的合影。这是爸爸（同时指了指自己），这是妈妈（指一指妈妈），这是宝宝（指一指宝宝）。"

* 如此重复几次，让宝宝加深印象。

语言能力训练

宝宝看书学动作

目的：引导宝宝看布书，让宝宝试着理解成人的指令并相应做出动作。以此来锻炼宝宝的手眼协调能力。

步骤：

* 引导宝宝看布书，边看边讲，并鼓励宝宝："这书真好看，有三角形、圆形，还有气球、苹果……"

* 如果发现宝宝特别喜欢某一页，就先把布书合上，鼓励宝宝去找。如果宝宝翻到了，就要给予表扬。

* 根据宝宝的兴趣及专注度，进行以下训练：

①引导宝宝把树上的苹果摘下来，数数有多少个；

②让宝宝看着自己把粘贴的气球取下来，引导宝宝再把气球粘贴上；

③引导宝宝把红色的三角形取下来给妈妈；

④将"蝴蝶"身体上的拉链拉开，找出藏在里面的小"蝴蝶"……

幸福的"你、我、他"

目的：学会如何使用代词，扩大词汇量，加强宝宝语言能力的锻炼。

步骤：

* 妈妈陪着宝宝玩传球游戏，妈妈把球传给宝宝，同时说："球传给你。"强调"你"这一代词；当宝宝把球回传给妈妈的时候，妈妈说："把球传给我。"强调"我"字。

* 妈妈问："谁有手帕？"耐心地引导宝宝说出"我"或"我有"。

* 爸爸扮演"小狗狗"，妈妈扮演"大熊猫"，宝宝扮演"小公鸡"（都带上头饰）。爸爸首先介绍说："我是小狗狗。"指着宝宝说："你是小公鸡。"指着妈妈说："她是大熊猫。"然后问宝宝："谁是小公鸡呀？""谁是大熊猫呀？""谁是小狗狗呀？"引导宝宝回答"我"、"她"和"你"。

* 妈妈给宝宝讲故事时，重点结合"你、我、他"这几个代词，让宝宝熟悉和分辨。

情感发展训练

一起玩一玩

目的：提高宝宝的人际交往能力。

步骤：

* 妈妈引导宝宝玩两人合作的游戏，如“过家家”等。
* 妈妈可以把一个硬纸板搁在书上形成一个较小的斜坡，引导宝宝从高处推玩具卡车，使玩具卡车滑到下面，让另一个宝宝去接，然后交换位置。
* 可以让两个宝宝相距一定距离，一来一往玩滚球。
* 妈妈要引导宝宝拿着自己的食物与大家分享，同时妈妈在一边引导宝宝说“姐姐吃”或“哥哥吃”。
* 妈妈还可以带宝宝去看别的宝宝怎么玩，并引导宝宝把自己的玩具拿给别的宝宝玩，然后向别的宝宝借玩具玩。

专家启智一点即通

这个游戏可以培养宝宝与同伴玩同样的玩具，学会注意同伴的行为，会把玩具、图书、食物让给同伴，从而培养乐于分享的美德。

小取物员

目的：培养宝宝与陌生人交往的能力。

步骤：

* 妈妈让宝宝到小区传达室去问一问，有没有邮来的信件或报纸。
* 可以事先教宝宝怎么说，比如：“大爷，今天有张某家的报纸吗？”“大妈，有没有李某家的信件？”让宝宝像父母一样，从传达室那里领取自己家的东西。
* 妈妈也可以让宝宝到邻居家里借东西，教宝宝说“孙阿姨，我们想借你们的水壶用用”，“李叔叔，我爸爸想借你的钢笔用用”等。
* 但宝宝还很小，做这些事一定要有人陪着。
* 多次练习后，即使妈妈不说，宝宝也会主动去做的。

小动物要回家

目的：通过帮小动物找家来培养宝宝的同情心，同时可以加深宝宝对家和亲情的认识。

步骤：

- 妈妈准备小兔子、小松鼠、小狐狸、小鱼、小猫的图片各1张，另外准备3张白纸，并分别在3张白纸上画兔子的窝、小河和大树，然后将图纸贴在墙上。
- 妈妈把小兔子、小松鼠、小狐狸、小鱼、小猫的图片拿给宝宝看，并说："宝宝，墙上是三个动物的家，妈妈现在把这三个动物送回家吧。"
- 妈妈故意把三个小动物放错，小兔子放在小河里，鱼放在树上，小松鼠放在兔窝里。
- 引导宝宝仔细观察，然后问宝宝："它们的家对不对？"让宝宝亲手把它们送回到自己的家里；同时可让宝宝描绘一下每个动物应该住在什么地方。
- 依据宝宝的能力，可以对动物种类的数量做适当的增减。

树叶飘飘

目的：帮助宝宝体会自然之美，培养宝宝热爱自然之胸怀。

步骤：

- 选择一处有树林的场地，在阳光明媚的时候，妈妈领着宝宝到户外走一走，引导宝宝观察树叶漂亮的景象。
- 让宝宝踩一踩树叶，再让宝宝捡起树叶，用一根树枝挂起来，玩"卖羊肉串"的游戏。
- 妈妈捡起一些树叶捧在手里，举起来再撒下来，说："下雨啦！"
- 让宝宝去抓撒下的树叶，妈妈在前面跑，宝宝在后面追。
- 让宝宝的小脚踩在树叶上，听听声音，让宝宝想怎么玩就怎么玩。

每季一测：本季宝宝智力测试

能力	测试项目	评分
语言能力	能说出几个大人的名字：	A. 3人以上（20分）B. 2人（10分） C. 1人（5分） D. 不能说清楚（0分）
	宝宝唱儿歌：	A. 吐音和吐字都正确（20分） B. 会唱一首，并且音调和吐字都正确（10分） C. 大概会唱，基本能辨认出是什么歌（5分） D. 会唱但不能辨认是什么歌（3分）
视听能力	能说出自己所画东西的名称，如铅笔、鸡蛋、大山等：	A. 5种以上（20分） B. 4种（10分） C. 3种（5分） D. 2种以下（1分）
	会贴脸谱（眉毛、眼睛、鼻子、耳朵等），贴对：	A. 5种（20分） B. 4种（分） C. 3种（分） D. 2种（1分）
动作能力	按顺序将套娃套入盒内，宝宝能：	A. 全部正确套上（20分） B. 套入8个（10分）C. 套入6个（6分） D. 套入4个（4分） E. 套入2个（2分）
	在手绢下放几何图形块，用手摸，宝宝能猜对：	A. 4个以上（20分） B. 3个（10分）C. 2个（5分） D. 1个（3分）
	上下楼梯时，宝宝能：	A. 双脚交替下楼梯（20分） B. 自己扶栏双脚踏一级台阶下楼梯（15分） C. 自己扶栏双脚交替上（10分） D. 双脚踏一级台阶（5分） E. 大人牵上楼梯（3分）
	学跳时，宝宝能：	A. 自己双脚离地跳（20分） B. 自己扶物跳（10分） C. 大人牵双手从最后一级台阶跳下（5分） D. 父母各牵一手向前跳（3分）

数学能力	宝宝数数，能数到：	A. 20能上（20分） B. 10以上（10分） C. 到8（10分） D. 到5（3分）
	宝宝点数，能点到：	A. 10以上（20分） B. 5以上（15分） C. 3以上（10分） D. 1（1分）
思维能力	能说出图书或图画中人物的职业和称呼：	A. 4人以上（20分） B. 3人（10分）　C. 2人（5分） D. 1人（1分）
	用颜色形容常用的东西：	A. 4种以上（20分） B. 3种（10分） C. 2种（5分） D. 1种（1分）

结果分析

以上全部题目共计240分，得分在120～144分为正常，154分以上为优秀，100分以下为暂时落后。

如果宝宝某项能力的总得分为满分，家长可跨过本月练习，提前进行下一季相关训练。

如果宝宝某项能力的总得分介于该种能力全部测试题的B项和C项分数和之间，建议家长针对该项能力对宝宝进行上一季的相关训练。

如果宝宝某项能力的总得分小于该种能力全部测试题的C项分数和，建议家长密切关注宝宝是否患有相应方面的障碍。

2岁1～3个月宝宝启智

保持耐性吧，宝宝的性情总是多变

2岁1～3个月宝宝智能发育标准参考

运动	走路已经不是问题了，能独自上下楼梯，可以帮助你拎购物袋； 能单腿做“金鸡独立”了，可以不扶东西单脚站立2秒以上； 能从最后一级台阶上跳下来，也能双脚同时做立定跳远达到15厘米。
手眼协调	宝宝能够用勺子自己吃饭了，手的动作灵活多了； 已经可以拿起细小的物体； 会脱鞋、翻书页、用一只手端起杯子。
语言	能完整地背一些儿歌，语言发育快的宝宝掌握的儿歌会更多； 随着记忆和理解能力的增强，能熟练地背诵简单的唐诗，还能认识“大、小、山、水”等笔划少的字； 可以跟随播放器哼唱3个音阶以内的歌曲。
学习	能辨认出1、2、3，分清楚内和外、长和短等概念的区别； 对圆形、方形、三角形等几何图形有了认识； 宝宝最先认知的颜色是红色，现在已经能分清2种以上的颜色，而且对大和小的概念也非常明确，知道大人和小宝宝的区别，也知道小盒子可以放在大盒子里面。
社交和情感	能说出穿衣服、吃饭、喝水、睡觉的要求； 情绪已经很稳定了，但常会由于愿望不能满足而大声哭闹； 有时宝宝会表现出某种具有攻击性的行为，会打、咬、指挥身边的人，还会产生强烈的逆反心理； 可以自如地同小朋友交谈，非常希望与小朋友一起玩。

感官能力训练

认识时间

目的：让宝宝通过对时钟的观察，逐渐认识时间这一概念。

步骤：

* 每天当宝宝起床时，妈妈都可以引导宝宝看看时钟，并告诉宝宝："宝宝看，时钟的时针和分针是在一条线上的，现在是早上6点，宝宝起床的时间。"
* 早上9点的时候，妈妈再让宝宝看时间，同时跟宝宝讲："宝宝看，时针和分针呈直角了。"
* 吃午饭时，妈妈也要告诉宝宝看看时间，时钟的两个指针重合在一起，并都指向12，这时妈妈告诉宝宝："现在是中午12点，是我们吃午饭的时间。"
* 下午3点的时候，妈妈就可以告诉宝宝："宝宝快看呀，两个指针又呈直角了。"
* 晚上6点的时候，妈妈再让宝宝看时间，告诉宝宝："两个指针又在一条线上了。"
* 妈妈要从整点开始教宝宝认时间，并尽量用有趣的语言向宝宝描述时针和分针的关系，慢慢地宝宝就会认识时钟了。

光和影

目的：锻炼宝宝独立思考的能力。

步骤：

* 妈妈和宝宝一起站在阳光下，让宝宝仔细观察地上的影子，让宝宝说说哪个影子大、哪个影子小。
* 让宝宝左右晃一晃，看看自己的影子有什么变化。
* 让宝宝跳一跳，看看自己的影子有什么变化。
* 找一个阴凉处，问问宝宝影子为什么没有了。
* 然后让宝宝比较妈妈的影子和自己的影子有什么不同。
* 最后妈妈要引导宝宝看看建筑物的影子、大树的影子，看看风吹时，地上的影子是不是在晃动，而且要引导宝宝说出影子与太阳的关系。

下雨打雷

目的：帮助宝宝分辨不同材料的物品，识别发出的声音。

步骤：

* 准备一些可以敲出声音的小物品：小勺、饼干罐、大纸盒或蛋糕盒、瓷盘或玻璃瓶。妈妈先让宝宝自由敲击蛋糕盒、瓷盘、小鼓、桌子等物品，让宝宝聆听不同物品发出的声音。妈妈一边敲击瓷盘或玻璃瓶，一边说："滴答，滴答，下雨了。"

* 妈妈一边用小勺敲击蛋糕盒或大纸盒，一边说："轰隆隆，打雷了。"然后妈妈一边敲击桌面，一边说："咚咚咚，有人敲门啦。"妈妈要尽量用稳定的节奏引导宝宝，并让宝宝跟着敲击，逐渐让宝宝自己根据妈妈说的"打雷"或"下雨"的指令敲击不同的物品。

* 在宝宝熟悉后，妈妈还可以敲击不同的物品，引导宝宝遇到此情境做出相应动作。如妈妈用小勺敲击玻璃瓶，宝宝可将双手放在头顶表示下雨；妈妈用小勺敲击大纸盒，宝宝用双手捂耳朵表示打雷。

画香蕉

目的：让宝宝认识香蕉，学习均匀地涂色。

步骤：

* 准备好图画纸、水彩笔、香蕉，妈妈先让宝宝看一看、摸一摸、闻一闻香蕉，然后一起吃香蕉。

* 妈妈让宝宝说出香蕉的颜色、形状、味道，并告诉宝宝吃香蕉有营养。

* 妈妈对宝宝说："刚才，我们吃了一个又香又甜的香蕉，现在我们画一个，送给图画上的小猴子吧。"然后和宝宝一起画香蕉，可以在画的同时唱儿歌。

* 画完之后，妈妈应该再重复一遍上述问题，如果宝宝忘记了，就要再教一遍。

专家启智一点即通

通过画水果，给水果涂色，能培养宝宝的动手能力，通过对水果的形状、颜色的观察，也能提高宝宝的形象思维智能。

数学能力训练

分水果

目的：

⋆ 学习按物品的外形特征进行分类。

⋆ 学习点数1、2、3。

步骤：

以苹果、梨、香蕉3种水果为例。将3种水果各3个一起装在一个大筐里面。

⋆ 家长取出一个苹果提问：“这是什么水果呀？”——苹果；家长取出一个梨，“这是梨吗？”——是；家长取出一个香蕉，“这又是什么呀？”——香蕉。

⋆ 提问：“宝宝喜欢吃什么水果？”——苹果。妈妈喜欢吃梨，爸爸喜欢吃香蕉，请宝宝把大筐里的水果分一分。宝宝将水果按家长的要求分装到3个小筐中。（小筐不是可有可无的，要给宝宝一个“集合”的概念）

⋆ 摆一摆，数一数，每人有几个？与宝宝一起数水果，手指、口数1、2、3。

寻宝贝

目的：学习按物品的种类进行分类。

步骤：

⋆ 家长带领宝宝散步或进行户外活动时，预先带上小篮子，来到花园后，提示宝宝拣拾一些自己感兴趣的东西，家长可与宝宝一起拣，如：不同形状的树叶，败落的花朵，花瓣和小石头等，宝宝都会认为是珍贵的“宝贝”。

⋆ 开始展览各自的“宝贝”。指导或提示宝宝将物品进行分类，并说出名称。

玻璃弹球跳跳跳

目的：引导宝宝按物品的颜色进行分类；训练宝宝做手指的精细动作。

步骤：

* 以玻璃弹球当作跳棋为例：将所有的弹球（6色，每色各10粒）取出放在一个篮子里。
* 家长提示请宝宝先取一种颜色的弹球，选一个阵角开始摆棋子，年龄稍大的宝宝还可以边摆边唱数1～10（尽量手口一致的数）。
* 依次将6种颜色的弹球坚持全部摆完。

专家启智一点即通

摆棋子要求宝宝手指的小肌肉动作要精细、准确，手眼要配合协调，所以要让宝宝坚持做完，并可以训练宝宝的耐心，做事有始有终。

小碗、小勺排排队

目的：引导宝宝进行按大、小的排序并配对。

步骤：

* 家长将4个不同大小的碗放在桌子上，接着提问宝宝“哪个是最大的？哪个是最小的？”“宝宝把碗按从大到小的顺序排队吧”。
* 家长选取4把不同大小的小勺，也按上面的方法提问、排序。
* 家长问宝宝：“小碗、小勺要成为朋友，你能帮忙找一找吗？”“大碗、大勺要做朋友呢？”
* 摆完后表扬一下宝宝，再重新摆成两份，打乱大小次序，让宝宝把眼睛闭上，家长迅速取走1个碗或1把勺子，等宝宝睁开眼后让宝宝将勺子放入相似的碗内，或者让宝宝给勺子找一个合适的碗。

语言能力训练

儿歌接龙

目的：通过学习儿歌，锻炼宝宝的语言表达能力。

步骤：

- 妈妈先陪宝宝边拍手边念儿歌：“一二三，爬上山；四五六，拍皮球；七八九，翻跟斗；伸出两只手，十个手指头。”
- 妈妈拿出儿歌卡片，一边念着儿歌一边教宝宝认“爬上山”“拍皮球”“翻跟斗”。
- 妈妈念儿歌的前半句，引导宝宝接儿歌的后半句，并指认相应的卡片。

宝宝刷牙吃饭香

目的：教宝宝认识牙刷，知道牙刷是用来刷牙的；通过学习儿歌，培养宝宝讲卫生的习惯。

步骤：

- 妈妈拿一把牙刷给宝宝看，对宝宝说：“这是牙刷，是刷牙用的。宝宝牙齿好，吃饭就香了。”
- 妈妈拿着牙刷做刷牙的动作：“宝宝，看妈妈在干什么？”“妈妈在用什么刷牙呢？”让宝宝进一步认识牙刷。
- 教宝宝唱儿歌：小牙刷，手中拿，里里外外，上上下下，刷呀刷，刷呀刷，牙齿洁白人人夸。

小皮球，真好玩

目的：让宝宝认识皮球一拍即跳的特性；学习儿歌，练习“拍”“跳”的发音。

步骤：

- 妈妈和宝宝一起玩拍皮球的游戏，在玩的过程中教宝宝认识皮球的特性，“一拍皮球，皮球就会跳起来。”边说边让宝宝观察。
- 妈妈引导宝宝一边玩皮球，一边学儿歌：小皮球，真好玩，拍一拍，跳一跳，不拍它就睡懒觉。重点让宝宝练习“拍、跳”的发音。
- 将“皮球”二字贴在皮球上，玩“摸摸皮球跑回来”的游戏。鼓励宝宝多和其他小朋友一起玩摸皮球、拍皮球等游戏。

模仿小孔雀

目的：让宝宝认识孔雀的外形特征，学习用手表示美丽的孔雀；学习儿歌，扩充词汇量。

步骤：

* 妈妈拿孔雀的图片给宝宝看，让宝宝观察孔雀的外形特征：头上有3根翎毛，身上的羽毛很漂亮，长长的尾巴展开像一把大扇子。

* 妈妈用手势来表示孔雀：大拇指、食指相对，其他三指伸展。让宝宝猜猜这是什么动物。

* 让宝宝学习模仿孔雀，妈妈则摆出照相的动作来“拍照”，也可让宝宝给妈妈“拍照”。

* 学习儿歌《小孔雀》：小孔雀，真漂亮，长尾巴，花衣裳，展开尾巴照张相。

念儿歌，识鸡鸭

目的：引导宝宝模仿小鸡、小鸭的叫声及动作，并知道它们爱吃什么；学习儿歌，练习“叽”“嘎”的发音。

步骤：

* 妈妈和宝宝一起玩给小鸡、小鸭送食物的游戏。妈妈手拿小鸡、小鸭木偶：“我是小鸡，我是小鸭，我们两个是好朋友。”小鸡是这样叫的：“叽叽叽、叽叽叽，我爱吃大米。”小鸭是这样叫的：“嘎嘎嘎、嘎嘎嘎，我爱吃鱼虾。”

* 教宝宝用手指模仿小鸡、小鸭的动作：两手大拇指、食指相对，两手拉开距离，这代表小鸡；五指并拢，两手手腕相对，手心同时向下，两手拉开距离，即为小鸭。

* 学习儿歌：小鸡和小鸭，一起过家家。小鸡叽叽叽，小鸭嘎嘎嘎。小鸡爱吃米，小鸭吃鱼虾。让宝宝反复练习“叽”、“嘎”的发音。

生活能力训练

做个理发师

目的：教宝宝梳头的方法；培养宝宝注意自己的仪容。

步骤：

* 让宝宝面对镜子坐下，围上小披肩。
* 拿起发梳，由上往下梳理前面、侧面和后面的头发。
* 使用另一面小镜子照照后面、左面和右面。
* 脱下披肩，把落在披肩上的头发捡起来，用卫生纸包好，扔到垃圾桶里。
* 然后把披肩放回原处。

两人搬桌子

目的：学习两个人搬运物品的方法。

步骤：

* 家长与宝宝分别站在小桌的两边，用手握住桌沿并轻轻地抬起。
* 看清楚周围的人或物，两个人一起横向移动，或向前或向后，一直到达目的地。
* 到达目的地准备将小桌放下时，一个人先将桌脚轻轻放下，另一个人再放下。

宝宝挑豆子

目的：用拇指和食指把大芸豆从许多豆子中挑出来。

步骤：

* 引导宝宝把碗端到桌子上。
* 和宝宝一起观察：小的是绿豆，大的是芸豆；绿豆是多的，芸豆是少的。
* 鼓励宝宝把大芸豆一个一个地挑出来，放到小碗里。

开瓶盖

目的：锻炼宝宝手指和手腕的转动能力；培养宝宝的独立性。

步骤：

* 宝宝左手握瓶身，右手握瓶盖。
* 转动瓶盖，直到瓶盖可以脱离瓶身。
* 将盖子盖回到瓶子上，左手握住瓶身，右手拧紧瓶盖。
* 用同样的方法再分别去拧另外几个瓶盖。

倒黄豆

目的：锻炼宝宝肌肉运动的协调性；培养宝宝做事情的专注力。

步骤：

* 准备两个大小相同的杯子和一个托盘，其中一个杯子内装有2/3的黄豆。
* 宝宝握住装有黄豆的杯子，轻轻地拿起来。
* 把杯子口对着另一个杯子的杯口，开始倒豆子。
* 杯身慢慢倾斜，直到倒完最后一粒。
* 把空杯子放下，重复刚才的动作，把豆子再倒回空杯。
* 宝宝可重复进行倒豆子的工作。
* 每次倒完后，把倒在杯子外的豆子捡回杯子里。

专家启智一点即通

倒豆子时杯子下面有托盘接着，掉在外面的豆子就不会到处乱滚。待宝宝熟练后，可以练习倒更细小的物体，如小米等。

每季一测：本季宝宝智力测试

语言能力	问宝宝："你几岁？"，宝宝能：	A. 答：我2岁（20分） B. 答：XX（名字）2岁（10分） C. 竖起2指（5分） D. 答：你2岁（3分）
	跟着大人说"eye""nose""ear"时，边讲边指，宝宝能指对：	A. 3个（20分）　B. 2个（10分） C. 1个（5分）　D. 全错（0分）
视听能力	用图说清楚气象的变化，如晴天、阴天等时，宝宝能说对：	A. 6项（20分）　B. 5项（10分） C. 4项（5分）　D. 3项（3分） E. 2项（1分）
	将手臂按命令做上、下、前、后、展开、合拢等动作时，宝宝对做对：	A. 8项（20分）　B. 6项（10分） C. 4项（5分）　D. 2项（3分） E. 1项（1分）
	用积木搭高楼，宝宝能搭：	A. 10块以上（20分）B. 8块（10分） C. 6块（5分）　D. 4块（3分）
	拼3块以上的拼图时，宝宝能拼对：	A. 3块以上（20分）　B. 2块（10分）　C. 1块（5分）　D. 乱拼（0分）
动作能力	跳跃时，宝宝能：	A. 会跳格子（20分） B. 双脚自由离地跳（10分） C. 扶人扶物跳（5分） D. 跳不离地（1分）
	在接球方面，宝宝能	A. 接抛球（20分） B. 接反跳球（15分） C. 接从地面滚来的球（10分） D. 去追球（5分）　E. 躲开（1分）
	骑摇马时，宝宝能：	A. 会带一个小朋友一起摇（20分） B. 自己扶住爬上去，会自己摇（10分） C. 大人扶上，自己会摇（5分） D. 大人扶上，大人摇（1分）

数学能力	背数，宝宝能背到：	A. 35以上（20分） B. 30（10分） C. 15以上（5分） D. 10（3分） E. 5（1分）
	点数，宝宝能点到：	A. 10以上（20分） B. 7（10分） C. 5（3分） D. 3（1分）
思维能力	按命令伸左、右手，左、右脚，宝宝能伸对：	A. 3项以上（20分） B. 2项（10分） C. 1项（1分） D. 不会（0分）
	认识时间，并会将几个固定钟点与自己的生活相联系，宝宝能做到：	A. 5种（20分） B. 4种（10分） C. 3种（5分） D. 2种（4分） E. 1种（3分）

结果分析

以上全部题目共计240分，得分在120～144分为正常，154分以上为优秀，100分以下为暂时落后。

如果宝宝某项能力的总得分为满分，家长可跨过本季练习，提前进行下一季相关训练。

如果宝宝某项能力的总得分介于该种能力全部测试题的B项和C项分数和之间，建议家长针对该项能力对宝宝进行上一季的相关训练。

如果宝宝某项能力的总得分小于该种能力全部测试题的C项分数和，建议家长密切关注宝宝是否患有相应方面的障碍。

2岁4～6个月宝宝早教启智

从友善到叛逆，允许宝宝“以自我为中心”

2岁4～6个月宝宝智能发育标准参考

运动	能用脚尖走直线，拐弯不摔倒，但还依赖性地拉着爸爸妈妈的手； 不扶任何物体，单脚站立3～5秒； 可以解开衣服上的按扣，还会开合末端封闭的拉锁。
手眼协调	通过练习使用筷子，手的精细技巧能力得到加强； 自理能力随之提高，喜欢解扣子、剪东西等； 会高兴地一边嘀咕一边作画，自得其乐。
语言	常用的礼貌用语宝宝已经掌握了，并且他在帮你做事以后，会要求你说“谢谢”； 一些简单的英语单词，如香蕉、苹果、橘子等，宝宝已经能正确地发音； 背诵是宝宝喜爱的学习方式，现在能熟练背诵1～2首唐诗； 能正确复述3～4个字的话。
学习	宝宝的方位知觉比较灵敏，开始喜欢用方位知觉做比较； 可以说出6种以上的交通工具，还可以指出它们的用途，如飞机是在天上飞、轮船是在海里行，等等； “多”与“少”的概念在宝宝的小脑袋里已经非常明确。如果你在他面前摆放两堆5个以内的物品，宝宝已经能分清楚哪个多哪个少。
社交和情感	宝宝对所有的事情都充满兴趣，什么事都想干一干，但又不可能认认真真地做完一件事，经常把家里搞得乱七八糟； 特别喜欢与小朋友一起做游戏，爸爸妈妈常带宝宝出去玩，不但培养宝宝的协作精神，更可在宽敞的户外，释放宝宝越来越旺盛的精力。

感官能力训练

贴画上的鼻子

目的：锻炼宝宝的方位知觉。

步骤：

* 妈妈用曲别针把一张厚点儿的白卡纸固定在一本书上。然后在纸上画一张大脸，并让宝宝看清楚。

* 妈妈用黄色的不干胶剪成一个鼻子，然后放在宝宝手指上，再用大手帕蒙上宝宝的眼睛。

* 让宝宝转几圈后，自己走到书桌前，摸到书，让宝宝自己凭感觉贴在书上合适的地方，即把鼻子贴在大脸上。

* 贴完之后，妈妈再让宝宝睁开眼，看看鼻子贴得对不对。要对宝宝进行方法引导和鼓励。

* 这个游戏可以反复进行，不干胶可以随时拿起来再贴，在拿走之前，最好用铅笔描一个记号，就可以知道哪次贴得最好。

钓小鱼

目的：发展宝宝的手部控制能力。

步骤：

* 妈妈要先准备好积木，以及各种颜色的回形针和纸，还有带吸铁石的钓鱼竿。

* 要用各种颜色的纸做成大小不同的“鱼”，在每条“鱼”身上别上回形针，并用积木把“鱼”围起来，引导宝宝让钓鱼竿上的吸铁石碰到“鱼”身上的回形针，把“鱼”钓上来。

* 钓完后，让宝宝数一数自己共钓了几条“鱼”，每种颜色的“鱼”有几条，哪种颜色的鱼最多，哪种颜色的鱼最少。

专家启智一点即通

通过让宝宝抓住钓鱼竿，控制钓鱼竿，将“鱼”钓上来，能够发展宝宝的手眼协调能力和手部控制能力，同时还能增强宝宝对颜色、大小、数量的感知能力。

跟着节奏拍手

目的：锻炼宝宝的听觉能力。

步骤：

* 妈妈让宝宝先学拍手，妈妈连拍3下停1秒钟，再让宝宝也按照这样的方式拍手。

* 妈妈再连续拍4次，让宝宝也照样连着拍。

* 宝宝学会后，用录音机放一段节奏明显的音乐，让宝宝跟着节奏拍手，看看宝宝是否拍对了。

* 如果不对，妈妈也不要责怪宝宝，不要挫伤宝宝的积极性。如果拍对节奏了，可以再让宝宝试一段节奏不太明显的抒情乐曲，让宝宝再拍手分辨节奏。

用树叶来做画

目的：丰富宝宝对色彩和图形的感觉。

步骤：

* 准备好一支水彩笔、一瓶胶水和几张白纸；天气较好时，带宝宝到大树下捡些树叶，让宝宝将树叶收集好后，带回家。

* 妈妈把树叶洗干净并晾干，让宝宝说一说树叶的颜色和形状，然后按住树叶，让宝宝用水彩笔把每片树叶的轮廓描出来。

* 给宝宝一瓶胶水，让宝宝发挥想象力将树叶拼成一幅图。妈妈还可以把宝宝的画挂在墙上，让宝宝有成就感。

专家启智一点即通

此训练能让宝宝接触更多的色彩、形状，还能锻炼宝宝的握笔能力和手眼协调能力，发挥宝宝的想象力。

折纸

目的：认识空间方位。

步骤：

* 准备各种颜色的正方形纸，然后妈妈教宝宝将正方形的纸对折，折成三角形。
* 将三角形两边的锐角向下折成猫耳朵，再将下面的角向上折，然后把纸反过来，用笔画上眼睛、鼻子、嘴巴，就是一只可爱的猫咪了。
* 折的时候要提醒宝宝将角对折，线压平。

宝宝是个大画家

目的：训练宝宝的观察力和记忆力。

步骤：

* 准备彩色水笔和画纸。
* 妈妈在纸上画一些不完整的图案，比如缺了一个口的苹果、缺了一个口的太阳等。
* 将画纸递给宝宝，让宝宝想一想："妈妈要画的是什么？"然后请宝宝用画笔将图案补充完整。
* 妈妈和宝宝一起给图案涂上好看的颜色。
* 妈妈也可以先给宝宝看一些动物的图片，让宝宝记住颜色。
* 然后再拿出没有颜色的动物图片让宝宝凭记忆涂色，涂完之后再与原来的图片进行对比，加深宝宝的印象。
* 宝宝开始可能会觉得无从下手，不知道从哪里把图案补全，或者妈妈刚把图片拿走，宝宝就忘记了图片上的颜色。这都是正常现象，只要多练习几次就可以了。

数学能力训练

吸管比长短

目的：让宝宝学会按长度排列物体的顺序。

步骤：

- 拿出5根吸管，让宝宝观察，它们一样吗？有什么不同的地方？（长短不同）
- 取出最长的与最短的比比，问问宝宝。再任意取两根比一比，问宝宝哪个长？哪个短？
- 小吸管要按从长到短的顺序排个队，请宝宝来帮忙，取出直尺纵向放在左侧，吸管的其中一端要顶住尺子横向放。
- 鼓励宝宝大胆尝试，成功了要大力表扬。
- 如果宝宝排序有困难，家长可以提供帮助，给宝宝提供范例，让宝宝用吸管按范例摆，逐步脱离范例。

高与矮

目的：教宝宝按高矮排列物体的顺序；培养宝宝动手操作的兴趣。

步骤：

- 取两只高度相差较大的瓶子，放在桌子上。问宝宝："这两只瓶子一样吗？""什么地方不一样？"引出高矮不同，并说出"这个是高的""那个是矮的"。让宝宝习惯快速反应，练习分辨高矮。
- 做个"我和爸爸的身高"的比较，两人同时靠墙站立，比一比身高，然后分别在身高处做划线标志，取吸管接口处用胶带缠好。一节节粘贴好，从地面开始向上比，一直到划线处。比一比用了多少根吸管，得出结论：谁高？谁矮？
- 鼓励宝宝与其他人比身高，方法可以背靠背，比头高。
- 取出4只高矮不同的瓶子，引导宝宝先把最高的瓶子及最矮的瓶子取出。
- 在剩余的瓶子中再次比较，找出较高的放在最高瓶的后面，再放矮一些的瓶。但也要与最矮的瓶子比，验证是否比最矮的要高。
- 对瓶子进行由高到矮的排序，了解"比较高""比较矮"的概念。

宝宝做麻花

目的：教宝宝按长、短排列物体的顺序；学会搓和拧的动作。

步骤：

* 家长与宝宝一块玩“给娃娃做麻花”。
* 把彩泥或面团分成大小不同的5份。
* 把每一团经过捆、搓做成一根长条，然后平放在桌上。最终做成5根不同长度的面条。
* 让宝宝把5根长条按从长到短（或从短到长）的顺序进行排序（左端对齐）。
* 家长教宝宝制作麻花的步骤：左、右手各捏住面条的两端，然后对折、捏住，右手捏住头部不动，左手去拿中间部位，最后左、右手反向转面条，制成麻花。
* 做好的5根麻花放在桌上，再把麻花按从长到短进行排序（左端对齐）。

宝宝做蛋糕

目的：学习区分厚、薄的概念，练习并列排序。

步骤：

* 家长与宝宝一起玩“蛋糕师”的游戏，大家来做蛋糕师，用彩泥制作生日蛋糕。
* 根据顾客的要求分别制作出一个三层的，一个一层的蛋糕。
* 比较两个蛋糕的厚度，学习区分物体的厚、薄。
* 家长画蛋糕，宝宝剪下来，让宝宝按从厚到薄的顺序练习排序。

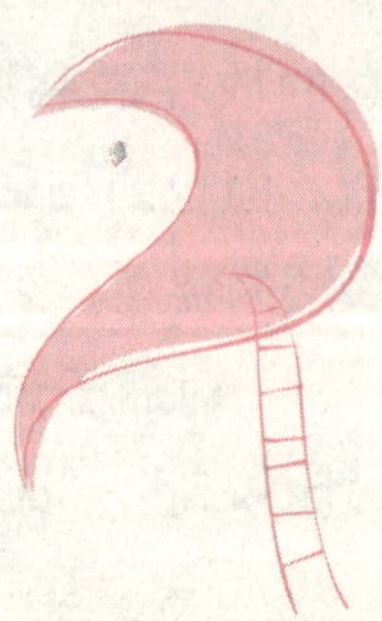

语言能力训练

有礼貌的好宝宝

目的：教育宝宝要讲礼貌，见人主动问好；学习儿歌，扩充词汇量。

步骤：

* 妈妈取一个木偶小娃娃，告诉宝宝："这个小娃娃呀，大家都不喜欢它，因为他见了爷爷不问好，见了奶奶不问好，连小猫见了他都'喵喵'地叫着说'不好'呢！"
* 妈妈教宝宝念儿歌：小娃娃，真可笑，见了爷爷不问好，见了奶奶不问好。小猫一边喵喵叫："不好，不好，真不好。"
* 告诉宝宝别学木偶小娃娃，见人要问好。
* 让宝宝练习有礼貌地向木偶娃娃问好，并让木偶娃娃向宝宝学习。

长颈鹿，脖子长

目的：让宝宝认识长颈鹿的外形特征；学习儿歌，丰富词汇。

步骤：

* 准备长颈鹿的图片或模型，"长颈鹿"字卡。
* 妈妈给宝宝看长颈鹿模型，解释一下长颈鹿是什么样子："脖子是长长的，穿着花衣裳，有四条长腿，能吃到树上的叶子。"然后让宝宝仔细观察。
* 如果可能，让宝宝自己看一看、摸一摸长颈鹿的脖子、皮毛，以加深对长颈鹿特征的认识。
* 学习儿歌：长颈鹿，脖子长，花衣裳，腿儿长，高高树叶吃得香。

谁的鼻子长

目的：通过听故事，让宝宝了解大象、长颈鹿、小兔的明显特征；认识3种动物的外形特征。

步骤：

* 妈妈手指图片，给宝宝讲一讲这3种动物的外形特征，教宝宝认识这3种动物："小白兔的耳朵最长，长颈鹿的脖子最长，大象的鼻子最长。"
* 妈妈给宝宝讲《谁的最长》的故事。
* 妈妈教宝宝学一学用手部动作表示"小兔子的耳朵最长""大象的鼻子最长"。

故事

小白兔和大象、长颈鹿站在一起，显得非常的矮小。小兔子不服气，对他们俩说："别看你们的身体比我大，可是我的耳朵最长。"

长颈鹿说："不能光看耳朵，我的脖子是最长的。"

大象摇着鼻子说："哈哈，你们看看我的鼻子吧，我的鼻子是最长的。"说着他用鼻子把小白兔卷起来放到了自己的背上。

小鸡爱吃虫和米

目的：教宝宝学念儿歌，练习"虫""米"的发音；让宝宝知道小鸡爱吃的食物是虫、米。

步骤：

* 妈妈指着图片，对宝宝说："宝宝，看一看图上都有什么？有几只小鸡？小鸡们都在干什么呢？"
* 妈妈给宝宝讲图片上的内容："今天天气真好，小鸡们都出来了。有的小鸡在吃虫子，有的在吃米，还有的小鸡在玩。看，它们相亲相爱在一起多好哇！"告诉宝宝，小鸡爱吃虫和米。
* 妈妈教宝宝念儿歌：小鸡小鸡吃什么？爱吃虫来爱吃米。绿草地上坐一坐，相亲相爱在一起。

生活能力训练

用勺子舀小米

目的：掌握细小物品的正确移倒法；培养做事情的独立性和专注力。

步骤：

* 把两个杯子摆放好，其中装小米的杯子放在右手边。
* 右手拿着勺子，舀起杯中的小米，平平地保持角度不变，轻轻地提起来，移至空容器的中央上方时，再把勺里的小米倒下去。
* 最后会越来越难舀到，这时要用左手托住容器，把容器稍微倾斜，就会比较容易舀到。
* 如果小米撒在桌子上，可以用小刷子整理干净。

宝宝来剪纸

目的：正确使用剪刀，学习剪的技能；培养宝宝专心做事的能力。

步骤：

* 准备儿童专用安全剪刀。
* 宝宝用右手拇指、食指、中指握住剪刀，左手拿住纸。
* 家长示范正确的剪纸法，鼓励宝宝自已剪一剪。
* 当宝宝会用剪刀后，再让他沿着线开始剪。

我是小裁缝

目的：锻炼手指的灵活性；培养宝宝的独立性、专注度。

步骤：

* 先让宝宝把准备的针线和纸放在托盘里，这样拿起来会比较方便，也比较安全。
* 把线从针孔中穿过去，剪去约50厘米，把线两端对齐，并打结。
* 左手拿着画有图案的纸，右手拿针，找到起点，把针从纸的背后刺入，从正面穿出。
* 第二个点从正面刺入，从背面穿出。
* 就这样交互进行，最后的线从背面拉出，打结剪断就完成了。

锻炼灵巧的手

目的：锻炼宝宝双手的控制力。

步骤：

* 在家长的帮助下，宝宝把一个生鸡蛋磕进小碗里。
* 引导宝宝观察完整的蛋黄和蛋清。
* 左手扶着碗，右手拿打蛋器或者筷子。
* 顺着一个方向搅动鸡蛋，直到把鸡蛋混匀搅成糊状。
* 冲洗打蛋器或筷子，放回原处。
* 用纸巾把落在碗外面的鸡蛋糊擦干净。

做面饼

目的：掌握搓和切的技巧；培养宝宝做事的专注度。

步骤：

* 先把双手洗净、擦干，系上围裙。
* 把面团放在面板上，用一只手轻轻压一压，再用两只手反复揉搓，直到把面团搓成一个长条。
* 用食指在长条上划上印记，均匀地将其分成小段。
* 右手拿刀，左手轻轻按住面条，按印记将面条切成一段一段的，并把面粉均匀地撒在上面。
* 用双手将每一小段揉成面团并压扁。

每季一测：本季宝宝智力测试

语言能力	礼貌用语，宝宝会说：	A. 10种以上（20分） B. 6种（10分） C. 4种（5分） D. 2种（3分） E. 1种（1分）
	能问许多种问题，如这是什么？他是谁？里面是什么？……	A. 5种以上（20分） B. 4种（10分） C. 3种（5分） D. 1种（3分）
视听能力	认颜色：	A. 6种以上（20分） B. 5种（10分） C. 4种（5分） D. 3种（3分） E. 2种（1分）
	通过观察能发现并且解决几种问题，如把小东西放入抽屉或小盒子里，并让它们从小洞洞里漏出等，宝宝能做好：	A. 3种以上（20分） B. 2种（10分） C. 1种（5分） D. 不会（0分）
动作能力	为已打开并搅乱的6个以上大小不同的瓶子、盖子盖盖，宝宝能盖上：	A. 全部盖对（20分） B. 5个以上（10分） C. 4个（5分） D. 3个（3分）
	捏面团模仿做条、球、碗、盘、不倒翁、兔子，宝宝能做：	A. 6种以上（20分） B. 5种（10分） C. 4种（5分） D. 3种（3分） E. 2种（1分）
	钻入比自己矮的洞，宝宝能：	A. 不碰头或身体，衣服干净（20分） B. 不碰头爬入（10分） C. 碰头及身体后进入（5分） D. 进不去（0分）
	对于骑三轮车，宝宝	A. 熟练，骑得快（20分） B. 直走，也会转弯（15分） C. 直走（10分） D. 大人扶会骑（5分） E. 大人推着走（1分）

数学能力	比较哪边多（1∶3）（2∶3）（3∶4）（4∶4），宝宝能：	A. 对4种（20分） B. 对3种（10分） C. 对2种（5分） D. 对1种（3分）
	用数字模型按顺序摆10以上的数，能摆到：	A. 30以上（20分） B. 20以上（10分） C. 15以上（5分） D. 15以下（1分）
思维能力	按命令伸右手、左手、左脚、右脚、右腿等，能伸对：	A. 5项以上（20分） B. 3项（10分） C. 2项（5分） D. 1项（1分）
	能分清我的、你的、他的、大家的：	A. 5项（20分） B. 4项（10分） C. 3项（5分） D. 2项（1分）

结果分析

以上全部题目共计240分，得分在120～144分为正常，154分以上为优秀，100分以下为暂时落后。

如果宝宝某项能力的总得分为满分，家长可跨过本季练习，提前进行下一季相关训练。

如果宝宝某项能力的总得分介于该种能力全部测试题的B项和C项分数和之间，建议家长针对该项能力对宝宝进行上一季的相关训练。

如果宝宝某项能力的总得分小于该种能力全部测试题的C项分数和，建议家长密切关注宝宝是否患有相应方面的障碍。

2岁7～9个月宝宝早教启智

真是一个古怪精灵的"问题王"啊

2岁7～9个月宝宝智能发育标准参考

运动	当家里吃饺子和面时，宝宝会乐意帮助你捏弄面团； 当你洗衣做饭时，宝宝会热衷于"帮忙"。
手眼协调	宝宝手眼协调能力不断加强，专注时间渐渐延长； 宝宝学会骑脚踏三轮车，能完成前后滚翻等难度大的运动； 能独自转动门把手拉开门跑出来； 可以轮换倒两个杯子里的水，且水很少被泼洒出来； 手指灵活的宝宝还能用剪刀剪出有形状的图形。
语言	语言能力的加强使宝宝学会联想，看到鸟飞联想到飞机，看到鱼游联想到船； 可以流利地说出家人的姓名，包括不常见的亲戚朋友，还能说出他们的职业，还能比较明确地表达自己的意图； 宝宝接听一些家中来电，慢慢地他能记住话，学会正确传话。
学习	家庭空间已很难满足学习的欲望，他想去外面的世界探险； 喜欢去公园、广场，在那里，他可以接触各种各样的事物，见识其他小朋友，尤其乐意从大宝宝那里学习玩耍的方式。
社交和情感	反抗妈妈的话，和小朋友之间吵架，缠着妈妈撒娇，自我意识强，对黑暗的恐惧心理加重等； 这时宝宝已经能接受简单的道理了，当你给宝宝讲清楚道理时，他开始可能会似懂非懂，但时间久了，宝宝心中就会肯定父母的道理，并以此与小朋友合作。

感官能力训练

小兔过纸桥

目的：提高宝宝的观察力、反复尝试能力和探索思考的能力。

步骤：

* 准备普通纸、硬纸板、小积木、动物玩具。对宝宝说："小兔子要到河对岸去，宝宝帮它搭座小桥吧！"引导宝宝用普通纸条搭桥，感知普通纸条的承重力。
* 用积木和普通纸条搭小桥，让宝宝把小兔放到桥上。观察桥发生的变化，问宝宝："小桥怎么了？为什么呢？"
* 引导宝宝用硬纸板给小兔搭桥："我们再给小兔搭一座新的桥，让小兔再试试。"让宝宝感知硬纸板的承重力。

认识性别

目的：帮助宝宝认识自己的性别。

步骤：

* 准备一些图片，上面画有男孩、女孩、上学、吃饭、运动等画面。
* 让宝宝辨认图中谁是女孩，谁是男孩，谁是弟弟，谁是哥哥，谁是妹妹，谁是姐姐。让宝宝说一说男孩和女孩在衣着、身体特征等方面的不同。
* 让宝宝说说自己和图中的哥哥或姐姐有哪些方面是一样的，说出自己是男孩还是女孩。
* 妈妈带宝宝外出，一起辨认男女，买衣服时，告诉宝宝什么衣服是男孩穿的，什么衣服是女孩穿的。
* 妈妈可以问："宝宝穿什么样的衣服呢？"让宝宝自己认一认。

专家启智一点即通

宝宝有了自我意识后，就可逐渐培养宝宝的性别意识，这是宝宝人生教育的重要内容。只有宝宝对自己的性别有了正确的认识，才能很好地扮演性别角色，协调好自己的行为。

对唱儿歌

目的：增强宝宝的听觉智能。

步骤：

* 妈妈和宝宝一起唱宝宝熟悉的歌曲。当妈妈唱到一个词时，用另一个词把原词替换掉，并引导宝宝改掉下一句的歌词。比如将“小山羊想妈妈”改为“小鸭子想妈妈”。那么下句就由宝宝来改，比如让宝宝将“咩咩咩找妈妈”改为“嘎嘎嘎找妈妈”。

* 宝宝会觉得很好玩，开始自己想一个词来替换一首歌中的一个词，然后妈妈再引导宝宝替换掉整首歌词。

* 玩的过程中，妈妈一定要仔细注意宝宝替换的词有没有逻辑性的错误，比如宝宝是不是把“暖暖的太阳”改成了“暖暖的月亮”等。如果出现这种情况，妈妈一定要给宝宝及时解释清楚，消除宝宝的错误认知。

专家启智一点即通

锻炼宝宝按着歌曲的节拍来自己编歌词，既能丰富语言智慧，又能提高听觉智能。

制作“荷包蛋”

目的：培养宝宝形象思维的兴趣和审美能力。

步骤：

* 用彩纸剪成椭圆形作盘子，用白纸剪成鸡蛋大小的圆形作蛋清，用黄色彩纸剪成蛋黄大小作蛋黄，准备好胶水。

* 妈妈在做“荷包蛋”时，要告诉宝宝：“今天，妈妈要教宝宝来做一个荷包蛋。”

* 让宝宝看剪好的图形，再把白纸和黄纸拼在一起，做成盘子里有一个“荷包蛋”的样子，让宝宝仔细观察。

* 引导宝宝把胶水涂抹在“蛋黄”上，将其粘贴在“蛋清”中间，再把“蛋清”反面涂上胶水，粘贴在“盘子”中间。

数学能力训练

扣扣有几粒

目的：提高宝宝的观察力；学习数的组成。

步骤：

* “猜猜我的手里有多少粒纽扣？”家长手里握着2～6粒扣子，先摊开手掌，让宝宝注意看，很快将手握起，再问宝宝：“你看见了几粒扣子？”如不能肯定，就让宝宝再看一次。也可以让宝宝握着扣子，家长来猜，双方比赛，增加宝宝的兴趣，也可以逐渐增加扣子的数量。

* 在桌子上分别放10以内数的扣子（左、右不能超过5粒），分别用左、右手盖住。抬起双手，让宝宝观察，再迅速盖上，让宝宝说出左右手下面分别是几粒扣子，加起来一共有几粒。

* 拿10以内任一数量的扣子给宝宝看，然后把手放在背后，把扣子分放在两只手中，先伸出一只手让宝宝猜有几粒扣子，也可以让宝宝先看一眼再猜，猜到后，再伸出另一只手，让宝宝猜有几粒。

组合扑克牌

目的：认识数的不同组合形式；为学习10以内的计算打基础。

步骤：

以“6”为例：

* 家长和宝宝一起把扑克牌中的黑桃、红桃、梅花、方块，四花色中的每种1～5牌取出来，共20张。

* 家长用一张白纸在上面写上数字“6”放在一边，交待今天的玩法是“凑6”（或用一张扑克牌“6”做标志）。

* 将1～5组成的20张牌洗好，然后从中任意抽出一张扣放在“6”的标志旁边。两人协商好先后，开始抓牌。

* 各自将手中的牌进行整理，从中选出可以组合成“6”的牌，抽出放在自己的面前。

* 数手中所剩牌的数量，谁剩的牌多，谁就先抽牌。

* 抽取对方的一张牌，再在自己手中的牌中找一找，是否有与所抽牌合起来是“6”的，若找到就取出放在面前。

* 轮流抽牌，谁手中的牌先被抽完，谁就赢了。

数字数字我爱你

目的：学习量与数字的统一性。

步骤：

* 家长和宝宝一起做10串小珠链（用尼龙线串10粒小珠子为一串，并打结系好）。
* 让宝宝把数字1～10做成卡片，把顺序打乱，看宝宝能不能排对。
* 这是多少粒？“10 粒”再拿出1 粒与10 并放一起，从头数一遍“1～11”。10个添上1就是“11”。
* 取一串10的珠链再接上2粒，问宝宝是多少？“是12”，然后再摆出对应拼合的数字卡。
* 鼓励宝宝把13～19依次排出来。
* 巩固练习时，家长可以用卡片摆一个数，让宝宝来取相应的珠子。

动脑数，动手贴

目的：学习结合数与量。

步骤：

* 家长先在白纸上画几个图形，再在图形旁边写上数字。
* 给宝宝提出要求：图形中的数字是几，就请宝宝贴上几张小贴画。
* 要注意的是，家长所标出的数量要连续，如5、6、7、8。
* 也可以给宝宝提高难度，预先在图形中贴上1或2个贴画，让宝宝依照图中的数量把贴画的数量补齐。
* 贴好后再提问：哪个最多？哪个最少？任选两个邻近的哪个多？哪个少？多几个？少几个？

语言能力训练

彩色的梦

目的：让宝宝学会安静地听故事；增加宝宝的词汇量。

步骤：

⋆ 妈妈对宝宝说："今天，妈妈给你请来一位小客人，你看看是谁？"随后妈妈拿出小熊木偶，对宝宝说："小熊昨天晚上睡觉时，做了一个梦，让我们一起来听听它梦见了什么，好不好？"

⋆ 在利用木偶玩具讲故事的同时，也可以提前准备一些彩色雪花（雪花可以用彩色纸剪成）。

⋆ 妈妈开始提问："这些雪花是什么颜色的？"（红色。）"它们合在一起是什么颜色？"（彩色。）"摸一下雪花，有什么感觉？"（凉凉的。）

⋆ 让宝宝利用故事情节和道具丰富自己的词汇，如"五颜六色""冰凉"等，教宝宝能流畅地讲述出来。

⋆ 妈妈讲故事的时候，要注意使用丰富的表情。可先讲上半句或上句，让宝宝补充完整后面的内容。

神奇的三原色

目的：通过认识各种物品，让宝宝认识红、黄、蓝3种颜色，并学说儿歌。

步骤：

⋆ 妈妈拿出3种颜色的气球，让宝宝分辨它们的颜色，说出红、黄、蓝等词语。然后妈妈告诉宝宝，这3种颜色合在一起，还有一个名字叫做"三原色"。

⋆ 妈妈教宝宝念儿歌《三原色》：宝宝手中三条线，三只气球手中牵。红黄蓝，三原色，小朋友们记心间。

⋆ 如果宝宝掌握得较快较好，也可以让宝宝再认识其他颜色。

⋆ 鼓励宝宝在家里找出颜色相同的物体。

边舞边唱《如果感到……》

目的：锻炼宝宝的语言能力、动作技能和表达情绪的能力。

步骤：

* 清理出一块空地，和宝宝一起站在那儿。
* 一边唱歌，一边做相应的动作：

如果感到幸福你就拍拍手（拍手2次）

如果感到幸福你就拍拍手呀

我们大家一齐拍拍手（拍手2次）

如果感到悲伤你就抹眼泪（用拳头“揉”眼睛2次）

如果感到悲伤你就抹眼泪呀

我们大家一齐抹眼泪（用拳手“揉”眼睛2次）

如果感到气愤你就跺跺脚（跺脚2次）

如果感到气愤你就跺跺脚呀

我们大家一起跺跺脚（跺脚2次）

如果感到快乐你就高声喊（双手拢在嘴巴上喊“耶”）

如果感到快乐你就高声喊呀

我们大家一起高声喊（双手拢在嘴巴上喊“耶”）

* 还可以自己编歌词说说其他的情感，看看宝宝能不能帮你想出配合的动作。比如，“如果感到困了你就睡睡觉（脸颊靠在合拢的双手上）”，“如果感到郁闷你就叹叹气（大叹气）”。
* 宝宝可能会做一些不太匹配的动作，比如困的时候跳舞，但你不必为此担心。重要的是他能够参与并把他的想法表达出来。

生活能力训练

自己擦鼻涕

目的：培养宝宝良好的卫生习惯；学会正确擤鼻涕的方法。

步骤：

* 教宝宝拿出卫生纸，先把卫生纸展开，再对折。
* 然后双手拿着卫生纸的两端，放到鼻子上，遮住鼻子。
* 用手指（食指、中指）先压住一个鼻孔，从另一个鼻孔用呼气的方式擤鼻涕，接着再换另一个鼻孔。
* 两手手指捏合，将卫生纸向前拉、折叠。
* 对折后把鼻涕擦干净。
* 再对折一次卫生纸并扔到纸篓里。

递交物品

目的：掌握递交各种物品的正确方法；学习对他人的尊敬和信赖。

步骤：

* 教宝宝递交尖锐物品的方法：尖的一端朝向自己；必须和对方保持一定距离；脸上保持笑容。
* 教给宝宝递交剪刀的时候，要握住闭合的刀刃，再将剪刀握把递交给对方。
* 教给宝宝递交铅笔时，拿笔一半的地方，笔尖朝向自己交给对方。
* 教给宝宝书、礼品的递交，拿着书的右下或左下角，递交给对方。接受对方递送的物品时，伸出双手，以两个拇指在上，四个手指在下的方式捏住物品。

请喝茶

目的：教宝宝接待客人的礼节；培养宝宝做事的专注力和秩序感。

步骤：

* 宝宝先舀一茶匙的茶叶出来，放入茶壶，在家长的帮助下冲入热水浸泡。
* 等泡出茶叶的香味儿后开始倒茶。
* 用一只手握紧壶把儿，另一只手的食指和中指按住壶盖，把茶壶倾斜，将茶水倒入杯子里。
* 用相同的方法把茶水倒入其他杯中。
* 双手端着茶杯送到客人的面前，说："您请喝茶。"

刷灰尘

目的：学习正确使用刷子的方法，锻炼宝宝肌肉运动的协调性；培养宝宝的清洁习惯。

步骤：

* 妈妈先和宝宝一起把需要刷掉灰尘的物品统一拿到一个安全、平稳的地方。
* 教宝宝握住刷子，从上往下、从左到右把物品上的灰尘仔细刷掉。
* 然后拿湿的抹布把物品擦一遍，放回原处。

每季一测：本季宝宝智力测试

语言能力	回答反义词，如大、上、长、高等，宝宝能答对：	A. 大于10对（20分） B. 大于6对（10分） C. 大于3对（5分） D. 大于1对（1分）
	听故事回答问题，如“谁”“在何处”“准备干什么”“遇见了谁”“事情有何变化”“结果如何”等，宝宝能答上来：	A. 全部答出（20分） B. 5个（10分） C. 3个（5分） D. 1个（1分）
视听能力	将几张贺卡分别切成2~8份，宝宝能拼对：	A. 全拼对（20分）B. 5套（10分） C. 3套（5分） D. 1套（1分）
	在缺部位或有错误的图中找问题，宝宝能找对：	A. 5张以上（20分） B. 3张（10分） C. 2张（5分） D. 1张（1分）
动作能力	会解大骨扣、小骨扣、按扣、布扣、裤钩等：	A. 都会（20分） B. 5个（10分） C. 3个（5分） D. 1个（1分）
	折纸：正方形折成长方形，再折成小正方形；正方形折成三角形，再折成小三角形，宝宝能折：	A. 3种（20分） B. 2种（10分） C. 1种（5分） D. 不会折（0分）
	上下楼梯时，宝宝能：	A. 手不扶栏，双脚交替上下（20分） B. 扶栏上下（10分） C. 双脚踏一级台阶（5分） D. 大人牵下楼（3分）
	单脚站稳不扶，宝宝能：	A. 单脚跳跃5下（20分） B. 坚持半分钟（10分） C. 坚持20秒（5分） D. 坚持10秒（3分） E. 坚持5秒（1分）

数学能力	从任意数向下数1～4个数，宝宝能：	A. 向下数4个（20分） B. 向下数3个（15分） C. 向下数2个（10分） D. 向下数1个（5分）
	听数拨电话号码，宝宝能：	A. 拨对所有数字（20分） B. 只会拨1～6（10分） C. 只会拨1～3（5分） D. 乱拨（0分）
思维能力	回答谁的鼻子长？谁的耳朵长？谁爱吃鱼？谁会生蛋？诸如此类的问题，宝宝能说对：	A. 不少于6个（20分） B. 5个（10分） C. 3个（5分） D. 1个（1分）
	按红、黑、白的次序穿珠，每穿3组后穿上1颗黄色珠子，5分钟后宝宝共穿了几颗珠子：	A. 大于20颗（20分） B. 大于10颗（10分） C. 大于5颗（5分） D. 大于3颗（3分）

结果分析

以上全部题目共计240分，得分在120～144分为正常，154分以上为优秀，100分以下为暂时落后。

如果宝宝某项能力的总得分为满分，家长可跨过本季练习，提前进行下一季相关训练。

如果宝宝某项能力的总得分介于该种能力全部测试题的B项和C项分数和之间，建议家长针对该项能力对宝宝进行上一季的相关训练。

如果宝宝某项能力的总得分小于该种能力全部测试题的C项分数和，建议家长密切关注宝宝是否患有相应方面的障碍。

2岁10个月~3岁宝宝早教启智

因材施教，留住宝宝的天性

2岁10个月~3岁宝宝智能发育标准参考

运动	能非常利索地跑步，能单脚跳着走； 宝宝可以单脚站立，更乐意学习怎样踮着脚尖走路； 部分宝宝现在开始学习用剪刀，可以剪开纸张了； 已经具备良好的平衡能力，会拍球、抓球，但难以接住球； 能摆弄一些大纽扣、按扣和拉链。
手眼协调	宝宝会摆饭桌了，能帮着擦干净桌子，并放上几个人用的碗筷； 有些宝宝已经能自己洗脸洗脚； 在吃饭时宝宝会积极地为大家发筷子，还能端一些凉菜； 宝宝可以画四方形，并能封上口，但四个角都比较钝； 节奏感强的音乐及诗歌听起来特别生动，宝宝的兴趣也非常大； 已经会自己穿衬衫，双手已经能合作系扣子，并可以分清左右； 能画简单的图形，可以完整地画出身体结构，虽然比例不协调。
语言	已经能背诵许多儿歌了，并能用复杂的句子表达自己的意图； 宝宝的提问更全面了，对新鲜事物的探索常让你疲于应付，从2岁起爱问“为什么”，发展到“是什么？”“怎么样？”等问题。
学习	宝宝的求知欲更加强烈； 常能触类旁通，比如说到熊猫，会联想到它的食物是竹子，等等。
社交和情感	一些宝宝热衷于玩过家家的游戏； 注意力已经能集中一段时间； 已经能参与一些复杂的社会交往； 喜欢做类似捉迷藏或老鹰捉小鸡等需要与人合作的游戏。

感官能力训练

用纸盒做水枪

目的：让宝宝感知从高度不同的小孔中喷出的水柱喷射的距离不同。

步骤：

- 准备牛奶盒、剪刀、胶带、清水、能漂浮的玩具大灰狼。
- 引导宝宝制作纸盒水枪：用剪刀在牛奶盒一侧扎几个小洞，并用胶带封住。
- 妈妈把玩具大灰狼放到水中说："瞧！'坏蛋'逃到水里去了，我们快用水枪打吧！"然后让宝宝在纸盒里盛满清水，把胶带猛地撕掉，对准"坏蛋"用"水枪"打。
- 引导宝宝观察和比较水柱的远近。

专家启智一点即通

此训练提高宝宝正确比较高低、远近的能力，同时提高宝宝的逻辑思维能力。

紧急电话

目的：让宝宝不仅认识，还要能够区分3个电话的不同用途，提高宝宝的自护自救意识。

步骤：

- 准备一些消防车、救护车、警车的图片或玩具。再制作119、110、120 3张图片，教宝宝认识电话机上的数字及拨打电话的方法。
- 妈妈可以拿出救护车的图片或玩具说："我肚子痛，要去医院，宝宝快打电话吧。"并提示宝宝拿出相应的图片及电话号码卡片。
- 宝宝完成后，妈妈再说："有小偷进咱们家了，宝宝快打110。"并提示宝宝拿出相应的图片和电话号码卡片。

自画像

目的：提高宝宝形象思维能力与记忆力。

步骤：

⋆准备1面镜子、1支笔、几张纸，以及宝宝的单人照片和几张其他家庭成员的照片。

⋆妈妈和宝宝一起照镜子，帮助宝宝熟悉镜子里自己的模样。然后再让宝宝从几张照片中找出自己的照片，并让宝宝指出照片上自己的五官、手、脚和头发等部位。

⋆妈妈让宝宝按照照片给自己“画像”。

⋆只要宝宝能画出圆形的脸和其他部位，如鼻子、耳朵、口或头发时，妈妈就应充分肯定和鼓励。

⋆在宝宝画的同时，妈妈还可以让宝宝说出相应部位的名称。

小兔子的一天

目的：训练宝宝对方位的判别能力。

步骤：

⋆准备1把椅子、1只玩具兔子、1辆玩具卡车和1个纸箱子。

⋆妈妈给宝宝讲故事说：“小兔子累了，想坐到椅子上休息，你能帮助它吗？”

⋆宝宝做完后，妈妈接着对宝宝说：“小兔子休息好了，想从椅子上跳下来，请你帮助好不好？”

⋆然后妈妈再说：“小兔子玩累了，要到纸箱子里睡觉，请你帮它进去好不好？”

⋆宝宝做完后，妈妈又说：“哦，小兔子睡醒了，带它去兜风吧！”看看宝宝会不会抱兔子上玩具卡车。

专家启智一点即通

此训练帮助宝宝感受到玩具在空间上的变化，理解上、下、里、外、前、后等方位概念。

数学能力训练

这是多少钱

目的：认识货币；培养宝宝的灵活思维。

步骤：

⋆ 教宝宝认识“角”。“1”角是人民币面值中比较小的。“2”角是2个“1”角。“5”角是5个“1”角。

⋆ 教宝宝认识“元”——“10”角是“1”元。“5”元中包含5个“1”元。

⋆ 一起来做“商店游戏”，由家长扮演售货员。家长取来一些宝宝熟悉的食品、用品，在上面贴上标签并写上价格。宝宝来扮演顾客买商品，宝宝首先要学会看标签上的价格，然后用自己钱包中的钱来购买，要学会使用相应数量的货币。如：一听饮料标价7角：宝宝有多少种拿法：7个“1”角；1个“5”角、1个“2”角，等等。最后统计有多少种不同的拿法。

量量沙发有多长

目的：学习测量的多种方法。

步骤：

⋆ 测量家具，如：沙发。家长把任务告诉宝宝：“想知道沙发到底有多长吗。你会用什么方法量呢？”可以用筷子：拿若干根筷子，从沙发的一端开始，对齐头，沿沙发边，把筷子一根根的首尾相连，最后数一数一共用了多少根筷子，把数字记下来；量完了长边，再用筷子量一量短边要用多少根，也记录下来。最后比较筷子数量的多少，就可以看出哪个边长，哪个边短。说明形状的特征，比如长方形的沙发（两条长边，两条短边）。

⋆ 可以经常鼓励宝宝找更多的东西来测量，让宝宝接触，尝试使用更多的测量工具，比如可以把回形针套起来，测量后，可比较每条边所用回形针的数量。

小牙签，拼拼图

目的：让宝宝认识三角形、正方形和梯形，并了解它们之间的关系，开发宝宝的空间认知力和想象力。

步骤：

家长可以先做个示范，让宝宝在一旁观察，分析已经拼好的图形，这样就可以教会宝宝掌握拼图的方法。

* 比如家长拼图形“小树”。让宝宝先说一说：“这是什么？”“用什么图形拼成的啊？”“仔细找一找，这里一共有几个三角形？”——这是一棵树，用一个三角形和两个梯形拼成。

专家启智一点即通

有人把拼图玩具比喻为“补脑的维生素”。可见，拼图对宝宝智力发展的好处之大。为宝宝挑选拼图，一定要选择图案简单、拼块大、块数少，质地较厚实的拼图。

* 根据家长的提示，宝宝可以了解方法，并进行想象力练习。家长一定要细心观察宝宝的创意，对宝宝给予肯定。宝宝忽略的问题，家长也要给予及时的提醒。

拼图游戏

目的：感知物体分离、相邻、次序等空间位置的关系。

步骤：

* 首先让宝宝观察一幅完整的图，在图中找到最突出的部分，在分散的拼块中让宝宝先找出最突出那块，逐步向外拼出完整的图。
* 也可以从拼图的某一个角开始，观察角上拼块的特点。角上的拼块两边是整齐的，先把边框拼好之后，再向中间拼。
* 拼图要根据宝宝的年龄层次，可以从2块——4块——9块——16块，逐步增加块数。

语言能力训练

走路静悄悄

目的：用儿歌的形式，让宝宝知道在别人休息的时候，走路要静悄悄的，不能打扰别人。

步骤：

* 妈妈先拿出小猫、小狗图片，并表演它们走路的样子。
* 学习儿歌：走路要学小花猫，脚步轻轻静悄悄。我们不学小花狗，又跑又叫真糟糕。
* 妈妈和宝宝一边学儿歌，一边表演各种动作，与此同时教宝宝认字："走路""静悄悄"。
* 妈妈问宝宝："小花猫是怎么走路的呀？""小花狗是怎么走路的呀？""你最喜欢哪个小动物啊？""你想学哪只小动物走路呢？你不想学哪只小动物走路呢？"

可爱的布娃娃

目的：通过教儿歌的教育形式，让宝宝懂得关心布娃娃。

步骤：

* 打开音乐伴奏，然后妈妈从身后拿出一个可爱的布娃娃，让宝宝说这是什么。
* 妈妈问："布娃娃的脸是什么颜色的？"（红红的。）"小眼睛是什么形状的？"（圆圆的。）
* 学习儿歌"我是一个布娃娃，红红的脸蛋圆眼睛，不会说话不会爬，坐在一边笑哈哈"，并识字：布娃娃、圆、脸蛋、眼睛。

生活能力训练

学扫地

目的：锻炼宝宝双手活动时肌肉的协调性。

步骤：

- 让宝宝右手拿起小扫帚，从远处把碎屑向中心扫成一堆。
- 左手拿着小簸箕，将已经集中在一起的碎屑慢慢扫进簸箕里。
- 把已经在簸箕里的碎屑倒进垃圾桶，再将簸箕、小扫帚放回原处。

洗袜子

目的：学习洗和搓的动作，培养宝宝做事的顺序感。

步骤：

- 妈妈把防水围裙给宝宝系好，宝宝把脏袜子泡在水里，先拿出一只袜子放在洗衣板上铺平，涂上肥皂。
- 用左手按住袜子，右手从近处向远处搓动。
- 将这只袜子翻过来，再一次涂上肥皂，用相同的方法搓洗。
- 把洗完的袜子浸在水里，涮一涮，拧干水，放在另一个洗衣盆。再用同样的方法洗另外一只袜子。
- 在妈妈的帮助下倒掉污水，换一盆清水，把刚才洗过的袜子放入清水中搓洗，最后拧干。
- 把洗好的袜子摊平，搭在晾衣绳上面，用小夹子夹紧。
- 最后，整理洗衣用品和工具，脱下围裙，把双手擦干净。

喂金鱼

目的：懂得照顾小金鱼，锻炼宝宝做事的顺序感。

步骤：

* 宝宝先把小金鱼用小鱼网捞出来，放入有清水的水桶中。
* 在爸爸妈妈的帮助下，倒掉鱼缸里的脏水。
* 把桶里的清水倒进鱼缸一部分。
* 把桶里的金鱼放回鱼缸，并把桶里剩下的水都倒进鱼缸。
* 拿出鱼食，喂金鱼。

制作简易陀螺

目的：帮助宝宝掌握剪、画、插等比较精细的动作，锻炼宝宝肌肉的灵活性，提高宝宝做事情的独立精神及专注能力。

步骤：

* 宝宝先在纸板上画出一个直径3～4厘米的圆。
* 用水彩笔在圆圈里画出花纹。
* 用剪刀剪下画好的图形，在爸爸的协助下，在图形的中间插入一根牙签。
* 和宝宝一起玩转自己做好的陀螺。

包饺子

目的：帮助宝宝将馅儿包起来，巩固“捏”这一技能；让宝宝养成做事专心的习惯，锻炼宝宝的双手协调能力。

步骤：

* 妈妈帮宝宝把双手洗干净，穿好围裙。
* 宝宝先将皮放在左手上，然后在皮上放好馅儿。
* 把圆圆的饺子皮对折，再用右手的拇指和食指用力将边缘捏紧。
* 最后，把包好的饺子摆在案板上。

每季一测：本季宝宝智力测试

<table>
<tr><td rowspan="2">语言能力</td><td>看图讲1～2句话，宝宝能连续讲对几张图：</td><td>A. 不少于5个（20分）
B. 3张（10分）　C. 2张（5分）
D. 1张（1分）</td></tr>
<tr><td>讲一件物品的名称、用途、颜色、特点时，宝宝能：</td><td>A. 4项全能说对（20分）
B. 说不全，但经提示后能说全（10分）
C. 只能讲2项（5分）
D. 能讲1项（1分）</td></tr>
<tr><td rowspan="2">视听能力</td><td>用笔添上未画完的人像所缺少的部位，宝宝能添对：</td><td>A. 不少于6处（20分）B. 5处（10分）
C. 3处（5分）　D. 1处（1分）</td></tr>
<tr><td>从8幅有错误的图中，能看出错漏图：</td><td>A. 6幅以上（20分）　B. 5幅（10分）
C. 4幅（5分）　D. 3幅（1分）</td></tr>
<tr><td rowspan="4">动作能力</td><td>画圆形、正方形、三角形时，宝宝能：</td><td>A. 全部正确画出（20分）
B. 会画圆和直角</td></tr>
<tr><td>在使用剪刀时，宝宝能：</td><td>A. 正确拿剪刀剪东西（20分）
B. 正确拿剪刀，但只会剪条（15分）
C. 正确拿剪刀，但只会剪小口（10分）
D. 正确拿剪刀，但不会剪东西（3分）</td></tr>
<tr><td>走平衡木时，宝宝能：</td><td>A. 很熟练地自己单独玩（20分）
B. 不太熟练地自己玩（10分）
C. 扶人能玩（5分）
D. 不会玩（0分）</td></tr>
<tr><td>不扶物，单脚连续跳时，宝宝能跳：</td><td>A. 5个以上（20分）
B. 4下（10分）
C. 3下（5分）
D. 2下（3分）
E. 1下（1分）</td></tr>
</table>

能力	题目	选项
数学能力	在点数方面，宝宝能点到：	A. 15以上（20分） B. 10（10分） C. 5（3分） D. 4（1分）
	听吩咐一次最多拿几种东西：	A. 7~8个（20分） B. 6个（10分） C. 5个（5分） D. 4个（1分）
思维能力	按吃、穿、用、玩将物品分类，宝宝能将苹果、毛衣、剪刀、铅笔、娃娃、碗、西红柿等分对：	A. 都分对（20分） B. 6个以上（10分） C. 4个以上（5分） D. 2个以上（1分）
	听写数字能写对几个：	A. 8个（20分） B. 6个（10分） C. 4个（5分） D. 2个（1分）

结果分析

以上全部题目共计240分，得分在120~144分为正常，154分以上为优秀，100分以下为暂时落后。

如果宝宝某项能力的总得分为满分，家长可跨过本季练习，提前进行下一季相关训练。

如果宝宝某项能力的总得分介于该种能力全部测试题的B项和C项分数和之间，建议家长针对该项能力对宝宝进行上一季的相关训练。

如果宝宝某项能力的总得分小于该种能力全部测试题的C项分数和，建议家长密切关注宝宝是否患有相应方面的障碍。

内 容 提 要

本书分为胎教和早教启智两部分，其中胎教内容以1个孕周为节点，包含环境、运动、音乐、语言、情绪等各个方面，可为准妈妈提供最专业的胎教指导，为宝宝的智慧成长奠定坚实的基础。早教启智则从宝宝出生到满3周岁，以3个月为一个阶段，将早教启智内容设计成科学、有趣、实用的游戏，并把先进的早教理念凝聚综合进去，寓教于乐，开发宝宝的智商、情商、艺术潜能、运动潜能等，让宝宝越玩越开心，越玩越聪明。

图书在版编目（CIP）数据

胎教早教启智 / 郑国权编著. --北京：中国纺织出版社，2013 . 9

（亲·乐阅读系列）

ISBN 978-7-5064-9080-1

Ⅰ.①胎… Ⅱ.①郑… Ⅲ.①胎教—基本知识②早期教育—基本知识 Ⅳ.①G61

中国版本图书馆CIP数据核字（2013）第105291号

策划编辑：樊雅莉　　责任编辑：马丽平　穆建萍　　责任印制：何　艳

中国纺织出版社出版发行

地址：北京朝阳区百子湾东里A407号楼　邮政编码：100124

邮购电话：010—67004461　　传真：010—87155801

http: //www.c-textilep. com

E-mail: faxing@c-textilep. com

北京通天印刷有限公司印刷　各地新华书店经销

2013年 9 月第 1 版第 1 次印刷

开本：710×1000　1/16　印张：26

字数：371千字　定价：36.80元